競争戦略のダイナミズム

新宅純二郎・淺羽茂 編

日本経済新聞社

はじめに

日米逆転の20年

　バブル崩壊後の1990年代を通して，多くの日本企業が苦境に立たされてきた。金融機関は不良債権の処理に苦しみ，製造業はNIES諸国や中国のキャッチアップによって急速にコスト競争力を失いつつある。半導体のような先端産業でも，高付加価値製品ではインテルに太刀打ちできず，汎用品のDRAMではサムソンなど韓国企業との価格競争に敗れ，ASICの生産では製造機能に特化した台湾のファウンドリー・メーカーに市場を奪われてきた。世界の半導体生産では，86年に日本企業が米国企業を逆転したが，日本の半導体生産シェアは88年をピークにして低落し，93年に米国に再逆転されている。さらに98年にはDRAM生産で韓国企業にトップの座を奪われた。

　日本企業がグローバルな市場で競争優位を維持しているのは，自動車産業など一部の産業，しかもその中の一部メーカーに限られてきたかに見える。90年代に急成長したソフトウエア市場や，インターネット関連市場に至っては，グローバルな競争力をもつ日本企業はほとんど皆無であろう。このような日本企業とは対照的に，MPUのインテル，パソコンのデル，インターネット通信機器のシスコシステムズといった米国企業は，90年代を通して急成長し，高収益をあげてきた。

　ところが，時代を20年ほど振り返ってみると，日本企業と米国企業の立場はまったく逆の状況に置かれていた。そこでは，現在日本企業が苦悩するのと同様の姿を米国企業に見ることができる。しかも，米国企業をそのような状況に追い込んだのは，日本企業であった。自動車のビッグ3は，日本の自動車メーカーの輸入攻勢に苦しみ，クライスラーは倒産寸前の状態に陥っていた。電機業界でも，現在，高業績企業のお手本として取り上げられるGEは，事業の再構築の一環として1985年にRCAからカラーテレビ事業をいったん買収したが，87年には買収した事業を含めて民生用エレクトロニクス事業をフランスのトムソンに売却している。

　そのような状況の中で，各産業で日米貿易摩擦が起こり，カラーテレビでは77年に，自動車では81年に対米輸出自主規制が始まり，86年には日米半導体協定が締結された。米国のビジネスウィーク誌でも，86年に"The Hollow Corporation"という特集が組まれ，米国における製造業の空洞化に対して警

告が発せられた。その特集は，"virtual company"の登場を礼賛する論調ではなかった。現在日本でコスト競争力を失った国内工場の再編成が電機業界で取りざたされているが，米国ではすでに80年代にその種の問題が深刻化していた。

その一方で，日本企業の経営，日本的経営に対する評価が高まったのもこの時期である。米国の研究者によって，日本経済や日本企業の成功を分析した書物が相次いで出版された。1979年には日本経済の発展の仕組みを広く紹介したエズラ・ヴォーゲルの『ジャパン・アズ・ナンバーワン：アメリカへの教訓』が出版され，81年には日本企業の組織行動を分析したW・オーウチの『セオリーZ：アメリカ企業は日本企業の挑戦にどうすれば対抗できるか』とパスカル＆エーソスの『ジャパニーズ・マネジメント：アメリカの経営への応用』が，85年には日本企業の戦略行動を分析したアベグレン＆ストークの『カイシャ』が出版された。これらの本の副題を見ると，日本企業から米国企業が学ぼうという意識が明らかに強調されている。

その後も，米国経済の再生のために日本企業から学習しようという研究は続き，1989年にMITのレスター，サロー等によって米国経済再生のために広範な処方箋を提唱した『Made in America—アメリカ再生のための米日欧産業比較』が，また90年には日本の自動車産業の強みをリーン生産システムという概念にまとめた『リーン方式が世界の自動車産業をこう変える』が出版された。いずれも，第一線の研究者を集めた大規模な研究プロジェクトの成果をまとめたものであった。

このような研究成果は，米国の産業界に積極的にフィードバックされ，米国企業はその成果を巧みにその経営に取り込んでいった。とりわけ，TQCやジャスト・イン・タイム（JIT）システムなど，製造業のオペレーションにかかわる分野では，日本企業のやり方が普及していった。ただし，その運営の仕方は，日本企業のやり方そのままのコピーではなく，GEの「シックス・シグマ」に見られるように，米国企業独自にシステム化されたものとして取り込まれた。そのような取り組みが，90年代の米国企業の再生に寄与したことは確かであろう。

リストラと競争戦略は表裏一体

しかし，日本企業からの学習は，米国企業の再生を説明するための一因にすぎない。その一方で，米国企業は大胆な戦略転換による競争力向上に取り組ん

できた。既存の大企業が再生するためには，まず事業構成を見直す全社戦略があり，次に集中した事業において競争優位を確立・維持するための競争戦略があった。たとえば，インテルは80年代半ばにDRAMから撤退してMPUに資源を集中したうえで，MPUにおける研究開発の強化と迅速な製品開発，知的財産戦略を組み合わせてその競争優位を確立していった。GEも弱体化した事業から撤退してトップ・シェアを狙える事業に特化し，そこでの優位性を強化した。80年代は，大企業のリストラクチャリングのための事業売買やM＆Aが盛んな時代であった。

また，新興企業が成長するためにも，その優位を確固たるものにするための競争戦略が重要であった。デルコンピュータはパソコン事業において，SCMと直売によって新しいビジネスモデルを確立した。その実現のために，創業者であるマイケル・デルはトヨタ自動車のJITを学んだといわれているが，ビジネスモデル構築の戦略があってこそ，そのオペレーションが価値を生み出したのである。マイクロソフトは，デファクト・スタンダードになったOSを巧みに利用してパソコンソフト市場における支配的地位を確立した。シスコシステムズは独自の企業買収とスピード経営によって，インターネット市場とともに急成長を達成した。

このように，1990年代に成功した米国企業には，自社の競争優位を確立するための戦略が存在したのである。この時期は，そのような米国企業の動きと相まって，学界でも競争戦略の研究が進展していた。80年にマイケル・ポーターの『競争の戦略』が出版され，それまではもっぱら事業の多角化が主たる研究対象であった戦略研究の世界で，個別事業の戦略である競争戦略が着目されるようになった。ビジネススクールでも，ポーターの本などをテキストとして採用して，競争戦略を教授するコースが増えたのが80年代である。その後，80年代後半から90年代に入ると，持続可能な競争優位の源泉として企業独自の能力に着目したリソース・ベースト・ビュー（RBV）と呼ばれる研究アプローチに関心が集まり，多くの研究成果が出てきた。

そのような競争戦略についての研究と実業界における実際の競争戦略の関係は，一方的なものではない。ビジネススクールでの教育を通して，研究成果が実業界に応用されていく側面と，実際の企業の成功例が事後的な研究を通して理論化される側面とがある。コア・コンピタンスといったRBVの研究の中核概念は，実際の企業経営にも浸透していった。経営者は，そのような既存の知識を吸収しつつも，独自の経験や自らの洞察力にもとづいて，試行錯誤もしな

がら，独自の競争戦略を確立していったのであろう。それが，90年代の米国企業の再生を導いたもうひとつの重要な要素であると考えられる。

現在，競争力の再構築を模索している日本企業にとっても，競争戦略の研究成果を取り込んだり，研究の世界と対話することはきわめて有意義であろう。とりわけ，大胆な戦略構築の面で劣位にあるといわれる日本企業にとって，競争戦略の理論を体系的に理解する意味は大きい。その意味で，本書は，研究者のみならず，ビジネスマンも読者として想定したものである。そのために，本書では，90年代に発展した競争戦略についての研究をベースにしながら，その主要なテーマをとりあげた。まず，第1章でこれまでの競争戦略論の発展を振り返った後，その後の各章において競争戦略に関する多様な議論が展開されている。本書の構成は以下の通りである。

本書の構成

第1章「競争戦略論の展開」では，競争戦略研究を発展させる契機として，既存研究に対する内省，外的環境の変化と並んで，競争戦略研究と密接な関係を有する経済学，とりわけ産業組織論の変化・発展があるとされ，その隣接分野の研究がどのように競争戦略研究に影響を及ぼしてきたかを中心に，これまでの競争戦略論が振り返られる。その結果，最近の研究の流れとして，企業の能力の蓄積プロセスを解明するリソース・ベースト・ビュー（RBV）研究と企業間の相互作用を明示的に考慮した研究の2つを指摘し，今後の競争戦略研究が展望される。

第2，3章の2つの章は，企業が競争優位を生み出す能力を構築するプロセスを分析している。ゆえに，第1章で指摘された，実際の企業において競争優位を生み出す資源，資産，能力がどのように蓄積されるかを明らかにするRBVに依拠する研究と位置づけることができる。

第2章「戦略スキーマの相互作用」では，シャープの事例にもとづいて，企業が競争戦略を策定するための認識枠組みとして依拠する「戦略スキーマ」がどのように構築されていったかが分析されている。シャープでは，電卓産業における対話としての競争や，家電事業や産業機器事業といった複数事業間の相互作用を通じて，顧客の生活情報を丹念に収集し，独自の生活ソフトと自社開発した独自デバイスによって，差別化された「ユーザー・インターフェース」を実現した商品を開発し顧客に提案していく，という全社的な戦略スキーマが形成されていったことを明らかにする。

第3章「戦略のダイナミック理論構築を目指して」では，同一産業内の複数の企業が，異なる行動をとり，異なる業績を上げているのはなぜかについて，米国のベビーベル7社のセルラー電話サービスの事業展開を比較することによって検討される。ベビーベルは，AT＆T分割によって誕生した地域持ち株会社であり，当初のコアビジネスや経営規模については企業間で差がない。にもかかわらず，その後同時期に参入したセルラー事業においては，7社の戦略行動や戦略ポジションは大きく異なる。その分析から，各社の初期体験，組織内資源配分プロセスに内在するポジティブ・フィードバック，組織のモメンタムが，産業内の企業間差異を生み出したことが明らかにされる。

　第4，5章は，ネットワーク外部性が働く市場における標準化の問題を扱っている。これは，第1章で指摘された，企業間の相互作用を考慮に入れた競争戦略研究であり，とりわけシステム財やネットワーク形成が重要となってきた外部環境の変化に対応した，競争と協力の2つの側面が錯綜する複雑な相互作用が扱われている。

　第4章の「製品標準化の経済学的分析」では，ゲーム理論を用いたモデル分析が行われる。そこでは，競争を通じて標準が選ばれるデファクト・スタンダードのケースや，話し合いによる標準の選択のケースが分析され，企業がネットワークサイズをコントロールする方法，規格変更の戦略，競争の結果，社会的に最適ではない標準の移行が起こることなどが明らかにされる。モデル分析を通じて現実的なインプリケーションを提示するこの章の議論は，第1章で指摘した「新しい産業組織論」と競争戦略論の融合の好例である。

　第5章の「技術規格の業界標準化プロセス」では，ネットワーク外部性から生じるバンドワゴン効果を組み込んだマーケットシェア推移のシミュレーションと，VTR，テレビゲーム機，ビデオディスクといった家電製品の実際のシェア推移が比較される。その結果，同一世代内技術規格間競争では，世帯普及率2—3％の時点で優位に立った技術規格が，業界標準となって市場を支配することが検証される。

　第6，7章の2つの章では，流通段階を視野に入れた競争戦略が検討される。これらは，流通業者も巻き込んだビジネスシステムの構築を，企業間の相互作用を考慮に入れて分析しており，やはり企業間の相互作用を考慮に入れた競争戦略研究の流れの中に位置づけることができる。

　第6章の「チャネルの競争優位と製販提携」では，メーカー，卸，小売業者によって構成されるチャネル全体の競争が議論される。チャネルが競争優位を

確立するためには，チャネルを構成する各経済主体の間に適切に権限と責任が配分され，各主体が適切な意思決定を行うように誘引体系を構築する必要がある。チャネルがどのような構造をとるのかは，何がチャネルにとって重要な機能や意思決定なのか，そしてそれをだれが遂行するのかに依存する。このような視点にもとづき，メーカー主導型の上からの製販提携と，大規模小売業者などによる下からの製販提携が検討される。

　第7章の「情報技術が流通戦略を変える」では，企業を取り巻く外部環境の重要な変化であるデジタル化・ネットワーク化によって，自動車流通で何が起こり，今後どのような展開が予想されるかが議論される。米国では，「組み合わせの最適化」を目指す小売り主導の業態革新，「モジュラー型」にもとづく「水平展開型」モデルを目指すインターネット販売仲介業，「垂直囲い込み型」モデルを狙うメーカーの動きが見られるのに対し，日本ではメーカー主導の「プロセスの最適化」戦略パターンが広く見られることが指摘される。その上で，日米それぞれにおける，メーカー主導によるディーラー統合戦略，小売主導によるディーラー統合戦略，情報プロバイダーによる取引仲介戦略の将来展望が行われる。

　以上で簡単に見てきたように，各章の内容は多様である。これは，現実の企業が直面している課題が多様であり，それに対して各企業がとる対応がさまざまであることの表れである。また，研究者それぞれの問題関心，専門領域が異なることにも関係しているであろう。しかしながら，いずれも第1章で指摘される競争戦略論の最近の2つの研究の流れを汲むものであり，その意味で，本書によって競争戦略研究のフロンティアを示すことができると考えられる。ただし，編者の力不足で，本書ではとりあげられなかった課題も残されている。

　本書が，今後の競争戦略研究の発展と日本企業の戦略構築のための一助になれば幸いである。

2001年10月

編　者

目　次

第1章　競争戦略論の展開
——経済学との共進化　　　　淺羽　茂

1. はじめに——競争戦略研究の3つのきっかけ　1
2. 競争戦略論の確立——ポジショニング・スクールの誕生　3
   (1) 伝統的産業組織論　3
   (2) ポジショニング・スクール　4
3. 競争戦略論の展開——資源にもとづく企業観　9
   (1) Resource-based View of the Firm（資源にもとづく企業観）　9
   (2) 企業間の相互作用　11
4. 産業組織論の影響　14
   (1) リソース・ベースト・ビュー（RBV）と経済学　14
   (2) 新しい産業組織論と企業間の相互作用の研究　15
5. 今後の展望　19

第2章　戦略スキーマの相互作用
——組織の独自能力構築プロセス　　新宅 純二郎・網倉 久永

1. 経営資源と競争優位　27
2. 事例——シャープ株式会社　32
   (1) 家電専業時代——創業～1960年代初頭　32
   (2) 電卓事業への多角化——戦略スキーマの形成と「対話」による彫琢　34
   (3) 事業間の相互作用による戦略スキーマの融合　43
3. 戦略策定の参照点　55
   (1) 競争相手との対話　56
   (2) 事業部間の相互作用　57

第3章　戦略のダイナミック理論構築を目指して
　　　　──産業内企業間相違の進化をめぐる一考察 …野田 智義

1．同じ環境下でも企業間の違いはなぜ生まれるか　65
　　(1)　経営戦略論の原点としての産業内企業間相違の分析　65
　　(2)　スタティックな分析の限界と戦略経営論の行き詰まり　66
　　(3)　戦略のダイナミック理論の構築へ向けて　68
2．同一産業内企業間相違の進化の枠組み　69
　　(1)　「初期体験」と「初期条件」　70
　　(2)　分岐作用力──ポジティブ・フィードバックと組織のモメンタム　71
　　(3)　戦略的模倣を通じての収斂作用力と「持続条件」　72
3．米国セルラー電話通信サービス業界における
　　ベビーベル7社の事業展開　74
　　(1)　AT&T分割と「七つ子」の誕生　74
　　(2)　米国セルラー電話通信サービス業界の発展　76
　　(3)　7社によるセルラー電話通信サービス事業の新規展開　76
4．ベビーベル7社の明暗　77
　　(1)　初期体験と初期条件　77
　　(2)　分岐作用力による業界内企業間相違の拡大　85
　　(3)　戦略的模倣による収斂作用力と持続条件　91
5．戦略のダイナミック理論構築に向けて　93
　　(1)　企業間相違の進化におけるパス・デペンデンス　93
　　(2)　パス・デペンデンスからパス・クリエーションへ　94

第4章　製品標準化の経済学的分析
　　　　──互換性と標準形成の企業戦略……遠藤 妙子・柳川 範之

1．はじめに　101
2．ネットワーク外部性と標準化　102
3．標準の決定　109
　　(1)　デファクト・スタンダード　109
　　(2)　話し合いによる標準の選択　118
4．結びに代えて　122

第5章　技術規格の業界標準化プロセス
　　　──ネットワーク外部性にもとづくバンドワゴン効果の検証 …柴田 高

1．はじめに──技術規格間競争　125
　(1)　3つの階層　125
　(2)　本章の構成　126
2．業界標準形成のタイミング　127
　(1)　普及率2－3％が分かれ目　127
　(2)　顧客の選好がポイント　128
3．製品の普及と顧客クラスターの変化　129
4．ネットワーク外部性にもとづくバンドワゴン効果モデル　131
　(1)　ネットワーク外部性とは　131
　(2)　普及とシェア推移のシミュレーション　132
5．実際の普及過程との比較　134
6．競争条件に有意な差異がある場合のシェア推移　135
7．論議　137

第6章　チャネルの競争優位と製販提携
　　　──機能，構造およびその歴史的変遷 ……… 成生 達彦

1．はじめに──トータルシステムとしてのチャネル　141
2．チャネルの機能と構成員　143
　(1)　チャネルの機能とその遂行に必要とされる情報　143
　(2)　情報を取引することの難しさ　144
　(3)　チャネルの構成員　146
3．チャネルの構造とその歴史的変遷　147
　(1)　チャネル構造の規定因　148
　(2)　チャネル構造の歴史的変遷──アパレルのチャネルを中心に　150
4．流通系列化──上からの製販提携　153
　(1)　特殊な資源・ノウハウの蓄積，継続的取引関係とブランドの確立　154
　(2)　メーカー・ディーラー関係　155
　(3)　チャネルの整備──垂直的取引制限　157
　(4)　垂直的分離　158

5．物流の整備と PB 商品——下からの製販提携　160
　　⑴　物流システムの整備　160
　　⑵　PB 商品の開発　162
6．結びに代えて　164

第7章　情報技術が流通戦略を変える
——日米自動車流通の比較分析 ……… 森田　正隆・西村　清彦

1．情報技術・世界市場化と戦略パターン　169
　　⑴　競争戦略論と戦略パターン分析　169
　　⑵　戦略パターン　170
　　⑶　「世界市場化」と「デジタル化・ネットワーク化」　173
2．インターネットが戦略を一新——米国自動車流通　174
　　⑴　ディーラー保護の規制　175
　　⑵　小売り主導の業態革新　176
　　⑶　インターネットを利用した新たな業態　180
　　⑷　メーカー主導の業態革新　183
3．高コスト構造に挑戦——日本の自動車流通　185
　　⑴　日本の新車ディーラーの特徴　185
　　⑵　高コストな流通システム　187
　　⑶　インターネットを利用した動き　190
4．将来展望——日米環境の差と戦略パターン　192
　　⑴　利用可能な情報の質と量　192
　　⑵　販売形態　193
　　⑶　メーカーによる系列化　193
　　⑷　ディーラーに対する消費者の態度　194
　　⑸　自動車に対する消費者の態度　196
　　⑹　想定される戦略パターン　197
　　⑺　戦略パターンの比較と将来展望　199
　　⑻　多様な戦略パターンの共進化　202

装幀　間村俊一

第1章
競争戦略論の展開
——経済学との共進化——

淺羽　茂

1　はじめに——競争戦略研究の3つのきっかけ

　本章の目的は，競争戦略に関するこれまでの研究を振り返り，今後の研究を展望することである。競争戦略論は，企業がある事業分野で競争優位を確立し，ライバル企業との競争を勝ち抜くためにどのような行動をとるかについての研究であるが，過去30年程度の間に，いくつかの大きな展開を遂げている。その展開を振り返ってみると，大別して3種類のきっかけが存在する。

　1つのきっかけは，競争戦略研究それ自体の内省である。すなわち，既存の研究成果を精緻化したり，その問題点を克服しようと努力した結果，研究が発展する。2つめは外的環境の変化である。競争戦略の研究が現実の企業行動の理解を深めようとすることの当然の帰結として，企業を取り巻く環境が変化すると，その変化が生みだす新たな課題に応えようと新しい研究の流れがつくりだされる。

　この2種類のきっかけは，社会科学の諸研究の発展過程において一般的に見られるものであろう。しかしながら競争戦略研究の展開には，もう1つのきっかけがある。それは，経済学，とりわけ産業組織論の考え方や研究が変化すると，その成果をうまく取り入れることによって競争戦略研究が新たな展開を遂げていくということである。そこで本章では，上記の2つの研究の流れが生まれてくるまでの展開過程を振り返るとともに，その過程で経済学がいかに競争戦略論に影響を及ぼしてきたかという点に着目する[1]。そうすることによって，

---

1)　本章でレビューされる先行研究は，この点で若干偏りがあるかもしれない。より包括的なレビューのためには，石井他(1985)や大滝他(1997)といった戦略論のテキストを参照されたい。

競争戦略論の中心的研究成果を論じることができるし，経済学の現在の進展状況から今後の競争戦略論の方向性が見えてくるかもしれないからである。

もちろん経営学と経済学とでは，いくつかの異なる特徴を有している。典型的な違いは，各々の研究目的に表れている。経営学は，いかにすれば企業がその業績を向上させることができるかを明らかにしようとするのに対し，経済学は，各主体の行動が市場原理にゆだねられた場合の帰結（均衡）はどうなるのか，その帰結よりも資源配分の効率性や社会的総余剰が高まるような方法があるかどうかを探る(Caves 1984)。

それゆえ，経営学では個々の企業間の差異が注目されるのに対し，経済学ではその差異にはあまり注意が払われない(Nelson 1994)。それぞれの一分野である競争戦略論と産業組織論にも，この違いがはっきり見られる。

しかし，両者はまったくかけ離れているわけではない。競争戦略論は産業組織論の成果をうまく利用して発展してきたし，産業組織論でも個々の企業の異なる行動に着目した研究が行われるようになっている。この産業組織論の新しい研究の流れが，さらに競争戦略の研究を進展させている。また，産業組織論の伝統的考え方に対する経済学内部での批判的研究が源となって，戦略研究の新たな流れを作りだしてもいる。このように両者は，相互に作用しながら発展してきている。そこで，以下では，両者のダイナミックな発展プロセスに注目しながら，競争戦略研究を振り返ってみようと思う。

本章の構成は以下のとおりである。まず第2節では，いわゆる構造・行動・成果パラダイムにもとづく伝統的産業組織論を通用して，競争戦略の研究が確立されたことを検討する。第3節では，その後の競争戦略論の展開を概観する。その結果，企業の差別的優位性の源泉やその形成プロセスについての研究と，ライバル企業や取引相手を含む多様な企業間の相互作用についての研究という2つの大きな研究の流れが起っていることが指摘される。第4節では，第3節で見た競争戦略の新しい流れも，実は伝統的産業組織論に対する批判や，伝統的産業組織論の問題点を克服する形で生まれた「新しい産業組織論」と密接な関係を有していることを指摘する。最後に，競争戦略論の今後の課題を検討し，結びとする。

2　競争戦略論の確立——ポジショニング・スクールの誕生

(1)　伝統的産業組織論

　競争戦略に関する研究は，1970年代末に本格的にスタートした。それは，後にポジショニング・スクールと呼ばれる一連の研究に発展していった。このポジショニング・スクールに決定的な影響を及ぼしたのが，伝統的産業組織論である。以下ではまず，その特徴を概観しよう。

　本章において伝統的産業組織論というときには，Bain(1968)に代表される，いわゆる構造・行動・成果パラダイムと呼ばれる考え方にもとづく産業組織論が念頭に置かれている。周知のように構造・行動・成果パラダイムとは，市場成果が売り手・買い手の行動に依存し，売り手・買い手の行動が市場の競争的性格を表す構造によって規定される，という考え方である。市場構造は，もちろん市場行動からも影響を受けるが，そのフィードバック効果は明示的には分析されず，むしろなんらかの基礎的条件によって外生的に決定されるという前提が置かれる[2]。

　具体的に市場構造を規定する要因としては，買い手・売り手の集中度，製品差別化の程度，参入障壁などがあげられる。市場行動には，価格政策，企業間の明示的・暗黙的協調，製品戦略，広告，R&D，設備投資，法的行動などが含まれる。市場成果としては，生産や資源配分の効率性，技術進歩，労働市場に対する影響，公平性といった基準が検討される。

　市場構造を規定する基礎的条件は，供給面，需要面，その他の条件に分かれる。供給面の条件としては，原材料の配置や所有，(生産)技術，労働の組合化の程度，財の特徴などがあげられる。需要面の条件には，需要の価格弾力性や交差弾力性，市場成長率，需要変動，買い手の購入方法，マーケティングの特徴などが含まれる。そのほか，法制度，政府の政策，企業社会の価値規範などが市場構造に影響すると考えられる（図1－1参照）。

　伝統的産業組織論では，このような要因間の関係について実証分析が行われたが，その背景には，市場が完全競争の状態に近いほど競争的であり，競争的であるほど市場成果が良くなる，という考え方がある。すなわち，市場に多数の売り手・買い手が存在し，参入・退出が自由に行われ，取引される財が同質

---

[2]　ここでの伝統的産業組織論のまとめは，おもにScherer(1980)にもとづいている。

図 1-1　伝統的産業組織論と産業の構造分析

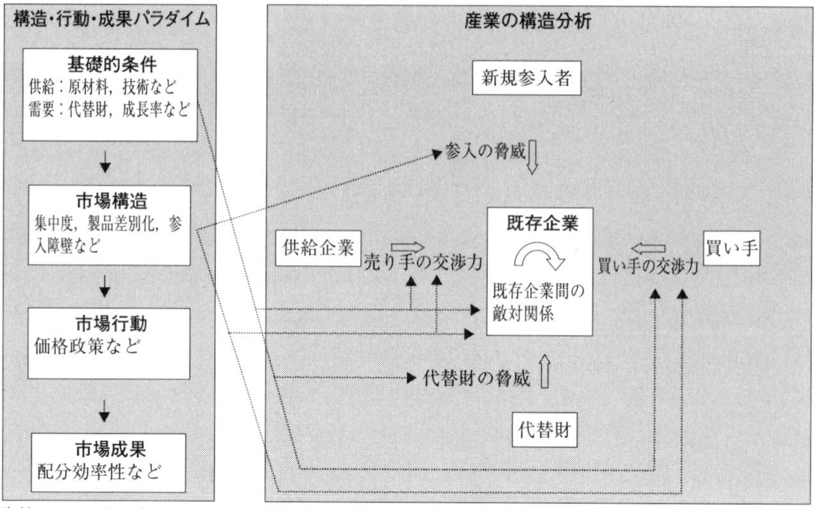

構造・行動・成果パラダイム

- 基礎的条件
  - 供給：原材料，技術など
  - 需要：代替財，成長率など
- 市場構造
  - 集中度，製品差別化，参入障壁など
- 市場行動
  - 価格政策など
- 市場成果
  - 配分効率性など

産業の構造分析

- 新規参入者 → 参入の脅威
- 供給企業 → 売り手の交渉力 → 既存企業（既存企業間の敵対関係） ← 買い手の交渉力 ← 買い手
- 代替財 → 代替財の脅威

資料：Scherer (1980), p.4, Porter (1980), p.6

であり，取引主体が重要な情報を完全に有している状態であれば，資源配分が効率的に行われると考えられる。

　このような完全競争の条件が，伝統的産業組織論において市場構造を特徴づける要因，すなわち市場集中度，製品差別化，参入障壁に対応していることは明らかであろう。

　市場集中度が高ければ，企業はもはやプライス・テーカーではありえず，右下がりの需要曲線に直面する。企業の最適供給量は完全競争の場合よりも少なく，社会的総余剰は減少する。あるいは企業数が少なくなれば，企業間の相互依存性が強く認識されて対抗的行動が弱まり，利潤極大化のために協調的行動がとられやすくなる。

　また，製品が差別化されていると，需要曲線は非弾力的になり，価格の低下が妨げられる。さらに，参入障壁が高ければ，参入の脅威が小さくなるので，既存企業は高価格を設定して高い利潤をあげることができる。

　ゆえに，集中度が低いほど，差別化の程度が低いほど，参入障壁が低いほど，市場は競争的となり，市場成果が高まると想定される。

(2)　ポジショニング・スクール

　この伝統的産業組織論の考え方を利用して競争戦略論を一新したのが，

図1-2 Learned et al.の枠組み

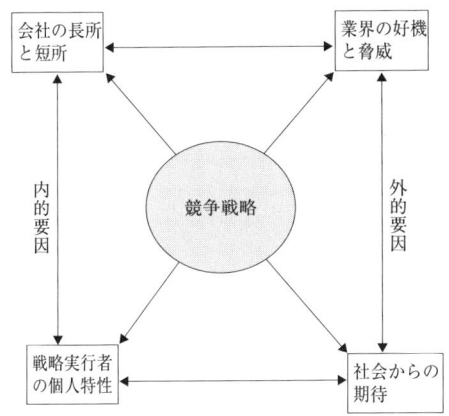

資料：Porter (1980)，邦訳p.8

Porter (1980)である。Porter (1981)は「伝統的な産業組織論は，ある産業内での競争をシステマティックに評価するためのモデルを戦略経営に提供してくれる」と述べ，産業組織論の成果を競争戦略の分析に適用した。その後の一連の競争戦略論は，企業が活動する産業の構造や，そのなかの企業の市場地位が，当該企業の業績を決定するという立場をとるので，「ポジショニング・スクール」と総称される。

Porter (1981)は，自分より前の戦略論の発展を次のように解釈している。経営政策の基礎を確立したLeaned et al.(1969)は，産業の経済・技術面での機会と脅威や社会からの期待という外部要因と，企業の強み・弱みや戦略実行者の個人的特性という内部要因が，企業の業績を規定すると想定した。

すなわち，内部要因によって規定される実行可能な戦略と外部要因から要請される必要な戦略とが一致すれば，企業は高い業績を上げることができると考えられた（図1-2参照）。

しかし彼らは，特定の状況における各要因の具体的内容を評価せず，各要因間に一貫性をもたせるための具体的作業は実務家に任せた。そのため彼らに続く戦略研究では，実務家による戦略策定を支援するために，戦略策定プロセスが研究の中心に置かれたのである。[3]

ここまでの戦略論の発展過程では，産業組織論の研究成果はあまり利用され

---

3) 戦略策定プロセスについての研究は，たとえば，Hoffer&Schendel(1978)にまとめられている。

なかった。産業組織の研究者と戦略の研究者の間に分析方法や研究スタンスに違いがあり，それが両者の間に「壁」を形成していたからである。[4]

しかし，Learned et al.(1968)の分析枠組みの中で，市場の経済・技術面での機会や脅威が企業の業績に影響するという考え方は，まさしく市場構造が企業の行動や市場成果を規定するという考え方にほかならない。そこでPorterは，競争戦略論の分析方法や研究スタンスに沿うように産業組織論を「翻訳」して両者の間の壁を壊し，産業組織論の研究成果を活用して競争戦略論を進展させようと考えたのである。

Porterの競争戦略論の核となるのは，産業の構造分析である。産業組織論で想定されているように，ある産業の競争の程度が高ければ，その産業で活動する企業の収益性は低下する。そこで産業の構造分析では，産業組織論で検討される要因を中心に多数の要因をリストアップし，それをつぶさに検討することによって，業界の競争の程度，すなわち業界の究極的な収益率を評価する方法を提唱している。

大きく分けてその要因は，①既存業者間の敵対関係の強さ，②売り手の交渉力，③買い手の交渉力，④新規参入の脅威，⑤代替品の脅威の5つである。各要因の内容を吟味すると，随所に伝統的産業組織論の成果が用いられていることがわかる。

新規参入の脅威については，参入障壁の議論がそのまま適用されているし，代替財については基礎的条件の中で議論されている。また，売り手や買い手の交渉力は，それぞれの産業と当該産業との競争の程度の相対比較で決まる。そこで，以下ではとくに，既存業者間の敵対関係の強さを検討してみよう。

---

4) Porter(1981)は，両者の差異として，次のような点を指摘している。
　①準拠枠の違い（私的か社会的か）。
　②分析単位と関連する仮定の違い（個別企業が産業全体か，個別企業の固有の特性に着目するかしないか）。
　③意思決定者に対する見方の違い（人間的側面を重視するかしないか）。
　④企業と事業の関係についての認識の違い（多角化企業の一部門か企業＝事業か）。
　⑤問題意識の違い（現在の市場構造が形成されたメカニズムやその変化に対する企業の対応に興味があるのか，現在の市場構造と市場成果の関係に興味があるのか）。
　⑥構造・行動・成果の関係について（企業がその行動によって市場構造を変えることができると考えるか，構造・行動・成果パラダイムに則るのか）。
　⑦考慮する変数の数の違い（多いか少ないか）。
　⑧例外についての態度（各企業の特徴に着目するのか，それは例外としてより一般的に成立する構造・成果の関係に着目するのか）。
　⑨抽象度の違い（具体的か抽象的か）。

Porterは，敵対関係の強さを決める要因として，①集中度（企業数と規模分布），②市場成長率，③固定費や在庫コスト，④製品差別化やスイッチング・コスト，⑤生産能力を増強する際の不可分性，⑥競争業者間の戦略の異質性，⑦成功の見込み，⑧撤退障壁をあげている。このうち，①と④はまさしく伝統的産業組織論において市場の構造特性としてあげられているものであり，②③⑤は市場構造を決める基礎的条件のリストの中に含まれている（図1-1参照）。

このように，産業の構造分析では，至る所に伝統的産業組織論の成果が見られる。ただし，注意しなければならないことは，Porterが伝統的産業組織論の成果を競争戦略論にそのまま適用したのではなく，それを逆手にとって用いたことである。

たとえば製品差別化について考えてみよう。産業組織論では，製品差別化の程度が高いことは，その市場における競争の程度を低下させ，市場成果を悪化させるものとして捉えられている。それに対して産業の構造分析では，製品差別化は個々の企業が追求すべきものの1つとみなされている。差別化に成功した企業は，自社を他企業の攻撃から防衛可能な地位に位置づけ，業績を高めることができるからである。

この産業組織論と産業の構造分析との見方の違いは，製品差別化だけでなくすべての点において見られる。産業組織論では，競争は社会的に見て望ましいものであるのに対し，産業の構造分析では，競争は個々の企業にとって回避すべきものである。ゆえに，伝統的産業組織論と産業の構造分析とは，ちょうどコインの裏表の関係といえる。

産業の構造分析を通じて，ある産業の競争の程度や競争を激化する要因が特定されると，企業はそれに対処し，他企業の攻撃から防衛可能な地位を構築しなければならない。そのために企業はさまざまな方法をとりうるが，その中から基本的な戦略として，Porter(1980)はコスト・リーダーシップ戦略，差別化戦略，集中戦略の3つを抽出した。

具体的には，経験効果を最大限発揮してコストを下げることによって浸透価格を設定する低価格戦略や，広告や製品改良によって顧客のスイッチング・コスト（切り替え費用）を高める差別化戦略などが提唱される。

ただし，構造・行動・成果パラダイムでは，市場構造が決まればその市場の個々企業の行動も決まると考えられるのに対して，実際には，同じ産業に属す企業でも追求する戦略は異なりうる。さらに，行動が異なれば，同じ産業に属

する企業の間で業績も異なる[5]。そこで，この行動や業績の差異を説明する方法として，「移動障壁」や戦略グループという概念が提唱された。

ある産業に着目したとき，その市場構造特性は一様ではない。構造特性の異なるいくつかのサブ・グループから構成されている場合があるとしよう。たとえばある製品の市場が，高級品と低級品の2つのセグメントに分かれるとき，前者のセグメントでは各社の製品が差別化されているのに対し，後者のセグメントでは企業間で差異のない標準化された製品が供給される場合が多い。この場合，高級品市場は製品差別化の程度が高い市場構造であり，低級品市場は差別化の程度が低い市場構造であると解釈できる。

産業の構造特性が一様でなく，いくつかのサブ・グループに分かれているとき，企業はどのサブ・グループに属すかをある程度選択できる。あるいは，Leaned et al.(1969)が指摘したように，企業の強み・弱みや戦略実行者の個人的特性という内部要因が企業によって異なるのであれば，企業は同業他社とは異なるサブ・グループを選択せざるをえないかもしれない。

もし1つの産業が，競争の程度が高いセグメントと競争の程度の低いセグメントに分かれていれば，後者のセグメントを選択できた企業の収益性は高くなり，前者のセグメントを選択した企業のそれは低くなる。したがって，同一産業に属す企業であっても，業績に差異が生じうる。

Hunt(1972)やCaves&Porter(1977)は，同じサブ・グループ内の企業同士は，類似の脅威や機会に直面し，類似の行動をとるのに対し，他のグループに属す企業とは異なる脅威や機会に直面して行動も異なることを指摘し，このサブ・グループを戦略グループと呼んだ[6]。

ただし，もし収益性の高いサブ・グループと低いサブ・グループに分かれるのであれば，なぜ後者に属す企業は，前者のグループに移動しないのであろう

---

[5] Schmalensee(1985)；Rumelt(1991)；Mcgahan&Porter(1997)は，ある事業単位の利益を産業，企業，年などの要因に分けて分解し，どの要因がもっとも影響力があるかを分析している。結論は必ずしもはっきりしないが，少なくとも産業要因がもっとも大きいということはない。

[6] 戦略グループの研究は，その後クラスター分析などを取り入れて実証的に進展している（Hatten&Schendel 1977；Newman 1978；Porter 1979；Cool&Schendel 1987；Cool&Dierickx 1993；Miles et al. 1993）。ただし，これらの研究では，1つの産業内にいくつかの戦略グループが存在することが前提とされ，クラスター分析によって産業内の企業をいくつかのグループに分ける作業が行われる。しかし，クラスター分析では，必ず何らかのグループ分けがなされるので，それが戦略グループの存在を意味しているかどうかわからないという問題が指摘されている（Barney&Hoskisson 1990）。

か。Caves&Porter(1977)は，企業がある産業に参入するのを妨げる参入障壁があるように，企業がグループ間を移動することを妨げる障壁があるのではないかと考え，移動障壁という概念を提唱した。同一産業内の企業がいくつかの戦略グループに分かれ，そのグループ間に移動障壁があるために，同一産業内の企業の間にも，行動や業績の差異が生じ，それが維持される。

移動障壁という概念やその内容は，産業組織論の参入障壁の応用である。さらに，移動障壁によって競争が回避されると，それに守られた戦略グループに属す企業の業績が高まるので，移動障壁は個々の企業にとって望ましいという考え方は，産業組織論の成果を逆手に取った考え方である。このように，ポジショニング・スクールと呼ばれる競争戦略論は，伝統的産業組織論の成果を裏返しに適用して発展してきたものなのである。

3 競争戦略論の展開 ——資源にもとづく企業観

(1) Resource-based View of the Firm（資源にもとづく企業観）

ポジショニング・スクール以降の競争戦略論の展開として，以下では2つの研究の流れを指摘する。それぞれ，競争戦略研究の内省や企業を取り巻く外部環境の変化を契機として発展してきたものである。そのうちの1つは，いわゆる Resource-based View of the Firm（資源にもとづく企業観，以下RBV）にもとづく研究である。

RBV研究は，ポジショニング・スクールよりも若干遅れた1980年代半ば以降，競争戦略論において1つの潮流を形成してきた。前節で見たようにポジショニング・スクールは，企業の競争優位の源泉を，その企業が活動する市場構造，つまり他企業からの競争圧力を回避することができる企業のポジションに求めた。

それに対してRBVの研究者は，ポジショニング・スクールが企業の独自性や異質性を軽視していると批判し，個々の企業が保有する資源は異質で，その異質性が企業の差別的優位性の源泉であると考えた。第2節で概観したLeaned et al.(1969)の枠組みに則れば，ポジショニング・スクールがおもに外部要因に焦点を当てたのに対し，RBVは企業の強み・弱みや戦略実行者の個人的特性という内部要因を重視していると考えられる。

たとえばWernerfelt(1984)は，企業が超過利潤を獲得できるのは，その企業が保有する資源をライバルが獲得，模倣，代替できないような障壁（resource position barrier) があるからだと考えた。換言すれば，製品市場での競争が制限されているからではなく，生産要素市場が非競争的だからである。

Barney(1986)は，生産要素市場の中でとくに戦略遂行に必要な資源が調達される市場を，戦略要素市場 (strategic factor market) と呼んだ。もしその市場が完全であれば，戦略要素を調達するコストは，製品市場において戦略を遂行したときに生じるその資源に対する経済価値とほぼ等しくなる。しかし，市場が完全には競争的でないと，ある企業が超過利潤を獲得しうると考えた。

そこでRBVの研究者は，どのような場合に，生産要素市場が非競争的になるかを検討してきた。たとえば，Barney(1986)は次のように指摘した。もしすべての企業が，戦略的資源の将来価値を等しく見積もれば，市場は競争的になり，戦略要素にはそれが生むレントに等しい価格がつけられる。しかし，ある企業が幸運であったり，企業間で有する情報が異なる場合，企業によって戦略的資源の将来価値に対して異なる予想を立てられる場合がある。この場合には，戦略的要素市場は競争的ではなくなる。

また，Dierickx&Cool(1989)は，資源の取引可能性に着目した。ある戦略要素は，本質的に市場で取引可能なものではなく，企業内で蓄積されるものである。たとえば企業特殊的なノウハウや評判といったものは，過去の学習や投資といった行動の結果企業内に蓄積されるものであって，取引可能ではなく，簡単に調達することができないものである。ゆえに，そのような資源の市場は不完全にならざるをえない。

ところが，ある企業が競争優位を獲得すれば，ライバル企業は資源獲得活動を通じてその優位性を中立化しようとする。そこでRumelt(1984)は，ライバル企業の模倣を妨げる要因を隔離メカニズム (isolating mechanism) と呼び，このメカニズムが働くときに企業の競争優位が維持されると主張した。Rumelt(1987)は，隔離メカニズムの例として，希少資源に対する所有権のほかに，情報の偏在，対応の遅れ，規模の経済，生産者の学習，スイッチング・コスト，評判，流通チャネルの混雑などをあげている。[7]

以上のような議論をもとにPetaraf(1993)は，RBVに依拠した場合に，ある企業に維持可能な競争優位が生じるメカニズムを図1－3のようにまとめた。

---

7) この中で情報の偏在とは，成功の原因が何かわからないこと (causal ambiuity) を意味する。ときには，成功者自身も，その原因を理解していないことがある。そのため，ライバル企業は何を模倣すればいいのかがわからず，競争優位が維持される (Lippman&Rumelt 1982；Reed& DeFillipi 1990)。

図1-3 RVB (Resource - based View) の枠組み

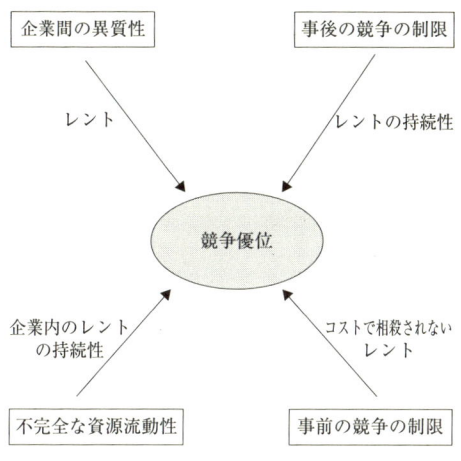

資料：Peteraf (1993), p.186

　まず，企業間に資源の面での異質性が存在することが必要である。その異質性がレントを生みだす。そのレントが競争の結果なくならないためには，前節で見た隔離メカニズムによって，競争に対する事後的制限が必要となる。さらに，戦略的要素が取引可能でないことが，それから生じるレントを企業内に残ることを保証する。最後に，Barney(1986)が指摘する戦略要素に対する期待の違いが，競争に対して事前の制限を課し，それが戦略要素の調達コストを抑え，正のレントを生みだす。

　現在，RBVに依拠する研究では，上記のような概念的な研究を基礎にして，実際の企業において競争優位を生みだす資源，資産，能力がどのように蓄積されるか，それらと新製品開発や多角化といった企業の行動・成果との関連が精力的に分析されている[8]。

(2) 企業間の相互作用

　もう1つの競争戦略研究の流れは，企業間の相互作用を意識したものである。従来の競争戦略論では，高い業績をあげている企業を調査し，その企業のどの

---

[8] その例は限りがないが，たとえば，Prahalad&Hamel(1990)；Leonard-Barton(1992)；Henderson&Cockburn(1994)；Teece et al.(1997)をあげておこう。

ような戦略が業績を高めているのかを明らかにしてきた。しかし，ある企業の業績が良いからといって，その企業がいつまでも競争優位を維持できるとは限らない。むしろその競争優位は，不安定なものである。

なぜなら，ある企業が高い業績をあげれば，ライバル企業が当該企業に注目し，模倣したり，反撃を開始するからである。ライバル企業の反撃や模倣が有効であれば，当該企業の競争優位は崩れ，業績は低下する。すなわち，当該企業の業績の高さそれ自体が，ライバル企業にとって業績向上の機会が存在することを示すシグナルになるのである。

したがって競争戦略の優劣は，その戦略がもたらす利潤の大きさだけではなく，ライバル企業の反撃に対してどの程度競争優位を維持することができるか，という点からも判断すべきであろう[9]。

こうした問題意識にもとづき，ライバル企業の反撃，つまり企業間の相互作用を明示的に考慮に入れた競争優位の維持可能性についての研究が，いくつか見られ始めている。たとえば，先発の優位（first-mover advantages）に関する研究は，行動順序の差異という企業間の非対称性に着目し，先発企業の競争優位が維持可能である原因を明らかにしたものである。たとえばLieberman & Montgomery (1988)は，先発の優位が発揮されるケースとして，経験効果が働く場合，投入物，市場，生産設備を占有できる場合，買い手にスイッチング・コストが生じる場合の3つを抽出した。

またGhemawat (1986)は，ある企業の競争優位が持続される場合として以下の3つを指摘している。

まず，規模の経済，経験効果，範囲の経済が働く場合である。このような性質が存在する市場では，市場リーダーは競争優位に立てる。もちろん他社も，規模の拡大を図ろうとするかもしれない。しかし，市場が有限であるために，もし他の企業が（広い意味での）規模をリーダー企業に匹敵するものにしようとすれば，供給が需要を上回り，十分な利益を確保することができなくなる。

二番めは，資源や顧客に対するアクセスの面で優位に立っている場合である。たとえば，ある企業がノウハウ，インプット，市場などに先にアクセスでき，ライバル企業がそれらにアクセスできないならば，当該企業の競争優位は持続

---

9) Weigelt & Macmillan (1988)は，これまでの競争戦略についての研究は，フットボールの試合で，一方のチームの得点だけを聞いてどちらのチームが勝っているかを決めるようなものであるという比喩を用いて，同様の問題点を指摘している。また，RBV研究のところで触れた隔離メカニズムも，この研究の流れの中に位置づけることができる。

する。

　3つめは，なんらかの理由で，ライバル企業が模倣できなかったり，模倣に遅れる場合である。特許のように政府の政策によって模倣が妨げられる場合もあるし，ライバル企業が過去に行った投資が現在の行動に制約を課す場合もある。また，価格競争よりも，非価格的な競争手段，R&D，優れた組織を模倣する方が時間がかかるため，ライバル企業の反応にズレが生じる。

　さらにGhemawat(1991)は，二番めのケースに注目し，不確実性のもとでの不可逆的コミットメント（投資）が，長期的にあるいは広い範囲で，企業が選択するポジションの維持可能性に影響を及ぼすと主張した。

　さらに，米国のメリーランド大学やそこを卒業したMing-Jer Chenを中心とする研究者たちは，企業の行動とそれに対するライバル企業の反応という企業間の相互作用を分析レベルとした研究をしている[10]。その研究では，ある企業のとるアクションの影響について，反応すべき企業間の差異（だれとだれが競争しているのか），とられたアクションの差異（どのようなアクションが反撃されにくいか）などが分析されている[11]。

　これらの企業間の相互作用を重視した研究の流れは，競争戦略研究の内省をきっかけにしているだけではなく，企業を取り巻く外部環境の変化をも契機としている。今日，企業を取り巻く環境はますます複雑，不確実になってきている。ある事業を始める場合には，さまざまな技術や資源が必要となっている。投資規模は巨大化するがゆえに，リスクも大きい。さらに，事業遂行のスピードも重要となっている。このような環境下では，必要な能力を素早く手に入れ，規模の経済性を享受するとともに，リスクを分散させるために，1社単独ではなく他社と協力して事業を遂行することが観察される(Teece 1989)。今日，合弁や戦略的提携が頻繁に行われるのは，このためである。

　さらに，企業が供給する財のなかで，複数の財・サービスを組み合わせて消費するシステム財の割合が多くなったり，ITを背景にネットワークの形成が事業遂行の上で欠かせなくなっている[12]。このような場合，ユーザー数の増加に

---

10) たとえば，Smith et al.(1992)；Chen&Macmillan(1992)；Chen et al.(1992)；Chen(1997)を参照されたい。

11) たとえば，Gimeno et al.(1998)；Asaba&Lieberman(1999)などを参照されたい。

12) システム財の典型例は，パソコン本体とソフトウエアである。ネットワークは，情報ネットワークに限らず，銀行のATMネットワークや，航空会社のアライアンスなども含めて考えることができる。

つれて財から得られる効用が増大するというネットワーク外部性が働くので，互換性を維持するため，あるいは業界標準を確立するために，企業は他社と競争して排除するだけではなく，他社と協力する場合もある。すなわち，企業間の関係には，競争・協力の2つの側面が錯そうして，複雑な相互作用が見られるようになっている。

このような外部環境の変化を受けて，たとえば，淺羽(1995)は業界標準の決定局面における企業の競争と協力を，ゲーム理論の成果を援用しながら分析している。またBrandenburger&Nalebuff(1997)は，一般的にライバルと考えられる同業他社が協力関係にあったり，時間や場面に応じて同じ経済主体が競争相手になったり協力相手になったりすることがあり，このような状況をゲーム理論によって分析すれば，巧みな企業間関係を築くことができると主張している。

4 産業組織論の影響

(1) リソース・ベースト・ビュー(RBV)と経済学

以上で，ポジショニング・スクール以降の競争戦略研究の流れを2つ紹介した。これらは，競争戦略研究の内省や外部環境の変化に端を発しているが，ポジショニング・スクールがそうであったように，これらの研究の流れも経済学と無縁ではない。

まず，RBV研究について検討してみよう。そもそも企業を多様な資源の集まりとみなす考え方は，Penrose(1959)に見られる。伝統的なミクロ経済理論では，企業は需要・供給条件のもとで，利潤をもっとも大きくするような供給量を決定するだけの存在であった。この抽象的な企業概念は，市場メカニズムを分析する場合には効果的であるが，企業の成長を考える場合には抽象的すぎる。そこでPenroseは，企業を多数の個人の行動を調整する管理機構と生産資源の束として捉えた。さらにPenroseは，その生産資源が企業ごとに異質であり，かつ企業者能力，経営者能力といった資源には制約があるため，成長の程度や方向性が企業間で異なると主張した。

また，ポジショニング・スクールに影響を及ぼした伝統的産業組織論に対するいわゆるシカゴ学派からの批判も，RBVにつながる。

伝統的産業組織論では，市場集中度と利潤率が正の相関を持つことを，参入障壁に守られた集中度の高い市場では，寡占企業が結託して市場支配力を行使

し，高い利潤を享受していると解釈した（market concentration doctrine）。

それに対して，たとえばDemsetz(1974)は，ある市場の集中度の高さは，長期的に継続するとはいえないという点や，集中度の高い1つの市場で小規模企業よりも大規模企業の方が高い利潤率を享受しているという点に着目した。[13] そして，集中度の高い市場は，政府の規制がなければ，規模の経済が働く市場であり，そのような市場では大規模企業の方が効率的であるために，利潤率が高くなる。換言すれば，高い利潤率は企業が有する特殊な資源や能力に対する見返りであると主張した。[14]

もし，企業間に効率性の面で差異があると，効率の劣る企業が超過利潤をあげられない場合でも，より効率的な企業は超過利潤を獲得することができる。

たとえば企業間の差異が，なんらかの優れた生産要素の有無に起因しているとしよう。この生産要素はすぐに増やすことができないという意味で固定的であるとすれば，新規企業はその生産要素を調達して市場に参入することはできない。[15] それより劣る生産要素を用いて市場へ参入せざるをえない。それゆえ，優れた生産要素を有している企業だけが，超過利潤をあげることができる。この超過利潤は，当該企業が参入を阻止し，供給量を制限することによって獲得する独占利潤ではなく，供給が限定されている生産要素から生ずるレントなのである。

ここで，生産要素を資源や中核能力に置き換えれば，そっくりRBV研究の議論になる。したがって，RBV研究もまた，経済学にその源流があるといえる。

(2) 新しい産業組織論と企業間の相互作用の研究

もう1つの研究の流れである企業間の相互作用を明示的に意識した競争戦略研究も，伝統的産業組織論以降の新しい産業組織論の影響を色濃く受けているといえる。ポジショニング・スクールの研究が，伝統的産業組織論をベース

---

13) もし，企業が結託しているために，集中度の高い市場で利潤率が高くなるのであれば，大規模企業だけでなく小規模企業の利潤率も高くなるはずである。
14) 伝統的産業組織論とシカゴ学派の違いは，競争政策に如実に表れる。前者が，集中度の高い産業は企業分割などによって集中度を低下させるべきであると主張するのに対し，後者は，極力政府の規制を排除すべきであり，規制以外の要因で集中度の高い産業は，既存企業の効率性の表れであると主張する。
15) 同様に，すでにその優れた生産要素を有している企業も，生産要素の供給量には限りがあるので，その投入量を増やすことはできない。効率的な企業の供給量が少ないのは，当該企業が独占企業として行動しているからではなく，投入できる生産要素の量が限られているからである。

にして発展し，数多くの事例を収集していったのと前後して，産業組織論には新たな研究の流れが起きていた。

「新しい産業組織論」は，構造・行動・成果パラダイムに対する反省から生まれてきた。すでに述べたようにこのパラダイムでは，市場構造を与件とすれば，一定の市場行動がとられて市場成果が決まると想定され，市場構造と市場成果の間の関係について，クロスセクションの実証分析が数多く行われた。しかし，ある時点の市場構造は，一方ではその産業に固有の特徴（基礎的条件）に依存するが，他方で過去に個々の企業がとった行動の結果生じるものでもある。もちろん伝統的産業組織論でも，行動や成果から構造へというフィードバック・ループは考えられていたが，それが直接分析されてきたとはいいがたい。この反省は，Kreps&Spence(1985)の次のような指摘に端的に表れている。

「構造・行動・成果の三分法には，産業の歴史の明示的な考察が欠けている。すべての成熟産業は，かつては未成熟であり，成熟期における構造や行動は，その産業が享受したある種の若さに影響される。構造の場合，これは明らかである——たとえば集中度は，現在だけではなく過去の条件にも影響される。用いられる技術についても同じことがいえる。行動については，その因果連鎖は若干弱いが，やはり存在するといえる。産業内の暗黙の結託（あるいは結託の取り決め）が存在する程度は，産業内の企業の信念や期待の関数である。この信念や期待は，企業間の過去の対戦に影響されるであろう。換言すれば，基本的な構造・行動・成果の三分法は，成熟産業に当てはめる場合，歴史というカテゴリーに入る変数を省いてしまうのである。その変数をモデルに組み込めば，成熟産業についての予測力も格段に向上するかもしれない。そしてもちろん，歴史の役割を適切に理解するためには，まず産業のダイナミクスの過程を研究しなければならないのである（Kreps&Spence 1985, p.341)」

このような反省をもとに，市場構造を与件と考えるのではなく，個々の企業の競争や協調，すなわちその産業の歴史に注目し，その市場構造が現れるまでの過程をダイナミックに分析する研究が行われ始めたのである。このような現象を分析するには，プレーヤー間の相互作用が明示的に考慮されるゲーム理論が適している。そこで，ゲーム理論を援用したダイナミックなモデル分析が行われ，それらが「新しい産業組織論」を形成していったのである。

このようにして生成，発展した「新しい産業組織論」は，以下のような特徴がある。[16] 伝統的産業組織論，とくにBain(1968)が参入障壁に注目したことの

影響か,「新しい産業組織論」においても,どのような戦略が新規参入を妨げ,それがどのような市場の状態を生みだすのかについての分析が主流であるように思われる (Caves 1984)。あるいは,既存企業と新規参入企業との差異に着目した分析がメインであるといってもよい。

研究対象である参入を阻止する要因は多岐にわたるが,たとえば余剰生産能力 (Spence 1979 ; Dixit 1980 ; Eaton&Lipsey 1979),経験効果 (Spence 1981 ; Fudenberg&Tirole 1983),ブランドの増殖 (Schmalensee 1978),特許や R&D 投資 (Gilbert&Newbery 1982 ; Reinganum 1989),ネットワーク外部性 (Katz&Shapiro 1986) などがあげられる。[17]

このように「新しい産業組織論」の内容は多様であるが,それには次の3つの共通する特徴がある。1つは,ライバル企業の反応を考慮したり,ライバル企業に影響を及ぼすような自社の行動を分析するということである (Comanor&Frech 1984)。この特徴は,簡単に次のように表すことができる。いま,企業1と企業2という2つの企業からなる市場を考えよう。企業 i が戦略 X_i をとって自社の利潤 Π_i を極大化する条件は,

$$\frac{d\Pi_i}{dX_i} = \frac{\partial \Pi_i}{\partial X_i} + \frac{\partial \Pi_i}{\partial X_j}\frac{\partial X_j}{\partial X_i}$$

と表される。右辺を見れば明らかなように,自社の行動は2つの経路で自社の利潤を規定する。1つは自社の行動が直接的に影響を及ぼす経路(第1項)であり,もう1つは,自社の行動が他社に影響を及ぼし,他社の行動が自社の利潤に影響するという経路(第2項)である。後者は,戦略的効果とも呼ばれ,企業間の相互作用を表している。これは先に述べたように,「新しい産業組織論」の1つの重要な特徴である。

2つめは,既存企業が参入を阻止できる,あるいはある企業が競争を有利に展開することができるために,既存企業と(潜在的)競争者との間に,なんらかの非対称性 (asymmetry) がなければならないということである (Salop 1979 ; Geroski&Jacquemin 1984)。この非対称性としては,経営資源の多寡やそれに対する接近の容易さの違い,市場に参入した時期の違いなどが考えられる。いずれにせよ当該企業は,なんらかの非対称性によって,自社に有利になるような影響をライバル企業に及ぼす行動をとることができる。

---

16)「新しい産業組織論」は,多様な現象のモデル分析の集まりである。Tirole(1988) は,その多様な研究成果を,要領よくまとめている。
17) 多様な既存研究のサーベイとしては,Gilbert (1989) も優れている。

ただし，ある企業が自社に有利になるようにライバル企業に影響を及ぼそうと思っても，単に「自分はこうするつもりだ」と宣言するだけでは，ライバル企業は本当に当該企業がそのように行動するとは信じないかもしれない。ライバル企業が信じなければ，ライバル企業の行動に影響を及ぼすことはできない。[18] そこで，ライバル企業に自社の行動を理解・信用させ，その行動に影響を及ぼすためには，短期的な最適条件を逸脱したなんらかの資源のコミットメントを行う必要がある。

この資源のコミットメントをともなう行動を分析することが，「新しい産業組織論」の3つめの特徴である（Caves 1984）[19]。

「新しい産業組織論」の1つめの特徴である戦略的効果を明示的に考察することは，先述したように，企業間の相互作用を明示的に考慮に入れた競争戦略研究と問題意識を共有している。2つめの特徴である企業間の非対称性に着目することも，80年代半ば以降の競争戦略研究と共通している。

非対称性が経営資源の多寡やそれに対する接近の容易さの違いであれば，それがもたらす競争優位は，RBV研究，とりわけ隔離メカニズムの研究で指摘される競争優位と共通する。

また，非対称性が参入時期の違いの場合であれば，早期参入者にもたらされる持続的な競争優位は，まさしく競争戦略の研究の中で先発者の優位性として研究されてきた事象である。3つめの特徴であるコミットメントへの着目も，Ghemawat(1991)の研究と共通する。

このように，「新しい産業組織論」は，ポジショニング・スクール以降展開されてきた競争戦略研究，とりわけ企業間の相互作用を明示的に考慮に入れた競争戦略研究に大きな影響を及ぼしている。むしろ，「新しい産業組織論」は，伝統的産業組織論とは異なり，企業間の差異に注目しているので，分析対象については競争戦略論と大きな違いはない。分析目的などの点で依然として両者の間には差異があるが，2つはかなり融合している。それゆえ両者は，今後かなり近い関係を保ちつつ，相互に発展していくことが期待される。

---

18) Bain(1968)やSylos-Labini(1962)の参入阻止価格の理論にもとづく参入阻止の脅しが空脅しであり，実際に参入が起これば，既存企業は脅しを撤回してしまうことが，典型的な例である（奥野・鈴村 1988）。

19) 資源のコミットメントがなくても，他社の行動に影響を及ぼすことができるという研究もある。Cheap talkと呼ばれる現象がその典型である(Farrell 1987)。

5　今後の展望

これまで本章では，既存の競争戦略を，経済学との関連を軸に振り返ってきた。競争戦略研究は，伝統的な産業組織論の成果を応用したポジショニング・スクールで確立し，その後は競争戦略研究の内省および企業を取り巻く外部環境の変化を契機として，リソース・ベースト・ビューにもとづく競争戦略研究と，企業間の相互作用を明示的に組み込んだ競争戦略研究へと展開していった。この展開も，伝統的産業組織論に対する批判から生じた経済学における研究の発展と符合したものであった（図1-4を参照）。以下では，それぞれについての批判や課題を議論し，今後の競争戦略論を展望することによって，結びとする。

ゲーム理論を応用して企業間の相互作用を明示的に分析する競争戦略の研究には，「新しい産業組織論」が大きな影響を及ぼしているが，この競争戦略研究に対しては，「新しい産業組織論」に対する批判がそのまま当てはまる。ゲーム理論を応用したモデル分析は，そのモデルのスペシフィケーション，たとえば競争の手段や企業間の非対称性についての前提次第で，結果がいかようにも変わりうる。つまり，どんな現象でもそれを説明しようとするモデルを作ることができるので，結局何も説明していないのと同じである。Sutton (1991) は，このような辛らつな批判を浴びせ，実証分析を組み合わせることによって基本的で頑健な事実を確認する作業の必要性を説いた。

図1-4　競争戦略論の展開と本書の構成

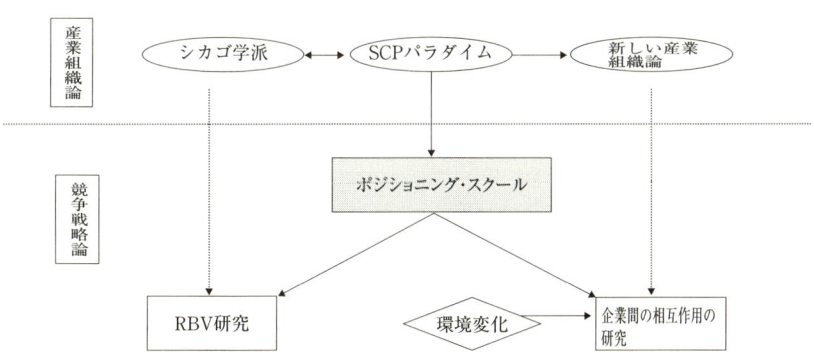

また，Academy of Managementの1997年の大会では，ゲーム理論の実証研究についてのセッションがもたれた。戦略研究へゲーム理論を応用することに対するひと頃の多大な期待にもかかわらず，また産業組織論では新しい研究の流れを形成し，いまだに続々と新しい研究成果が発表されているにもかかわらず，戦略研究の領域では，それほど目覚ましい成果があげられていない。

　そのセッションでは，モデルの精緻化，スペシフィケーションの吟味のためにケース・スタディが重要であることが主張された[20]。また，ある意味で「新しい産業組織論」は，モデルごとに企業の戦略にとって相反するインプリケーションを提示している。それゆえ，「新しい産業組織論」は相反する仮説の宝庫であり，今後さらなる実証研究が期待されることが指摘された[21]。

　実証研究の重要性は，RBVに依拠する研究にも当てはまる。RBVによれば，企業が成功するのは，その企業が優れた資源を有していたからである。具体的にRVBに依拠した研究は，成功企業の事例を調査し，その企業が特異な優れた資源を有していることを指摘することが多い。ただし，企業がなんらかの点で同質ではないとすれば，成功企業に特異な資源は必ず見いだすことができる。とすれば，企業は優れた資源を有しているから成功し，優れた資源は成功企業が保有する資源であることになり，トートロジーに陥ってしまう。

　それを避けるためには，企業が保有する資源や競争能力のなんらかの尺度を作り，それを実際に測り，企業のパフォーマンスとの関係を調べるといった実証研究が必要であろう[22]。

　このように，「新しい産業組織論」にもとづく研究にとっても，RVBに依拠した研究にとっても，実証研究が今後の1つの課題であるといえる。一方，産業組織論においても，実証研究の重要性が再認識され，新しい実証的産業組織論が生まれつつある(Bresnahan 1989)。この競争戦略論と産業組織論の最近の符合した動きは，これまでの競争戦略論の発展過程を考え合わせると，興味深い。

---

20) この指摘をしたGhemawatは，最近その成果をまとめている。Ghemawat (1997)を参照されたい。
21) この指摘をしたLiebermanの研究は，この方向に沿ったものである。典型例は，Lieberman (1990) である。
22) このような実証研究の例としては，トービンのQを尺度に用いたMontgomery&Wernerfelt (1988)や，R&Dデータを用いたHelfat (1994 ; 1997)，特許データを用いたArgyres (1996)があげられる。

競争戦略論におけるもう1つの将来展望は，ダイナミックな研究である。「新しい産業組織論」を反映した研究は，企業間の相互作用の中で，いかに企業の競争優位が維持されるかというダイナミックな分析である。また，RBVの最近の研究も，競争優位をもたらす資源や競争力がどのように蓄積されていくかというダイナミックなプロセスを対象とするものが多い。Porter (1994) が指摘しているように，資源と戦略的選択・行動は，行動の結果資源が蓄積され，蓄積された資源が実行可能な行動を規定するというように，ダイナミックなプロセスのなかで，相互に関連している。どちらか片方が競争優位の源泉や維持可能性を説明するのではなく，両者の研究は相互に補完し合うものなのである。

産業組織論の分野でも，産業の進化や企業成長のダイナミズムの研究が1つのホット・イシューである。それがこれまでのように競争戦略論に影響を及ぼすかどうかはわからないが，これについても研究の方向性が符合していることは興味深い。今後も，競争優位性の源泉は何か，どのようにして形成されたのか，どのようにして維持されるのか，といったダイナミックなプロセスの研究が，競争戦略研究の1つの大きな流れになるであろう。

参考文献

Argyres, N. (1996) "Capabilities, Technological Diversification and Divisionalization," *Strategic Management Journal*, 17：295-410.
淺羽茂(1995)『競争と協力の戦略——業界標準をめぐる企業行動』有斐閣.
Asaba, S. and Lieberman, M. B., 1999, "Why Do Firms Behave Similarly? A Study on-New Product Introduction in the Japanese Soft-drink Industry," *Academy of Management Proceedings*.
Bain, J. S. (1968) *Industrial Organization*, 2nd edn., New York：John Wiley & Sons（宮澤健一監訳『産業組織論』〔上・下〕丸善）
Barney, J. B. (1986) "Strategic Factor Markets：Expectation, Luck and Business Strategy," *Management Science*, 32：1231-1241.
Barney, J. B. and Hoskisson, R. E. (1990) "Strategic Groups：Untested Assertionsand Research Proposals," *Managerial and Decision Economics*, 11：187 198.
Brandenburger, A. M. and Nalebuff, B. J. (1997) *Co-opetition*, New York：Currency Doubleday（嶋津祐一，東田啓作訳『コーペティション経営』日本経済新聞社）
Bresnahan, T. F. (1989) "Empirical Studies of Industries with Market Power," in R. Schmalensee and R. Willig ed., *Handbook of Industrial Organization*, New York：North Holland.

Caves, R. (1984) "Economic Analysis and the Quest for Competitive Advantage," *American Economic Review*, 74 : 127-132.

Caves, R.E. and Porter, M. E. (1977) "From Entry Barriers to Mobility Barriers : Conjectural Decision and Contrived Deterrence to New Competition," *Quarterly Journal of Economics*, 91 : 241-261.

Chen, M. -J. (1997) "Competitor Analysis and Interfirm Rivalry : Toward a Theoretical Integration," *Academy of Management Review*, 21 : 100-134.

Chen M. -J. and MacMillan, I. C. (1992) "Nonresponse and Delayed Response to Competitive Moves : The Roles of Competitor Dependence and Action Irreversibility," *Academy of Management Journal*, 35 : 539-570.

Chen, M. -J., Smith, K. G., and Grimm, C.M. (1992) "Action Characteristics as Predictors of Competitive Responses," *Management Science*, 38 : -.

Comanor, W. S. and Frech Ⅲ, H. E. (1984) "Strategic Behavior and antitrust Analysis," *American Economic Review Paper and Proceedings*, 74 : 372-376.

Cool, K. and Schendel, D. (1987) "Strategic Group Formation and Performance : The Case of the U.S. Pharmaceutical Industry, 1963-1982," *Management Science*, 9 : 1102-1124.

Cool, K. and Dierickx, I. (1993) "Rivalry, Strategic Groups and Firm Profitability," *Strategic Management Journal*, 14 : 47-59.

Demsetz, H. (1974) "Two Systems of Belief about Monopoly," in Goldschmid, H. J., Mann, H. M., and Weston, J. F., ed., *Industrial Concentration : The New Learning*, Little Brown.

Dierickx, I. and Cool, K. (1989) "Asset Stock Accumulation and Sustainabilityof Competitive Advantage," *Management Science*, 35 : 1504-1511.

Dixit, A. (1980) "The Role of Investment in Entry-Deterrence," *The Economic Journal*, 90 : 95-106.

Eaton, B. C. and Lipsey, R. G.(1979) "The Theory of Market Pre-emption : The Persistence of Excess Capacity and Monopoly in Growing Spatial Markets," *Economica*, 46 : 149-158.

Farrell, J. (1987) "Cheap Talk, Coordination, and Entry," Rand Journal of Economics, 18 : 34-39.

Fudenberg, D. and Tirole, J. (1983) "Learning by Doing and Market Performance," *Bell Journal of Economics*, 14 : 522-530.

Gimeno, J., Hoskisson, R., Beal, B. D., and Wan, W.P. (1998) "Explanations of Strategic Clustering or "Follow-The-Leader" Behavior in International Telecommunication Equity Linkages," *Mimeo*.

Geroski, P. A. and Jacquemin, A. (1984) "Dominant Firms and Their Alleged Decline," International Journal of Industrial Organization, 2 : 1-27.

Ghemawat, P. (1986) "Sustainable Advantage," Harvard Business Review, 64 : 53-58.
Ghemawat, P. (1991) *Commitment : The Dynamic of Strategy*, New York : Free Press.
Ghemawat, P. (1997) *Games Business Play*, Cambridge, Mass. : The MIT Press.
Gilbert, R. J. (1989) "Mobility Barriers and the Value of Incumbency," in Schmalensee, R. and Willig, R. D., ed., *Handbook of Industrial Organization*, New York : North Holland.
Gilbert, R. J. and Newbery, D. (1982) "Preempting Patenting and the Persistence of Monopoly," *American Economic Review*, 72 : 247-253.
Hatten, K. J. and Schendel, D. E. (1977) "Heterogeneity within an Industry : Firm Conduct in the U.S. Brewing Industry, 1952-1971," *Journal of Industrial Economics*, 26 : 97-113.
Helfat, C. E. (1994) "Evolutionary Trajectories in Petroleum Firm R&D," *Management Science*, 40 : 1720-1747.
Helfat, C. E. (1997) "Know-how and Asset Complementarity and Dynamic Capability-Accumulation : The Case of R&D," *Strategic Management Journal*, 18 : 339-360.
Henderson, R. M. and Cockburn, I. (1994) "Measuring Competence? Exploring Firm Effects in Pharmaceutical Research," *Strategic Management Journal*, Summer Special Issue, 15 : 63-84.
Hoffer, C. W. and Schendel, D. (1978) *Strategy Formulation : Analytical Concepts*, West Publishing Co.
Hunt, M. S. (1972) *Competition in the Major Home Appliance Industry, 1960-1970*, Unpublished Doctoral Dissertation, Harvard University.
石井淳蔵, 奥村昭博, 加護野忠男, 野中郁次郎(1985)『経営戦略論』有斐閣.
Katz, M. and Shapiro, C. (1986) "Technology Adoption in the Presence of Network Externalities," *Journal of Political Economy*, 94 : 822-841.
Kreps, D. M. and Spence, M. (1985) "Modelling the Role of History in Industrial Organization and Competition." In G. R. Feiwel, ed., *Issues in Contemporary Microeconomics and Welfare*, London : Macmillan.
Leaned, E. P., Christensen, C. R., Andrews, K. R., and Guth, W. D. (1969) *Business Policy : Text and Cases*, revised edn., Richard Irwin.
Leonard-Burton, D. (1992) "Core Capabilities and Core Rigidities : A Paradox in-Managing New Product Development," *Strategic Management Journal*, Summer SpecialIssue, 13 : 111-125.
Lieberman, M. B. and Montgomery, David B. (1988) "First Mover Advantages," *Strategic Management Journal*, 9 (Special Issue) : 41-58.
Lieberman, M. B. (1990) "Exit from Declining Industries : 'Shakeout' or 'Stakeout' ?" *Rand Journal of Economics*, 21 : 538-554.
Lippman, S. A. and Rumelt, R. P. (1982) "Uncertain Imitability : An Analysis of Inter-

firm Differences in Efficiency under Competition," *The Bell Journal of Economics*, 13：418-438.

McGahan, A. M. and Porter, M. E. (1997) "How Much Does Industry Matter, Really?" *Strategic Management Journal*, Summer Special Issue, 18：15-30.

Miles, G., Snow, C. C., and Sharfman, M. P. (1993) "Industry Variety and Performance," *Strategic Management Journal*, 14：163-177.

Montgomery, C. A. and Wernerfelt, B. (1988) "Diversification, Ricardian Rents, and Tobin's q," *Rand Journal of Ecnomics*, 19：623-632.

Nelson, R. R. (1994) "Why Do Firms Differ, and How Does It Matter?" in Rumelt, R. P., Schendel, D., and Teece, D. J., ed., *Fundamental Issues in Strategy*, Cambridge, MA.：Harvard Business School Press.

Newman, H. H. (1978) "Strategic Groups and the Structure-Performance Relationship," *Review of Economics and Statistics*, 60：417-427.

奥野正寛, 鈴村興太郎 (1988)『ミクロ経済学Ⅱ』岩波書店.

大滝精一, 金井一頼, 山田英夫, 岩田智 (1997)『経営戦略』有斐閣.

Penrose, E. T. (1959) *The Theory of the Growth of the Firm*, New York：Wiley（末松玄六訳『会社成長の理論』ダイヤモンド社）

Petaraf, M. A. (1993) "The Cornerstones of Competitive Advantage：A Resource-Based View," *Strategic Management Journal*, 14：179-192.

Porter, M.E. (1979) "The Structure within Industries and Companies' Performance," *Review of Economics and Statistics*, 61：214-227.

Porter, M. E. (1980) *Competitive Strategy：Techniques for Analyzing Industries and Competitors*, New York：Free Press（土岐坤他訳『競争の戦略』ダイヤモンド社）

Porter, M. E. (1981) "The Contribution of Industrial Organization to Strategic Management," *Academy of Management review*, 6：609-620.

Porter, M. E. (1994) "Toward a Dynamic Theory of Strategy," in Rumelt, R. P., Schendel, D., and Teece, D.J., ed., *Fundamental Issues in Strategy*, Cambridge, MA.：Harvard Business School Press.

Prahalad, C. K. and Hamel, G. (1990) "The Core Competence of the corporation," *Harvard Business Review*, 68：67-78.

Reed, R. and DeFillipi, R. J. (1990) "Causal Ambiguity, Barriers to Imitation, and Sustainable Competitive Advantage," *Academy of Management Review*, 15：88-102.

Reinganum, J. F. (1989) "The Timing of Innovation：Research, Development, and Diffusion," in R. Schmalensee and R. Willig ed., *Handbook of Industrial Organization*, New York：North Holland.

Rumelt, R. P. (1984) "Toward a Strategic Theory of the Firm," in Lamb, R. B., eds., *Competitive Strategic Management*, Englewood Cliff, NJ.：Prentice-Hall.

Rumelt, R. P. (1987) "Theory, Strategy, and Entrepreneurship," in D. J. Teece ed., *The*

Compeititve Challenge : Strategies for Industrial Innovation and Renewal, Cambridge, Mass. : Ballinger.
Rumelt, R. P. (1991) "How Much Does Industry Matter?" *Strategic Management Journal*, 12 : 167-185.
Salop, S. C. (1979) "Strategic Entry Deterrence," *American Economic Review Paper and Proceedings*, 69 : 335-338.
Schmalensee, R. (1978) "Entry Deterrence in the Ready-to-Eat Breakfast Cereal Industry," *The Bell Journal of Economics*, 9 : 305-327
Schmalensee, R. (1985) "Do Markets Differ Much?" *American Economic Review*, 75 : 341-351.
Scherer, F. M. (1980) *Industrial Market Structure and Economic Performance*, 2nd edition, Boston : Houghton Mifflin Company.
Smith, K. G., Grimm, C. M., and Gannon, M. J. (1992) *Dynamics of Competitive Strategy*, Newburry Park, CA. : Sage Publications.
Spence, A. M. (1979) "Investment Strategy and Growth in a New Market," *Bell Journal of Economics*, 10 : 1-19.
Spence, A. M. (1981) "The Learnig Curve and Competition," *Bell Journal of Economics*, 12 : 49-70.
Sutton, J. (1991) *Sunk Costs and Market Structure*, Cambridge, MA : MIT Press.
Sylos-Labini, P. (1962) *Oligopoly and Technical Progress*, Cambridge, MA : Harvard University Press.
Teece, D. J. (1989)「技術戦略における競争と協調」『ビジネスレビュー』36 (4) : 1-19, 千倉書房.
Teece, D. J., Pisano, G., and Shuen, A. (1997) "Dynamic Capabilities and Strategic Management," *Strategic Management Journal*, 18 : 509-533.
Tirole, J. (1988) *The Theory of Industrial Organization*, Cambridge MA : MIT Press.
Weigelt, K. and Macmillan, I. C. (1988) "An Interactive Strategic Analysis Framework," *Strategic Management Journal*, 9 (special issue) : 27-40.
Wernerfelt, B. (1984) "A Resource-based View of the Firm," *Strategic Management Journal*, 5 : 171-180.

第2章
戦略スキーマの相互作用
―― 組織の独自能力構築プロセス ――

新 宅 純二郎
網 倉 久 永

1 経営資源と競争優位

　本章の目的は，個々の企業が独自に保有する経営資源，なかでも「組織能力（Organizational Capabilities）」に着目し，事例の検討を通じて競争優位の持続メカニズムに関する知見を得ることである。

　競争優位の源泉は，競争戦略論のもっとも主要なテーマである。これまでにさまざまな議論が展開されてきたが，それらの大部分は企業内外の諸変数のフィットが競争優位をもたらすという，いわゆる「適合仮説」というフレームワークに準拠している。すなわち，特定企業の内部要因によって規定される実行可能な戦略と，その企業を取り巻く外部諸要因との適合レベルが他の競争相手を上回っている場合に，当該企業に競争優位がもたらされると考えられている。

　企業内部の要因と外部環境要因のフィットというフレームワークは，経営戦略に関する研究の中でも，初期に盛んであった企業の多角化に関する研究で形成されたものである。多角化した企業が直面する環境条件は，個別事業ごとに異なっており，外部環境の多様性に適応する必要が強く認識されたことは想像に難くない。経営戦略論の先駆的研究である『経営戦略と組織』の中で，Chandlerは，戦略を「予想される需要に応じて経営資源を割り振っていく計画」と規定した上で，「組織構造は戦略に従う」という有名な命題を提示した（Chandler 1962）。ここでは，戦略は環境という外的変数と組織構造という内的変数の間に介在するものとして位置づけられている。

---

　1) 本章は，新宅・網倉（1998a）に加筆修正したものである。

あるいは，ボストン・コンサルティング・グループが開発した「製品ポートフォリオ・マネジメント（PPM；Product Portfolio Management）」と呼ばれる分析手法は，産業ライフサイクル（市場成長率）という環境変数と競争上の地位（相対的市場シェア）という戦略変数の関係に着目し，その組み合わせによって事業の位置づけを明らかにし，多角化した企業の全社的な資源配分について示唆をうることを目的としたものである。

1970年代まで盛んであった多角化の研究に代わって，80年代から盛んになった競争戦略の研究でも，適合仮説という基本的なフレームワークは継承されていった。しかし，その基本的フレームワークのもとで，2つの大きな議論の流れが派生した。1つは企業を取り巻く環境要因により重点を置く立場であり，5つの競争要因に基礎を置く「業界の構造分析」がその典型である（Porter 1980）。もう1つは企業の内部要因をより重視する立場であり，企業を特定資源の集合体とみなす「資源にもとづく企業観（Resourced-based View of the Firm）」がその典型である（Penrose 1959；Wernerfelt 1984；Grant 1991）。

業界の構造分析では，①既存企業間の対抗度，②新規参入の脅威，③代替品の脅威，④売り手の交渉力，⑤買い手の交渉力という5つの要因によって個々の産業の競争状態は規定されるという。企業の競争優位は，業界内でいかに有利な「競争ポジション」を発見し，他社の参入を阻止してそのポジションを独占的に占有できるかによって決定されると考えられている。

このような，外部環境を重視した立場からは，同一業界内で類似した地位にある企業間での業績の差異を説明することは困難になる。Porter（1980）では，「戦略グループ」と呼ばれる概念によって，同一業界内部での企業行動や業績の差違を説明しようとしている。同一産業においても，市場がセグメント化されていたり，企業の側にも製品ラインの広さ，垂直統合の程度などの内部要因の相違が見られる。したがって同一産業内部においても，比較的類似した戦略パターンを採用する「戦略グループ」が形成される。各企業は，どのセグメントをターゲットとし，どのような戦略・組織を採用するかについて，ある程度の選択は可能である。

だが，完全に自由な選択は不可能であり，しかも各戦略グループ間に構造的な「移動障壁」が存在する場合には，企業行動や業績の差違は固定化されることになる。戦略グループや移動障壁という概念によって，同一産業内部でも戦略グループごとに企業行動や業績に差異が観察されることは説明可能である。しかし，同一戦略グループ内部においても，企業行動や業績に差異が存在する

ことは説明できない。

一方，企業を特定の資源の集合体と解釈する，資源にもとづく企業観という分析視角では，企業間の差異に着目し，業績の差異をそれぞれの企業が固有に保持する経営資源，とくに企業固有な組織能力の差異によって説明しようと試みてきた(Rumelt 1984)。業界の競争環境や，その中で占める地位が類似した企業であっても，個々の企業が保有する資源・資産が異なれば，同一の戦略を実行する能力は異なるし，そもそも実行可能な戦略自体が異なる場合もある。その結果，環境に最も適した戦略を実行できる資源を保有する企業に競争優位がもたらされると考えられている。

ただし，特定の企業がある時点で競争優位をもたらす資源を保有していたとしても，競争相手が同様の資源を獲得することが容易であれば，その企業の優位性は一時的にすぎない。したがって，この種の研究では，持続力のある競争優位（Sustainable Competitive Advantage）をもたらす経営資源，すなわち模倣が困難である経営資源の特性を明らかにすることが研究の1つの焦点であった。Barney(1997)は，さまざまな先行研究をサーベイした上で，模倣を困難にする要因として次の4つを指摘している。

1) 歴史的条件：経営資源の蓄積・獲得に関して先行者利益（First Mover Advantage）があったり，その蓄積過程が経路依存的（Path Dependent）であれば，後発企業にとってその模倣は困難であったり，蓄積に長い時間を要する。
2) 因果関係のあいまい性：競争優位の源泉となっている経営資源が複数考えられ，個々の経営資源と競争優位との因果関係があいまいであれば，そもそも模倣すべき資源が特定できない。
3) 社会的複雑性：競争優位の源泉となる経営資源が，組織内の人間関係や組織文化に支えられている場合，模倣は容易ではない。QC活動のような小集団活動がその例である。
4) 制度的条件：特許などによって，特定の資源の模倣が制度的に制限されている。

上記のうち，とくに第1の歴史的条件は，多くの研究者から着目されてきた。競争優位をもたらす資源を生みだした要因を歴史的にさかのぼり，本来の源泉を明らかにしようというアプローチである。たとえば，米国の通信会社であるAT&T分割後に誕生したいわゆるベビーベル各社の携帯電話事業の競争優位の差を，その歴史的プロセスの分析によって明らかにした研究がある（Noda

&Bower 1996；本書第3章を参照)。

その研究によると，分割直後は類似した経営資源を保有していた企業間で，その後の携帯電話事業の業績格差が生まれたのは，携帯電話事業に対する取り組みの初期体験の微妙な差が雪だるま的に拡大していったからであるという。すなわち，経路依存性を前提にすると，初期体験がその後の業績に対して決定的な影響を与えることになる。しかし，初期体験が偶然の事象やローカルな環境条件に規定されているとすれば，この結論は環境決定論的なものであり，組織や経営者の主体的な行動の意義は極めて限定される可能性がある。

もう1つのアプローチは，企業が独自に保有する資源や組織能力には階層的な構造が存在し，個別の資源や能力を有機的に編成する「メタ能力」が，その最上位に位置していると考えるものである。

そこでは，企業が個々の資源や能力を保有していることと，それらを活用できるということは異なっていると考えられている。すなわち，特定の事柄を巧みに遂行できるという意味での「個別」の能力を保持していても，それらを全体として一貫性のある能力の体系へと編成して，有効に活用することができなければ，競争優位を確保することは難しい。たとえば，企業固有の能力を環境変化に応じて利用していく「動的な」側面を強調する「動態的能力アプローチ (Dynamic Capabilities Approach；Teece et al. 1997；Fujimoto 1994；藤本 1997)」はその典型例である。

認知心理学や知識社会学では，有限の認識能力しか有さない人間が，無限の多様性を持ちうる外部環境に有効に対峙していくための方策として，「スキーマ（認識枠組み）」を有するものと想定されている。この概念を明示的に取り込んで企業行動を分析しようとした研究も現れた。

たとえば，Prahalad&Bettis(1986)は企業レベルのスキーマを「ドミナント・ロジック（Dominant Logic）」と呼び，多角化した企業の業績をこの概念で説明しようと試みた。特定の企業の中で，事業を成功に導くと考えられている支配的論理には硬直性があるため，新規事業でも同様の論理が適用されることが多く，成功のためには異なる論理が必要な新規事業に進出すると，企業の業績にマイナスの影響を与えると論じられている。

また，加護野(1988)は組織のスキーマをパラダイムと呼び，その特徴・形成過程について体系的に論じた上で，パラダイム転換の方法論を提示している。

しかし，双方の研究ともベースとなる認知心理学の研究のサーベイや理論的な記述がその中心であり，ドミナント・ロジックやパラダイムの内容そのもの

や，その形成・転換プロセスについての実証的な研究はその後もほとんど見られない。

そこで，本章では，沼上他(1992)で提唱された「戦略スキーマ（Strategic Schema）」を鍵概念とし，具体的な事例に準拠して戦略スキーマが変化するプロセスを記述し，ダイナミックな組織能力の構築に関する知見をうることを目的とする。事例としては，1960年代から90年代にかけてのシャープ株式会社の事業展開を取り上げ，電卓事業（産業機器部門）と家電事業，およびその相互関係について分析する。

本章における分析の中核概念である「戦略スキーマ」は，ドミナント・ロジックやパラダイムに類似した概念である。自らが保有する資源を環境要因と関連づけて体系づけるためには，競争戦略を策定するための「認識枠組み」として依拠する「戦略スキーマ」を確立することが必要になる。戦略スキーマは，有効な戦略を策定するためには，どのような変数の間のどのような関係に着目すべきかを示してくれるものである。たとえば，製品を部品技術の集合体であると捉える戦略スキーマのもとでは，要素部品ごとの技術水準とそれらの間の技術的なバランスが注目すべき変数となる。

何かに注目すべきということは，裏返せばそれ以外は注目しなくてもいいということを意味する。有効な戦略スキーマを保有することで，戦略策定者は組織内外の情報を効率的に解釈し，個別の資源や能力を有機的に編成していくことが容易になる。たとえ，全く同一の環境条件に直面し，全く同一の資源ミックスを保有している企業が複数存在したとしても，戦略策定者の準拠する認識枠組みである戦略スキーマが異なっていれば，策定される戦略も異なり，成果も異なってくるだろう。

ただし，いったん確立した戦略スキーマは変化しにくく，環境変化への適応という目標に対してしばしば逆機能的に作用する場合がある(Prahalad & Bettis 1986；加護野 1988)。ある一時点で，個別の資源や能力を有機的に編成することができても，時間の経過とともにそれらを適切に組み換えていくことができるとは限らない。スキーマやパラダイムなどの認識枠組みは，無限に多様でありうる環境に対峙していくためには有効であるが，その一方で新たな変化に対応する際には障害となる場合が多いからである。

2　事例——シャープ株式会社[2]

　シャープ株式会社[3]（以下，シャープ）は，創業者早川徳次が1912年に7人の従業員とともに小さな作業場を始めて以来，「誠意と創意」を経営信条に，長年にわたって「起業家精神」と「技術革新」をモットーとしてきた。同社は創業以来一貫して技術志向が強く，たとえば，社名の由来にもなっているシャープペンシル（1915年），国内初の鉱石ラジオ（1925年）や交流式真空管ラジオ（1929年），白黒テレビ受像器（1953年），電子レンジ（1962年）など，数多くの「国内初」の製品を導入してきた。

　創業当初の同社の競争優位の源泉は迅速でタイムリーな製品開発であった。しかし，主要部品の多くを外部購入に依存し，販売力が十分ではなかったために，先行者の優位を維持することは困難であった。同社は数多くの新製品を発売してきたが，そのほとんどは時をおかずに松下電器産業・日立製作所・東芝などの競争相手に模倣されてきた。追随者との競争に直面するたびに，シャープは価格を切り下げざるを得なかった。そのため，1970年代初頭までは，市場では低価格を売り物にしたテレビや家電製品のメーカーとして認識されていた。

(1) 家電専業時代——創業〜1960年代初頭

　1923年の関東大震災ですべてを失った早川徳次は，翌年大阪で会社を再建した。1925年には，日本でラジオ放送が始まる予定であった。本人も従業員も，ラジオについて全く知識がなかったが，初めて日本に輸入された米国製の鉱石ラジオを1台買い，分解したり作りなおしたりして徐々に技術を習得し，1925年に国内では最初に鉱石ラジオの組み立てを開始した。

　ラジオ放送の開始とともに鉱石ラジオの売り上げは激増し，新たに数社がこの市場に参入してきた。しかし，ライバル企業が鉱石ラジオの改良に努力して

---

2) 本節での記述および議論は，沼上他（1992）によっている。沼上他（1992）では，カシオの戦略スキーマと，シャープ，カシオ両社のスキーマが「対話としての競争」のプロセスを通じて彫琢されていくプロセスについても言及している。また，新宅・網倉（1998b）は，本節での事例に当事者のコメントなどを付け加えた，教育用ケースである。

3) 同社は1970年1月に，早川電機工業から現在のシャープ株式会社に社名を変更している。この変更は，佐伯旭専務（当時；同年9月に社長に就任）が創業者早川の許可のもとに行ったとされている。社名に「電機」という言葉を使わなかったのは，佐伯が将来は「半導体はいずれ業界の垣根をなくすのではないか」と直観したからであるといわれている。竹内他（1986），p.72

いる間に，真空管を使って信号を増幅し，より広範囲の信号を受信できる新しいラジオを開発した。「シャープ・ダイン」と呼ばれたこのラジオの大量生産が1929年から開始され，国内だけでなく南アジアへも輸出されることによって，ラジオ・メーカーとしての確固たる地位を確立し，1935年には資本金30万円の株式会社早川金属工業研究所が設立された。後の42年に，同社は早川電機工業株式会社（早川電機）に社名を変更している。

テレビ時代の到来を予測し，独自にテレビ受像器のプロトタイプを開発した早川電機工業は，RCAとライセンス契約を結び，1953年，「シャープ」のブランドで日本初の白黒テレビを生産し，55年までには25％近い市場シェアを持つ国内最有力のテレビ・メーカーとなっていた。

1950年代後半には，白黒テレビに加え，冷蔵庫と洗濯機が消費者のステータスシンボルになった。電気製品市場は年率30％以上のペースで成長を続け，早川電機も生産能力を拡大し，販売網を構築することによって，テレビとラジオの両市場におけるリーダーシップを維持した。同社はまた，冷蔵庫，洗濯機などの家電製品へと事業を拡大し，1962年には，米国の電子レンジのパイオニアであるリットン社から学んだ技術を活用して，日本で最初に電子レンジを発売した。1960年代になると，消費者のステータスシンボルは，車・カラーテレビ・クーラーの「3C」製品にグレードアップした。早川電機も，中心事業を白黒テレビからカラーテレビに移し，さらに家電製品のラインナップにはエアコンなどを加えたため，テレビとラジオが同社の売上高に占める割合は，1960年には84％であったのが，65年には53％にまで低下した。

1960年代半ば，厳しい不景気による需要の急落に直面した松下・東芝・日立などの大手総合電気製品メーカーは広範な品揃えと有利な取引条件を提供し，多数の独立小売店を次々に自社系列の販売網に組み入れていった。シャープは小規模で資金的余裕も乏しかったため，垂直統合を進めることができなかった。それまでシャープ製品を扱っていた独立小売店の多くが，次々と競争相手の専売店となっていき，懸命な努力にもかかわらず，早川電機の販売網は松下の7分の1，日立・東芝の3分の1でしかなかった。

革新的な製品を導入しつつも，ライバルによる模倣と系列販売網の整備とによって，ラジオでもテレビでも早川電機の市場シェアは減少し続けていった。家電事業では製品のユニークさは評価されはしても，主要部品の多くを外部調達に依存するアセンブリー中心の事業であったため，市場では低価格をアピールする以外には競争の手段がなかった。

(2) 電卓事業への多角化──戦略スキーマの形成と「対話」による彫琢
①技術へのコミットメント；中央研究所設立と電卓事業への多角化

　電卓事業は，市場ニーズに合致したユニークな製品を機敏に開発していくことを志向していた家電事業とは，その発端からして異なっていた。シャープの電卓事業は，特定の最終製品とはやや距離のある技術そのものの研究から発生してきた。

　その背景には，若手技術者らの情熱と，家電事業での苦境をより利益率の高い新規事業への多角化によって克服したいという経営者の意図があった。1960年，若手技術者たちの発案から，目先の製品開発とは相対的に距離のある，中長期的な技術開発を担当するセクションが設立された。

　ユニークな技術力は確かに評価されてはいたが，ライバルに容易に模倣され続けてきた経験が，中長期的な技術開発へと若手技術者を駆り立てていったのであろう。1960年9月に目先の商品ではなく，技術そのものの開発に専心する研究室が佐伯旭専務（当時）直属の組織として設立され，総勢20人ほどの小部隊が半導体と超短波と計算機という3つのテーマを分担して追求しはじめた。この研究室は，翌1961年には中央研究所として正式に全社的な位置づけが行われた。

　当時入社5年目の若手技術者だった浅田篤（元シャープ副社長，任天堂副社長）ら3人の技術者から成る計算機チームは，当初コンピュータの開発を目指していた。しかし，社内にはまったく技術蓄積がなかったため，大阪大学の尾崎弘助教授（当時）に協力と指導を依頼し，基礎的な文献を講読することから始め，尾崎研究室での実験に参加しながら知識ベースを構築していった。

　しかし，通産省（当時）が国内の大型コンピュータ開発を促進し，コンピュータ産業の競争力を高めるために，国内のコンピュータの開発を，富士通・日立・東芝・日本電気・三菱電機・沖電気工業の6社に限定するという政策を打ち出したため，早川電機は事実上メインフレーム・コンピュータ市場から閉め出されてしまった。また，同時期に経営陣は収益性の上がらない家電事業から事業の多角化を試みようとしていた。

　計算機チームは1962年初頭に，開発ターゲットを機械式計算機の小型化・電子化へと転換していった。それから2年後の1964年，シャープは世界で初めてトランジスタを利用した電卓を市場に導入した。電卓事業によって開拓された事務機販売の経路を活用して，電子レジスター（1971年）や複写機（1974年）などの新たな事業に参入し，シャープは電卓事業を「産業機器」事業へと拡大

していった。

　この経路は，後にコンピュータやワードプロセッサなどのオフィス・オートメーション機器などの新製品導入に大きな役割を果たし，電卓事業から産業機器事業を経て，電子手帳や携帯情報端末（PDA；Personal Data Assistance）などのパーソナル・オートメション機器なども包含した「情報機器」事業へと事業領域を拡大していく際に重要な経営資源となった。

②半導体内製の意思決定

　シャープは1964年に電子式の電卓第一号機を発売して以来，国内電卓メーカーの間では常に先頭を切って新技術の導入に努めてきた。1976年にはICを用いることで，電卓の部品点数を4500から700へと激減させている。1969年にはICからLSIへと転換を果たしている。

　佐伯専務は，それまで外部の供給業者に依存していた半導体を内製することを1969年に決断している。1966年に発売された電卓に使われたバイポーラICは三菱電機から供給され，1967年のモデルでは日立製MOS-ICが使われていた。また，シャープの最初のLSIモデルでは，North American Rockwell社のMOS-LSIが使われている。半導体を外部から購入することで，シャープは最先端の半導体技術を吸収することができた。しかし，佐伯は，心臓部にあたるパーツは社内で開発すべきであり，外部サプライヤーに中核部品を依存することは競争上の立場を危うくすると考えていた。[4]

　佐伯は，半導体プラントと研究施設に対する75億円の初期投資を決断した。MOS-LSIを供給していたNorth American Rockwell社は，この計画を知って合弁事業による半導体の生産を提案してきたが，シャープは技術提携による自社生産を主張して譲らなかった。

　シャープは1960年から半導体研究の経験をもっていたものの，CMOS（Complementary Metal Oxide Semiconductor）の大量生産は極度に不安定で複雑で，歩留まりは向上せず，コストも容易には低下しなかった。71年に操業を開始した当初は，社内需要に対して半導体を安定供給することさえ困難な状況であった。追い打ちをかけるように，1970年から71年にかけての半導体不況，71年のドルショック，73年のオイルショックに見舞われ，当初3年間は半導体事業は赤字続きであった。半導体事業が足かせとなり，売り上げは1970年の1490億円から71年には1340億円に落ち込み，純利益も124億円から52億円に急

---

4) この時の意思決定の詳細については，竹内他(1986), p.70-73を参照のこと。

落した。

③競争プロセスでの戦略スキーマの構築

1970年代初頭には，日本および世界市場で熾烈な「電卓戦争」が展開された。ワンチップCPU時代の過酷な価格競争プロセスを経て，カシオとシャープが日本の電卓市場を寡占的に支配するようになった。日本の電卓産業における生産数量ベースでの上位3社集中度は1972年が最も低く，カシオ，シャープ2社のシェアは77年に57％，80年には71％に及んでいる。

1970年代初頭の熾烈な価格競争を生き延びるために，カシオ，シャープの両社ともに75年頃から製品の差別化を試みた。シャープは薄型電卓の開発を志向し，カシオはラジオや時計，アラーム，ゲームなどの機能を備えた多機能・複合電卓の開発を目指した。シャープは薄型電卓開発の過程で，技術進歩の方向を設定し，次世代電卓へと進化する経路を先頭を切って邁進していった。シャープが追求したCMOS-LSIと液晶ディスプレー（LCD），ボタン電池（後に太陽電池に置き換えられる）の組み合わせは，1970年代後半には事実上の業界標準となり，生産技術も高度に自動化されていった。

半導体製造の後発者としての試練に直面していたシャープにとっては，電卓の売り上げを少しでも増やすことが至上命題となった。同社の半導体事業にとって最大のユーザーは社内の電卓事業であり，半導体生産の規模の経済性と経験効果を考えれば，少しでも数多くの電卓を売ることがシャープの全社的な存続を左右するほどの重要な問題であった。

ところが，1970年代の初めに安価な電卓を導入する新規参入企業が増大し，72年にはカシオミニが登場して，電卓の平均単価が急速に低下するとともに，シャープは市場シェアを急速に失なっていった。1971年には26％の市場シェアを保有していた同社は，72年には18％，さらに73年には12％へと市場シェアを低下させている。この間，71年時点では7％のシェアしか保有していなかったカシオは，72年に10％，73年に18％のシェアを獲得して業界首位に立っている。このような環境下でシャープは，累積生産量の少なさゆえに相対的コスト劣位にある自社製半導体を利用しなければならなかった。そのため同社は，コスト以外の手段で電卓の販売数量を拡大するために差別化を志向した。

1972年にシャープは，価格競争を回避するための画期的な新製品を開発することを任務とした「734プロジェクト」を発足させている。プロジェクト名は，73年4月までに製品を完成させるという目標にちなんで命名されている。

当時の電卓事業部のトップであった浅田篤は，この時の思考プロセスを振り

返って次のように述べている。[5]

　　メーカーが30社も40社も，供給過剰みたいになった時に，そのサバイバル・レースに生き残るには当社の体質として何ができるか，ということをいろいろ考えました。それなりの技術力があり，資金力があるということを前提に高付加価値化といいますか，電卓という小さなシステムで当社しかできないような差別化の商品，それが何かというのをいろいろ模索したのです。電卓というのは，キーボードを小さくしていきますと操作がしにくい。ディスプレイが小さくなりますと見えにくくなりますから，面積は最小限のリミットがあるわけですね。そこで，物理的なディメンションとしては厚みを減らすことだ，ということになる。従来の技術ではできない厚み，薄さを実現することによって当社の電卓の生き残り戦略を立てようということで薄型化競争に入ったのです。その時に厚みを一番決めていますのが1つはディスプレイです。1つは電池ですね。厚みの薄い，かつ消費電力の小さなディスプレイをどう作るかということが電卓のサバイバル・レースの生き残り戦略の唯一の答えだったのです。

　乾電池を使わないために，低消費電力のCMOS-LSIが選択された。8桁の電卓に利用された場合にPMOS (Positive channeled Metal Oxide Semiconductor) の消費電力が50mWであるのに対して，CMOSではわずか4mWになった。表示装置も，たとえば8桁電卓ではVFD (Vacuum Florescent Display) は150mW，LEDで130mWと消費電力が大きい。[6] シャープは，薄型でしかも低消費電力の表示装置としてLCDを選択した。LCDによってシャープはCMOSの利点をさらに活用するとともに，生産技術の自動化にも注力し，ガラス基板上に電子回路と表示装置を統合させるCOS (Calculator on Substrata) 技術を開発した。[7] これによって，電卓生産を完全に自動化することが可能になった。シャープはすでにCMOS-LSIの技術を社内に保有していたものの，LCD技術の蓄積と生産自動化には膨大な労力が必要とされた。

　1973年4月，画期的な電卓「EL-805」が発売された。それまでの電卓は，単三電池4本で5時間から6時間しか利用できなかったが，厚さ2.1センチ重さ200グラムのEL-805は，単三電池1本で100時間以上駆動できた。

---

5) 野中郁次郎によるインタビュー記録（1990年12月18日）より。
6) 柴田 (1982), p.114
7) 一般には，この技術は「厚膜実装」と呼ばれている。

2万6800円という価格は，カシオミニの2倍以上であり，シャープは価格競争の渦中には加わる意図はないことを明らかに示している。また，薄さや低消費電力という差別化の訴求点は，LCDやCMOS-LSIといった独自のキーデバイスによって実現可能なものであり，他社の模倣は困難であった。

　EL-805そのものに対する市場の反応は，それほど芳しいものではなく，シャープの市場シェアを挽回させることには貢献しなかった。これは，製品が薄さという点でも消費電力の点でも十分でなく，必ずしも上の浅田の意図を完全に実現したものではなかったためである。[8] しかしEL-805に使われていたCMOSとLCD，実装技術の改善による自動化ラインは，後の薄型化の傾向を生みだす基本的な要素であった。

　シャープのエンジニア達は，明らかに表示装置とバッテリーについての次の開発課題を意識していた。CMOSとLCDを使い，またそれに改良を加えることによって消費電力を低めれば，バッテリーの容量，したがって体積を縮小することが可能になる。これらの薄型の部品を，薄い基板の上に組み付ける実装技術の進化がともなえば，電卓が薄型化できる。

　後続モデルでは，1975年に9ミリ，76年に7ミリ，77年に5ミリと次々と薄型化に成功した。薄型化の進展にともなって，74年に12％にまで低下していた同社の市場シェアは，14.5％（75年），17％（76年）と回復していった。

　熾烈な価格競争を生き残っていくプロセスで，シャープは製品開発活動をいかに編成すべきかを学んできた。イノベーティブな製品を開発することが使命とされた「734プロジェクト」に与えられた期間は，1年しかなかった。クロス・ファンクショナル（職能横断的）なプロジェクト・チームが結成され，大幅な権限委譲がなされた。「734プロジェクト」を原型とする，プロジェクト・チームによる製品開発の仕組みは，「緊急プロジェクト（通称：マルキン・プロジェクト）」として1977年に公式にスタートすることなる。

　シャープは競争のプロセスにおいて，新しい製品開発の手法を開発し，市場シェアを回復させただけでなく，独自の戦略スキーマを構築することによって選択淘汰を生き残ってきた。シャープにとってEL-805は単なる製品ではなく，技術の論理にもとづいて電卓の新製品を発想するための戦略スキーマそのもの

---

8) EL-805は単三電池と，TN（Twisted Nematic）モードに比べると消費電力の大きいDS（Dynamic Scattering）モード液晶ディスプレイを使っていた（沼上　1991, p.44）。後のモデルでは，DSモード液晶はTNモード液晶に，乾電池がボタン電池に，ボタン電池は太陽電池に置き換えられていく。

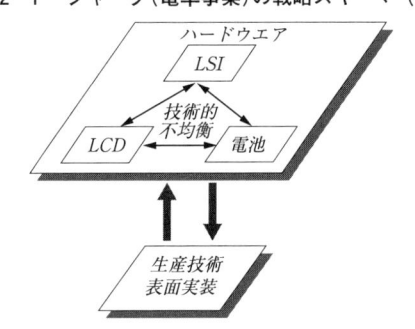

図2-1　シャープ(電卓事業)の戦略スキーマ（1）

```
        ハードウエア
           LSI
        技術的
        不均衡
      LCD    電池


        生産技術
        表面実装
```

だった。シャープの戦略スキーマは，電卓という製品を，半導体・表示装置などの部品や表面実装などのさまざまな要素技術から構成された1つのシステムとして捉え，そのさまざまな部品間の関係付けを変化させることで新しい製品を発想していく，というものである。

　Rosenberg(1976)が提唱する，「技術不均衡（Technical Imbalance）」と「オーバーシュート」による技術進歩のモデルのように，個々のデバイスが達成可能な技術的限界の間に「技術不均衡」が存在する限り，それがドライビング・フォースとなって次々に新製品を生みだすことが可能である。特定の要素技術（部品）間での技術不均衡を解消するための活動が，「過剰な改良（オーバーシュート）」によって新たな不均衡を創り出し，新たな不均衡が再び次の解消活動を引き起こしていく。

　たとえば，VFD（蛍光表示管）が低消費電力のLCDに置き換えられたことは，他の部品間での不均衡を引き起こした。低消費電力のCMOS-LSIを利用することで，電力消費の少ない表示装置の必要性が認識されるようになった。VFDがLCDに置き換えられると，消費電力が減少したため，乾電池をボタン電池に置き換えることが可能になり，製品自体を飛躍的に薄型化することが可能になった。

　こうしたサイクルの中で，たとえば後にボタン電池が太陽電池に代替されていくといったように，シャープは製品ラインを進化させ，技術体系に内在するこのようなダイナミズムを活用して，次々と新技術を体現した新製品を計画し，将来の製品進化のトラジェクトリーを描いていった（図2-1参照）。

　ライバル各社はシャープが打ち出した電卓薄型化に，すぐに対抗する気もなかったし，実際対抗できなかった。たとえば，1976年までカシオはLCD電卓

を発売していない。徐々にではあるが，生産自動化と新しい製品アーキテクチャーは業界地図を塗り替えていった。激しい競争に生き残るためには，単なるアセンブラーでは十分ではなくなっていった。LSIやLCDといったデバイスを外部から調達することは可能であったが，デバイス・メーカーから最先端の技術知識を獲得することは容易ではなく，自動化された生産技術の獲得はさらに困難であった。電卓生産の自動化に不可欠な表面実装技術は現在では一般に広く普及しているが，1970年代にはそうではなかった。小規模のOEMメーカーは自動生産設備への大規模な投資はできなかったため徐々にコスト優位を失い，シャープのファッショナブルな薄型電卓の登場によって製品自体の魅力も低下していった。

　最先端のデバイス技術と自動生産技術によって，シャープは電卓をより薄くすると同時により低価格にすることが可能になった。その結果，1977年の不況時にもシャープの電卓売り上げは減少せず，国内生産金額ベースで31％のシェアを確保して，首位の座に返り咲いた。

　④スキーマの彫琢――対話としての競争

　シャープは電卓薄型化を先頭を切って推進していったが，それによる競争優位をいつまでも保つことはできなかった。1977年2月，カシオがシャープのもっとも薄い電卓よりもさらに薄い6.5ミリの製品を発売した。

　1972年以来市場リーダーの地位にあったカシオは，顧客やサプライヤーとの関係性をベースにした戦略スキーマを確立してきていた。カシオは独自のスキーマに基づいて，ラジオ，時計，アラーム，ゲームなどと電卓を組み合わせた多機能・複合製品によって差別化を図ってきた。多機能・複合電卓の開発では，1975年のバイオリズム電卓の発売以来カシオが先頭を切っていたが，77年にシャープがクロック付き電卓を発売してからは，両社は次々と多機能・複合電卓を市場に投入していった。

　その一方で，カシオは競争に生き残っていくために新たな技術標準に適応していかなければならなかった。カシオの戦略スキーマに基づいて考えるならば1973年に導入されたシャープのLCD電卓（EL-805）は，他の電卓よりも長時間の電池駆動ができるという点を除けば，何ら新しい用途を組み込んでいない製品であった。実際，この製品は市場に大きなインパクトを与えていない。

　ところが，75年頃からLCD電卓の薄型化の傾向が明確になり，それに対する顧客の反応が好意的であるという事実にはカシオは敏感に反応した。とくに1976,77年に供給過剰による販売数量と金額の激減という事態が生じた時にも，

シャープは薄型のLCD電卓によって増収を続け,77年にカシオの売り上げを抜いて再び業界首位に立った。シェア1位の市場地位を奪われたカシオは,自社の既存の戦略スキーマにもとづいてシャープの薄型電卓を模倣しようとした。

LCDやCMOS,ボタン電池などの部品は外部調達可能であったが,薄型化を行うためには表面実装のような生産技術にコミットする必要がある。従来,部品の生産を意図的に社内で行うことを避け,生産もできる限り別会社によって行うという戦略をとってきたカシオも,薄型化の競争を展開するべく従来の戦略スキーマに実装技術の要素をあたかも「接ぎ木」するかのように付け加えていったと考えられる。

実装技術の取り込みによって初めて,カシオはシャープの薄型電卓よりも薄い電卓を1977年に発売できるようになった。さらにその後,同社はLCDの内製にも取りかかるようになった。こうして徐々にではあったが,カシオはシャープの技術優位に追いついていき,両社は79年まで2,3カ月ごとに首位の座を奪いあうようになっていた。

シャープとカシオは,薄型化と多機能・複合電卓の2つの側面で熾烈な競争を展開した[9]。その過程で,1976年から82年までの間にシャープとカシオは,シェア首位の座を3回も交代している。

他方,独自のデバイス技術によって差別化しても競争優位の持続が短期間に終わったシャープにとっては,もはやデバイス面でカシオとの間には差はなくなり,ソフト面での差が顕著に認識されることになった。そこでシャープは1977年頃から多機能電卓を積極的に開発し,カシオの製品系列との同質化を進めていった。だがやはりシャープも,表面的にはカシオと同じような多機能電卓を開発してはいたが,戦略スキーマのレベルでは「ソフト」という要素を一種の「デバイス」として「接ぎ木」するように取り込んでいったと考えられる。

シャープは,多機能・複合電卓を1977年末から発売するようになった。表面的にはシャープがしていたのは,単なる模倣にすぎない。しかし,この模倣は単なる物まねでは終わらず,戦略スキーマのレベルで「ソフト」という要素を一種の「デバイス」として,「接ぎ木」するように取り込んでいくためのスターティング・ポイントであったと解釈できる(図2-2)。

シャープは,カシオの製品系列を模倣したが,カシオの戦略スキーマをそのまま援用したわけではない。製品の模倣と戦略スキーマの模倣とは異なってい

---

9) 両社の製品系列については,沼上他(1992),表1(p.70)参照のこと。

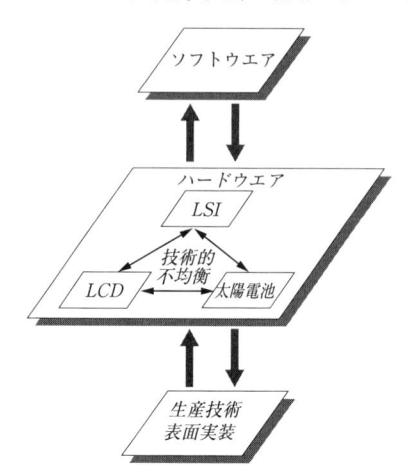

図2-2 シャープ(電卓事業)の戦略スキーマ(2)

[図: 上から「ソフトウエア」、「ハードウエア（LSI、LCD、太陽電池、技術的不均衡）」、「生産技術 表面実装」の3層構造]

　る。シャープは，先進的なデバイス技術の組み合わせによる製品開発という従来からのスキーマに「ソフト」という要素を取り込み，ソフトをICカードとして独立させたことで，既存の戦略スキーマを彫琢していった。
　このことは，後述するように，1980年代後半になるとシャープが独自のデバイスによる差別化を基本的方針としながらも，独自のソフト開発によって初めて可能になるような新製品を生みだしてきていることから推測可能である。
　だが，シャープの情報機器部門が「ソフト」による差別化の重要性を学んだのは，競争相手のカシオからだけではなかった。社内の他事業，とくに本業である家電事業からも多くを学んでいる。技術そのものの蓄積をベースにして全く新しく多角化事業としてスタートした電卓（後の産業機器・情報機器）事業と，市場のニーズに俊敏に応えていくために必要な技術開発を行ってきた家電事業とでは，相互に「異質な存在」と認識しあっていたであろうことは想像に難くない。しかし，電卓事業が成長し社内での存在が大きくなり，産業機器へと事業のすそ野が広がっていくにつれて，産業機器と家電とが互いに影響を与え合うようになっていった。
　一方で，電卓事業において戦略スキーマを構築しライバルとの「対話」によってそれを彫琢している間に，家電事業においても独自の戦略スキーマを構築し，市場における顧客との相互作用を通じてそれを一層洗練していった。1980年代後半に電子手帳を開発する頃には，家電と電卓それぞれの戦略スキーマが

全社的に融合されていったと考えられる。

(3) 事業間の相互作用による戦略スキーマの融合
①家電事業でのスキーマ構築と洗練——ニューライフ商品戦略による差別化

1960年代前半以来の家電事業での不振を克服する手段として，シャープは65年に「ATOM(Attack Team of Market)隊」を発足させている。系列販売店の訪問販売を通じた活性化と，技術者に販売の第一線を経験させることを目的とし，技術部門から選ばれた人たちが販売店へと送り込まれていった。同時に，販売会社の集約も推進され，80年前後には最終的に家電経路・事務機経路各1社，ファイナンス会社1社へと集約されていった。

営業部門を担当していた関正樹副社長（1984年当時）は以下のように語っている。

> これまでやってきたことの中には，先を見通してやったことよりも，やむにやまれずやらざるを得なかったということが多かった。販売会社の再編もその一つです。しかし，今になっては，これが幸いし，市場と社内の商品企画との間の情報流通がスムーズに運ぶようになった。また，ATOM隊も最近では『情報流通』の先兵としての役割を果たすようになってきた。[10]

1973年のオイルショック後の不況に直面したシャープは，74年1月に「ELM委員会」を発足させ，その主導のもとで一連のELM商品を導入する。その基本的発想は，商品の基本性能だけを重視し，エネルギー（Energy）・労働（Labor）・資材（Material）の省資源によって思い切って価格を低下させた商品を開発するというものである。

深尾芳秀副社長（1984年当時）は「ELM委員会には，電卓の発想が生かされている[11]」と言う。ここでいう「電卓の発想」とは，コストダウンのために，部品点数・工数削減を可能にするように商品そのものを見直すというものである。

しかし，ELM商品の販売は芳しいものではなかった。その原因は，所得水準の上昇とそれにともなう家電製品の普及によって消費者の生活条件が変化し，ニーズも変化してきたことに対応できなかったからであると分析された。

---

10) 竹内他(1986), p.75
11) 竹内他(1986), p.80

そこで，生産・販売部門の交流を促進するために，1975年4月に家電の事業部と営業部門を統合した「総轄制」が導入され，関正樹専務（当時）が家電総轄の責任者となった。関は，ELM商品の反省から，消費者に対して生活提案のできる差別化商品を開発するという方針を打ち出した。この方針のもとで展開されたのが，「ニューライフ商品戦略」であった。

こうした方針を打ち出した理由として，第一に，シャープは家電業界では弱者であると明確に位置づけたことがあげられる。系列販売店数で松下電器の10分の1でしかない弱者のシャープには，明確な戦略，すなわち「勝てるものと勝てないものを峻別し，勝てるものでは徹底して勝つ」という選択と集中の戦略が必要であると関は述べている。[12] 勝てる商品とは，シャープが他社に先駆けて導入した差別化商品である。

さらに，関は「ヒット商品が単発で終わるのは，開発が明確なコンセプトにもとづかず，偶然に行われるから」であると考え，差別化商品の開発を単発で終わらせないための明確なコンセプトとそれにもとづいた体系的な開発体制の必要性を主張した。「ニューライフ商品戦略」のもとでは，当時「ニューファミリー」と呼ばれた団塊の世代を直接のターゲットとして，商品の基本性能（品質）に加えて，この世代が求める「個性的で楽しいもの」「ファッショナブルなもの」という情緒的な価値にウェイトを置くことが，基本コンセプトとされた。[13] 76年4月に，担当役員と商品事業部長から構成される委員会である「ニューライフ委員会」が設置され，開発された商品がニューライフ商品として適切かどうか認定する役割を果たすようになった。

当初は社内外を問わず，ニューライフ商品戦略に対しては，家電業界では差別化という考え方自体がなじまないとされ，ニューファミリーを対象とした一過性の販売促進キャンペーンにすぎないと認識されていた。しかし，ニューライフ委員会発足と同時に発表された第一陣商品，16型画面のカラーテレビを14型のサイズにコンパクト化した「ちびでか16」以降，初年度だけで23種と矢継ぎ早に投入されたニューライフ商品群の成功によって，市場でのブランドイメージも急速に向上し「安売りメーカー」から脱却していった。以下は，家電販売大手の上新電機の浄弘博光社長の1978年の談話である。[14]

　シャープの品物は，ここにきてブランドがとおるようになり，売りやす

---

12) 竹内他 (1986), p.83
13) 河合 (1996), p.191-192
14) 『週刊ダイヤモンド』(1978), p.50

く，利がのるようになった。つい2，3年まえは考えられなかった現象である。ニューライフ商品の展開など，勉強してきた，たまものだろう。系列店の弱かったのが逆に反発のエネルギーになっているのかもしれない。

こうして，シャープの家電事業は1976年度に円高による不振から急回復し，以降業界平均を大きく上回る成長を遂げ，84年まで好調な業績を記録している。

1980年代に入っても，家電事業では生活提案型の「ハイタッチ」な「ソフト」による差別化商品路線は継続され，たとえばVTR事業でも業界では最後発に属するものの，ビデオテープを正面から挿入する「フロント・ローディング方式」を開発し，コンパクトな設計を可能にした上で，録画再生の基本機能以外を削ぎ落として低価格を実現したことで，急速にシェアを拡大していった。

②ニューライフ・ピープル商品戦略と生活ソフトセンター

その後，家電各社もニューライフ商品と類似する方針を打ち出してきたこと，さらには家電商品普及率が一層高まり，世帯当たり普及率が100%近くに達する商品が増加してきたことなどから，家電事業でも新たな方針を打ち出す必要に迫られるようになった。また，後述するように同時期に産業機器事業も決して好調とはいえない状況であったため，シャープでは1984年末から翌85年4月にかけて全社的に大規模な組織構造改革が行われた。家電分野では，電子機器・音響システム・電化システムの各事業本部を統轄する役割が新設され，電子機器事業本部長であった辻晴雄専務（当時；現相談役，前社長）がその任にあたることとなった。この新体制のもとでの新しい事業活動の第一弾が，1985年4月に発表された「ニューライフ・ピープル商品戦略」であった。

ニューライフ・ピープル商品戦略は，ニューライフ商品戦略の基本方針を継承しながらも，さらに発展させることを目指している。ニューライフ・ピープル商品戦略では，メインのターゲットを団塊の世代から次の世代（ニューライフ・ピープル）に移し，さらにはこの世代全体ではなく1人ひとりが欲する「自分だけの，自分らしい」ライフスタイルを実現するための「差異的価値」を提供することを志向している。この新方針を具現化するために，1984年4月に辻専務の発案によって新設されたのが，「生活ソフトセンター」である。

生活ソフトセンターは，急速に変化しつつある消費者の生活に対応したシャープの事業領域の組み替えを考えるための重要な情報源として，「生活のプロ」を専門に研究する組織である。組織上は家電事業統轄の直属とし，辻自らが初代所長に就任している。消費者の潜在的・顕在的価値観をつかみ，それを商品コンセプトに具体化し各事業部に提案することが主要な任務であるが，[16] 戦略的

に重要な商品の場合には企画・開発にまで関与する。辻が1986年6月に社長に昇進したため，後を襲った大河原卓次所長は，「企業の中で本当に怖いのは，究極的には社長とユーザーの声，この2つなのです」[17]として，生活ソフトセンターの役割について以下のように述べている。[18]

　大切なことは数多く触れ合うことです。安くスピーディにそういうことができるような組織ができていれば，ユーザーと触れ合う仕組みをつくってしまえば，気楽に聞いてみようということになりますね。今の調査というのはどこに限界があるかというと，1回の調査に調査設計から始まって費用と時間が結構かかるということです。すぐ100万とか，そういうオーダーになります。調査設計して調査の答えが返ってくるのに3カ月かかる。今の企業のビジネスのスピードからいって，3カ月なんて，「もうええわ」とやめてしまうのです。そこにユーザーと企業のギャップがどんどん出てくるのです。今困っているから今聞きたいんです。それから，お客さんはお客さんたちの独特の言葉をしゃべっています。実際に事業サイドで商品を企画して開発する人たちはまた，全然違う言葉でものを考えています。だから，こちらのセンターはそれをつなぐ役割をしているわけです。お客さんの話している言葉をわれわれのところで咀嚼して事業サイドに伝えるのです。

新しい製品コンセプトを提案するために，「センスリーダー」と呼ばれる先端的ないわゆる「リードユーザー」を社外スタッフとして組織化している。[19]センスリーダーには，下は中学生から上は70歳くらいまでの幅広い年齢が含まれ，年齢や職業などの特性によりクラスターに細分化されている。商品開発に当たっては，クラスターをさらに細分化し，濃密な情報収集を行うことによって具体的なニーズを絞り込んでいく。

生活ソフトセンターの創造したコンセプトが本格的に商品化された初期の例としては，「U's（ユース）シリーズ」があげられる。一番欲しいものは時間であるという有職女性をターゲットに，「時間を上手に使う新・必需品」として

---

16) 生活ソフトセンター設立当初には，事業部の企画担当者を2，3カ月派遣する「社内留学」制度などを創設し，事業部とセンターとの相互作用を促進した。『日経流通新聞』（1986年10月30日）。
17) 沼上他（1991），p.19
18) 沼上他（1991），p.20
19) 現在でもこうした手法は継承され，インターネットを使ったアンケート調査やグループインタビューに協力する「ネットリーダー」制度が設けられている。http://netleader.sharp.co.jp/
（2001年3月22日現在）

表 2-1　シャープの主要な新製品

情報機器・電子部品		家電（電化機器，音響・通信機器，電子機器）	
液晶電卓 EL805	1973		総合デザインセンター
	1974		
	1975		
	1976	3ドア冷凍冷蔵庫，小型掃除機ノンノン	ニューライフ商品戦略
	1977	一発選局マイコンデッキ，グリルオーブンレンジ	
	1978		
1.6mmカード電卓 ポケット型電訳機	1979	フロントローディング方式 VTR, ダブルカセット・ラジカセ	
	1980		
パソコン MZ シリーズ	1981	レコード両面自動演奏プレーヤー VZ-V3	総合デザイン本部
	1982	解凍機能付き冷蔵庫	
	1983		
	1984		ニューライフピープル 商品戦略
	1985		生活ソフトセンター
	1986	オーブントースターレンジ	
電子システム手帳 PA7000	1987		
	1988		
	1989	液晶ビジョン，コードレス留守番電話機	
	1990	家庭用薄型ファクス UX-1	
	1991	ポケットサイズのコードレス電話	
	1992	液晶ビューカム	
ザウルス	1993	洗濯機「アワッシュ」（低高，節水）	

　1987年に作りだされたシリーズで，オーブントースターと電子レンジの機能を一体化することで調理時間を短縮する「オーブントースターレンジ」や，家事の時間をシフトさせるために都合のいい時間に洗濯終了時刻を指定できるようタイマー機能を強化した洗濯機や，洗濯機と乾燥機を一体化した「洗濯乾燥機」など多くのヒット商品を輩出していった（表 2-1 参照）。

③産業機器事業の不振と全社的なスキーマ融合

　1970年代後半に，電卓から電子レジスター，複写機，さらにはパーソナル・コンピュータ（1978年）やワードプロセッサ（1977年）などへと事業のすそ野を拡大していた「産業機器」事業でも，家電事業に倣って，1980年にファクシミリの導入と同時に「ニューライフ・ビジネス戦略」が発表され，家電での差別化戦略を産業機器に応用することが試みられた。半導体や太陽電池などすでに社内に蓄積されていた技術を活用したこともあって，1980年代の前半には産業機器事業は年率15％前後の高成長を維持していた。

　しかし，1985年頃には，産業機器部門では大きくシェアを落とす製品が見られた。たとえば，パーソナル・コンピュータは1978年には30％前後のシェアを

占め，日本電気と市場を二分していたが，85年には10％前後にまで低下していった。また，複写機も米国市場ではトップシェアであったが，これもシェア10％前後にまで低迷していった。この結果，かつてはシャープ全体の利益の過半を稼ぎ出したといわれる産業機器部門も，「(他の事業本部に比べ利益率が)どっちがいいとは言えなくなっている」(佐伯旭社長，1985年当時)[20]という状態に陥った。

産業機器事業での不振については，いくつかの原因が指摘されている。たとえば，財務体質が決して強固ではない同社が，短期間に製品ラインを拡張しすぎたためであるという指摘がある。一商品ごとに投資できる資金が限られるため，ある商品がヒットしても単発に終わってしまい，結果的にシェア低下を招くことになった。米国市場で小型機でトップシェアを確保したものの，中・上級機種の投入で巻き返しを図るライバル各社に対応できず，シェアを低下させていった複写機がその典型例である。

だが，より決定的な原因としては，ニューライフ・ビジネス戦略を展開していたにもかかわらず，産業機器事業では電卓以来のキーデバイスの内製によって「技術的な差別化製品」を開発するという「ハード志向」から脱却しきれていないことであったと指摘されている。

当時，シャープは「ハイテク」と「ハイタッチ」が結合した会社と呼ばれていた。しかし，家電事業では消費者の生活情報にもとづいた「生活ソフト」による「ハイタッチ」な差別化が志向され，産業機器では「ハイテク」な技術志向が依然として強く，ハイテクとハイタッチは併存してはいたが，実際には結合してはいなかった。

たとえば，『週刊東洋経済』(1985) では，「『電卓は何も消費者に頼まれて作った商品ではない。我々の技術で夢を実現した商品だ』というのが，長く産機の自負であり信念だったのだ。これが，産機にソフト軽視の風潮をもたらした。シャープのパソコンが日電に惨敗した理由もこれだった」[21]と指摘されている。

シャープは，1970年代後半から米ザイログ (Zilog) 社のセカンドソース供給者としてマイクロプロセッサの量産に携わってきた。そのマイクロプロセッサを用いて1978年にMZ-80Kを導入した。当時一世を風靡していたキットではなく，完成品のパーソナル・コンピュータとしては国内では最も早い先駆け

---

20)『週刊東洋経済』(1985), p.64
21)『週刊東洋経済』(1985), p.65

の1つであった。ザイログ社のマイクロプロセッサへの高い評価もあって，MZ-80Kはヒット商品となり，シリーズ化されることになった。

MZシリーズは当時の電子部品事業本部部品事業部が開発製造していたが，80年には産業機器事業本部電卓事業部からも全く別種のパーソナル・コンピュータが導入される。事務処理用に開発されたPC-3000は，先発のMZシリーズとは完全に別種のもので，互換性についてもまったく考慮されていなかった。MZシリーズは，個人のホビー用途を想定して開発され，実際個人購入が9割以上を占めていた。

しかし，MZシリーズの性能が向上し，1981年発売のMZ80-B以降企業ユーザーもMZシリーズを購入するようになると，萌芽期の小さなパーソナル・コンピュータ市場でシャープ製パソコンが競合するようになった。MZシリーズ同士でも，新モデルと旧モデルの互換性はなくユーザーには不評であった。さらには，日本電気が仕様を公開しアプリケーション・ソフトウエアの蓄積を図ったのに対して，シャープはソフトウエアへの投資は積極的でなく，市場ではMZシリーズは「特殊なハード」と認識されるようになってしまった。

佐々木副社長（1985年当時）も「メーカーが安心してやれる投資はハード投資。電卓にしてもハード志向だったし，アプリケーション・ソフトとはつながりがない。ソフトの初期投資が遅れたのは事実」と述べている[22]。

社内での競合状態は，産業機器事業本部内にパソコン事業セクションを新設し，1982年のMZ-2000の導入以来一元化されたものの，今度はテレビ事業部からテレビとパソコンを一体化した「テレビパソコンX1」が発売されることになった。パソコンと各種映像機器のシステム化をコンセプトにしたX1は，オーディオ・ビジュアル志向のユーザーの支持を受け，後続機器も投入されていった。しかしその陰で，シャープのパソコン事業の中核であったMZシリーズは，目立たない存在になってしまった。

④全社的スキーマ融合

すべての事業本部長6人が一斉に入れ替わるという，同社の事業本部制始まって以来未曽有の大異動で1984年12月に産業機器事業本部長に就任した須川隆夫常務（当時）には，「産機のハイテク＝シーズ志向一本槍を，ソフト＝ニーズ志向へ。分断したシャープの『哲学』の統一」[23]が求められた。具体的な施策

---

22) 『週刊東洋経済』(1985), p.65
23) 『週刊東洋経済』(1985), p.66-67

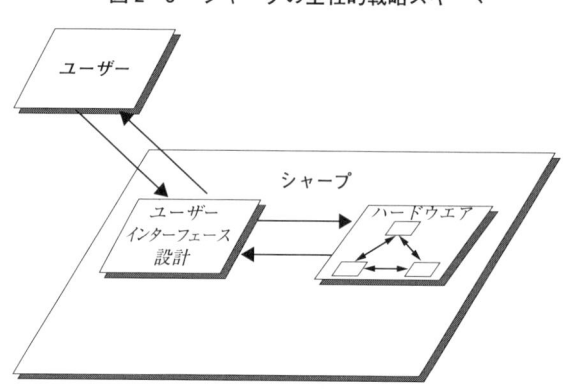

図2-3　シャープの全社的戦略スキーマ

としては，電卓の技術開発をリードしてきた鷲塚諫（現顧問）を国内営業本部長に就任させ，それまでは営業本部に属していたソフト・リサーチ・センターを生産サイドの事業部に組み込み，産業機器事業本部で開発した電子黒板の発売を家電の電子機器事業本部にゆだねるなどの，技術と市場，ハードとソフトの双方向通行のための組織変更や人事異動が行われている。さらに1985年4月には，産業機器事業本部は「情報システム事業本部」に，電卓事業部は「パーソナル機器事業部」に改称されている。

こうした一連の施策もあって，1980年代半ばから後半にかけてシャープでは，それまで比較的独立性の高かった，家電の「ソフト志向」の戦略スキーマと電卓・産業機器の「ハード志向」の戦略スキーマとが徐々に融合していったと考えられる（図2-3）。

ハイタッチな差別化方針を追求してきた家電事業で培ってきたのは，他社の類似製品とは明確に異なっていることを消費者に端的に示せるような特徴ある製品設計能力，とくに製品の「使い勝手」を左右する「ユーザー・インターフェース設計能力」である。家電事業では，シャープ独自の「生活ソフト」を顧客との濃密な情報交換の過程から創造していく仕組みを作りあげてきた。

一方の電卓に端を発する産業機器事業では，ハードウエアに体化された技術的知識やノウハウを蓄積してきただけでなく，技術システム固有のダイナミズムを活用して，デバイス間・要素技術間の技術不均衡とオーバーシュートによって次々と「技術的に差別化された」商品を開発していく仕組みを作りあげてきた。

これらが相互に融合し合って，顧客の生活情報を丹念に収集し，独自の生活

ソフトと自社開発した独自デバイスによって，差別化された「ユーザー・インターフェース」を実現した商品を開発し顧客に提案していくという，全社的な戦略スキーマが形成されていったと考えられる。

　伝統的にハード志向が強かった産業機器（情報システム）事業でも，独自のデバイスを活用して新しいユーザー・インターフェースを顧客に提案し，顧客との頻繁な相互作用を通じてハードウエアもユーザー・インターフェースも改良を加えていくという製品展開が行われるようになってきた。その端的な例が，電子手帳である。

　電卓の後継者といわれる電子手帳は，LCDとCMOS，バッテリーというコンポーネントを結び付けて構成される製品である。ただし，電卓との最大の違いはソフトウエアにある。シャープは，1980年代初頭に，ハードの技術進歩で他社に先んじるという電卓での基本戦略をパソコンに適用しようとして失敗した経験をもっている。ハードウエアを重視したために，OS（Operating System）を頻繁に変更したり，アプリケーション開発には力を注がなかった。

　もしも電卓でのスキーマをそのまま電子手帳に応用していたら，パソコンと同じ失敗を繰り返していただろう。しかし，実際には，ほぼ同時期に発売されたカシオの製品を抑えてシャープが市場をリードした。

　1983年4月にカシオから発売された電子手帳の原型といわれる「データバンク・シリーズ PF-3000」は，「電卓の数字をローマ字に置き換えたもの」で，英数字で961文字（50人分の電話番号に相当）を表示でき，1万1000円だった。この「電子メモ」の発想は，LSIの余剰能力を活用してより高性能・多機能な電卓を作るというカシオの戦略スキーマにもとづいたものであると推測できる。

　一方，シャープの電子手帳は製品コンセプトがカシオとは異なっていた。[24]
1987年に発売されたシャープのPA-7000は，漢字が使える，「使いやすさ」を重視した製品である。事業部サイドの当初の構想では漢字機能は組み込まれない予定であったが，辻社長は日本人にとって視認性の高い漢字表示ができることは情報機器にとって不可欠であるという信念のもと，開発途中で基本方針の変更を命じている。取り外し可能なICカードに辞書を組み込むことで，漢字が使えるようになっている。[25] 漢字辞書以外にも住所録やスケジュール管理，外

---

24) 電子手帳の開発チームを率いていた本田敏男は，電子メモは電卓の数字を文字に置き換えたものであるが，電子手帳は「手帳」という個人の情報を管理するためのツールを電子化したもので，電子メモの製品コンセプトとは全く異なるものであると述べている。沼上幹によるインタビュー記録（1990年12月13日）より。

国語辞典，そしてもちろん計算機能をもったICカードが販売された。1万9800円の本体価格に対して，1万円という漢字辞書の価格を考えると，シャープのICカードは見かけ上の本体価格を下げるための窮余の一策であったと解釈することも可能である。

しかし，結果的には，プログラマブル電卓と同じようにユーザーはICカードを替えることで，さまざまなソフトウエアを利用することが可能になった。一方のカシオは，より進歩したLSIの余剰能力を活用するという発想から，ソフトウエアを本体に内蔵した製品を供給していたが，カシオの電子手帳の売れ行きは伸び悩み，結局1989年にICカード方式に転換した。[26]

また，電子手帳の仕様が1988年9月から90年10月までの比較的長期間にわたって変更されなかった[27]ことからも，産業機器部門でのスキーマの変化が見て取れる。初期の成功によってICカードが普及し，大きなインストールド・ベース（Installed Base）を獲得したため，電子手帳本体のハードウエアにおける進歩を犠牲にしてもソフトの継続性を重視している。また，ICカードの自社開発の方針を変更して仕様を公開し，ソフトウエアの拡充に努めたことも，[28]中核部品の技術をベースに戦略を構想してきた従来のスキーマからは考えにくい方策である。シャープの産業機器事業では，「ハードの進歩」以外にも製品開発のやり方があるということを明らかに学んでいる。

こうした戦略スキーマの融合，それによるユーザー・インターフェース設計能力の向上が，「ザウルス」などのPDA（Personal Data Assistance）に象徴される，現在の情報システム事業での競争優位の源泉であると考えられる。

さらに，産業機器（情報システム）事業が一方的に学んだだけではない。家電事業でも製品開発のパターンが変化してきている。従来はどちらかというと「まずユニークなユーザー・インターフェースありき」で，ハードはそれを実現するため手段と考える傾向が強かったと推測できる。しかし，ユーザー・インターフェースがユニークであればあるほど，社内にはそれを実現するためのハード（コアとなるデバイス）の裏付けがない場合が多かった。

たとえば，テレビのブラウン管を社外から，とくに最終製品市場で競合しているライバルから調達せざるを得なかったため，独自コンセプトで差別化を目

---

25)『日経流通新聞』(1987年12月10日)。
26)『日本経済新聞』(1989年8月11日)。
27)『日経産業新聞』(1990年3月2日)。
28)『日経産業新聞』(1989年2月14日)。

指しつつも、他社の追随・模倣を許してきた。そこで、差別化製品を作りだすために必要な独自デバイスを、社内で開発するようになってきた。

その上に電卓事業での経験やスキーマが家電事業にも活用され、他社にないユニークなデバイスを核に、従来とは異なり「まずデバイスありき」で、それを生かした差別化商品をユーザーに提案するようになった。さらには、顧客との頻繁な相互作用を通じてユーザー・インターフェースを改良していくだけでなく、技術のダイナミズムを活用して新製品を発想するようにもなってきた。こうした典型例が、1992年に導入された「液晶ビューカム」である。

液晶ビューカムの製品開発は、TFT液晶ディスプレイの用途開発の中からアイデアが生み出され、1988年末から断続的に進められてきていた。アイデア自体は、液晶ディスプレイとビデオカメラを組み合わせるという単純なものであったが、昼間の屋外でも十分な明るさを確保できる、低反射・高輝度の液晶ディスプレイを開発し、それを低コストで量産するという技術課題の克服は決して容易なものではなかった。

だが、市場導入とともに顧客は好意的な反応を示し、さらに初期ユーザーからのフィードバックを販売プロモーションに積極的に活用していく[29]ことで、1991年のビデオカメラ市場では中位メーカーにすぎなかったシャープは92年には5位、翌93年に3位、94年には2位と短期間に大きくシェアを伸ばしていった[30]。

シャープの成功を見て、他社も液晶ビューカムへの模倣・追随を図ったものの、昼間の屋外での使用に耐える液晶ディスプレイの開発・量産という問題から、それは容易にはできなかった。その後、1994年には他社の液晶ビデオも出そろい、液晶モニター・タイプのビデオカメラが全体の30〜40％の構成比を占めるようになったといわれているが[31]、その中でもシャープは、液晶画面を大型化したり、よりクリアな画像が得られるよう液晶モニターに改良を加え「液晶ビューカム」シリーズを拡充し、液晶モニター・タイプでは首位の座を確保してきている。

このようにシャープは、「ユーザー・インターフェース設計能力」を仲介に

---

29) 結婚式場で色紙にメッセージを寄せ書きする代わりにビデオに録画するといった使い方をアピールするテレビ・コマーシャルは、液晶画面を見ながらの対面撮影が可能であるという製品特性とその活用法を端的に示すものである。『日経ビジネス』(1994) 参照のこと。
30) 日経産業新聞(編)『市場占有率』日本経済新聞社、各年。
31) 日経産業新聞(編)『市場占有率'96』日本経済新聞社、1995。

して，市場（顧客）と技術（デバイス）という独自のダイナミズムを内包した参照点を取り込んだ戦略スキーマを全社的に構築してきた。これが同社の競争優位の重要な源泉であると考えられる。しかし，こうしたスキーマを同社の事業が全く均質に共有しているわけではない。家電事業ではやはり「初めに生活ソフトありき」の傾向が強いし，情報機器では「初めにハードありき」の傾向は否定できない。

　たとえば，同社のパーソナル・コンピュータは，液晶ディスプレイの大画面化や画質を差別化の訴求点としているが，製品全体としてユーザーに強くアピールするような独自のユーザー・インターフェースは見あたらない。MPUやOSに製品特性の大部分を制約されてしまうというパーソナル・コンピュータ固有の特性を勘案しても，「使い勝手」の点で差別化された製品であるとは言いがたい。液晶デバイスでの技術的なリードの優位性を直接的に顧客にアピールするという，電卓以来の伝統的な「ハード」スキーマの典型例である。

　家電部門の代表的製品であるテレビを全面的に液晶ディスプレイに切り替えることを目指した戦略は，家電部門が情報機器事業の「ハード」スキーマを取り込んだものであると考えられる。1998年6月，現在の町田勝彦社長が就任した直後に，2005年までに国内向けのカラーテレビをすべて液晶に置き換え，同年には300万台（国内シェアの約25%に相当）の液晶テレビを出荷するとの方針を打ち出した。[32)] 家電事業の代表的製品を独自の液晶ディスプレイで差別化することを目指しているものの，現在のところでは単に「薄い」「低消費電力」というハードなアピールしかなされていない。技術的にも需要の点でも成熟しきった製品であるテレビ市場で競争優位を確保するためには，単にハード志向を導入するだけでなく，画期的なハードを活用したまったく新しい用途や「生活ソフト」を提案していくことも必要になると予想される。

　同社では，全社的な戦略スキーマの融合がより徹底される必要があるだけでなく，各事業分野における戦略スキーマの見直しも必要とされている。たとえば，情報機器が急速にネットワーク化されることで，競争環境が激変している。補完的サービスやネットワーク外部性などが競争優位に直結する市場で，製品がハードとして優れていて単体製品として使い勝手がよいことをアピールするだけでは十分ではない。紙の手帳を代替する，完結した単体製品として考案さ

---

32)『日経ビジネス』「フォーカスひと　テレビ革命の伝道師　町田勝彦氏（シャープ社長）」2001年2月26日号（p.164-167）。

れた「電子手帳」が，パーソナル・コンピュータやインターネットと接続して多様な用途に用いられるPDAに変質していく過程に，同社の情報機器事業は必ずしも十分に対応してこられなかった。

3　戦略策定の参照点

　前節では，シャープの戦略スキーマが，電卓事業ではカシオとの対話を通じて彫琢され，その後電卓事業（産業機器部門）の戦略スキーマと家電事業が独自に形成した戦略スキーマとが融合して新たな戦略スキーマに昇華したプロセスを描いた。そこでは，異質の戦略スキーマにもとづいて活動している競争相手や他の事業部が，特定事業の戦略スキーマが変化する上で，重要な役割を果たし，競争相手や他事業部が，自部門の戦略スキーマを内省する参照点となっている。従来の戦略スキーマの有効性を低めるような環境の変化があっても，適切な参照点がない場合には，その戦略スキーマは変化しない場合が多いと考えられる。

　戦略スキーマは，企業内外の環境における情報のフィルターの役割を果たし，戦略策定者が組織内外の情報を効率的に解釈することを可能にしている。外部環境からはさまざまな，時として互いに矛盾する情報が発信されている。これらの情報を取捨選択し解釈する際の指針となるのが，戦略スキーマである。しかし，情報のフィルターとして戦略スキーマは，時として本来必要であったはずの情報をふるいにかけてしまったり，都合のいい情報だけを取り入れてしまうこともある。そのため，環境条件の変化が見過ごされてしまう場合がある。

　また，環境条件が変化したことが感知されたとしても，戦略スキーマ自体を組み替えることは著しく困難である。組織能力の体系の周辺部分である個別の資源や能力については，追加・変更に対する抵抗は比較的弱く，目先の環境変化や短期的な危機への対応として，組み替えや変更を行うことはそれほど困難ではない。しかし，認識枠組みの構造自体を変化させることは容易ではない。なぜならば，戦略スキーマ自体を組み替えるための方法は，既存のスキーマからは導くことはできないためである。

　完全な自己革新は不可能だとしても，ある程度の同質性と異質性を兼ね備えた「他者」が，重要な参照点としての役割を果たしている。共通していながらも異質でもある他者の戦略を観察し，その発想法を借用・援用したり，製品展開や具体的な行動を模倣するという経験の中で，他者と自らは「何がどう違う

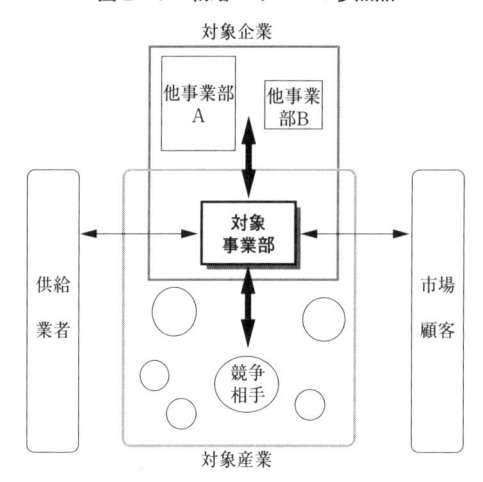

図2-4 戦略スキーマの参照点

のか」また「なぜ違うのか」を問う機会が提供される。

　他者を経由して間接的に自らを省みることで，自らの戦略スキーマについての新たな発見がもたらされる場合がある。ある企業（部門）が採った行動が他の企業（部門）の行動を誘発し，その行動がさらにまた元の企業（部門）の行動を変えていく。この組織間の相互作用を通じて，新しい戦略スキーマが構築され彫琢されていく。

　図2-4は，多角化した企業の特定の事業部門にとって，競争優位をもたらす戦略スキーマに影響を与える要因を整理したものである。供給業者や技術，市場（顧客）といった要因は，事業活動を適切に遂行する上で重要な要因であることは言うまでもない。しかし，戦略スキーマの彫琢という観点からは，競争相手との対話としての競争や，他の事業部との相互作用が重要になる。

(1) 競争相手との対話[33]

　企業が顧客の愛顧を求めて自社製品の優劣を競うプロセスでは，製品そのものの優劣を競っているだけではなく，その背後にある製品コンセプトの優劣，ひいては製品コンセプトを作り出すための戦略スキーマを競っている。ある企業が製品を市場に導入することは，その製品コンセプトが優れていると自らが

33）競争相手との対話を通じた戦略スキーマの彫琢については，沼上他(1992)を参照されたい。

信じているという「意見」の表明であると考えることができる。市場という場に，競合企業がそれぞれの意見を持ちより，互いに意見を評価しあうという「対話」によって，何が最も優れたやり方であるのか，何が最も優れた製品であるのかが発見される。競争とは，人々が何を最も良いと考えるのかという意見や「ものの見方」を発見するプロセスでもある。

市場における競争とそのプロセスでの競争企業との「対話」は，新しい知識を生みだす発見のプロセスである。ただし，このプロセスは，ある企業が何かを発見し，他の企業がそれを模倣するという単純な「発見→模倣」のプロセスではない。単なる他社の「もの真似」では，新しい発見を内生的に生みだすことはできない。

他社の行動・戦略を長期にわたって観察・模倣し，しかも他社に先行しようと努力する過程で，なぜ他社の戦略が有効なのかを考察し，それを参照しつつ自らの独自能力の体系を省みることで，自らの能力体系が再構成されていく可能性が高まる。他社の戦略スキーマを構成していた独自能力を自社の戦略スキーマに取り入れ，自社独自の再構成を加えることで，新たな発見が生まれる。このような発見→模倣→再構成→発見こそが，対話としての競争によって新しい知識が生みだされるプロセスである。

このように考えると，個々の企業が差別化されたニッチ・セグメントに特化する「棲み分け」によって直接的な競合を回避することは，企業独自の組織能力を構築し彫琢していくための貴重な機会を失うことを意味する場合があることを理解できる。ただし，模倣や追随が常に独自能力をもたらすわけではない。模倣が単なるもの真似だけに終わる例も少なからず観察されるし，無意味な同質化が消耗と社会的な資源の浪費だけをもたらす場合も少なくはない。[34]

(2) 事業部間の相互作用

多角化した企業の複数の事業部間の関係は，あえて相互作用関係を断ち切り，相互に独立性が高く管理される場合もある。その場合には，それぞれの事業環境に応じて異質のスキーマが企業内で形成される。家電事業部とは独立的に管理されたシャープの電卓事業部や，従来のメインフレーム部門とは切り離されたIBMのPC事業部が，その例である。新規事業への進出に際して，事業環

---

[34] 宇田川・橘川・新宅(2000)では，主要な産業における日本企業の企業間競争とその成果を，差別化と模倣の観点から分析している。

表2-2 多角化企業におけるトップ・マネジメントのタスク

トップマネジメントの志向性	戦略的多様性の源泉		
	本業における大きな構造変革	新規事業への進出	
		既存事業と類似	既存事業と異質
単一のドミナント・ロジック	(A) ドミナント・ロジックを修正する	(B) 変化は不要	(C) 複数のドミナント・ロジックを許容する
複数のドミナント・ロジック	(D) その事業に適用されていたドミナント・ロジックを修正する，またはその事業を他部門に再編成する	(E) その事業を適切な部門に割り当てる	(F) ドミナント・ロジックの多様性を高める

(出所) Prahalad and Bettis (1986), p.496

境が本業とは大きく異なるにもかかわらず，本業の戦略スキーマを単純に援用することは危険である。たとえば，テキサス・インストルメンツ（TI）は本業の半導体部門の戦略スキーマを電卓事業へ援用して参入し，一時的には成功した。その後，電卓事業の競争環境の変化に際してTIはその戦略スキーマを変化させることができず，電卓事業は徐々に縮小していった（Amikura & Shintaku 1998）。

ドミナント・ロジックという言葉で企業のスキーマを表現し，その観点から多角化した企業の管理について論じたPrahalad&Bettis(1986)は，ドミナント・ロジックの管理について表2-2のようにまとめている。TIの失敗は，表2-2の（C）で適切な管理が行われなかった事例であろう。もちろん，本業と類似した事業構造をもつ新規事業では，あえて新しいドミナント・ロジックを創りだす必要はない（B）。彼らは，事業環境に応じてドミナント・ロジックを変更したり，新たに創出する必要性を指摘しているが，その変化のプロセスについては十分に論じていない。

事業環境の変化に応じて求められる戦略スキーマが異なるのと同様に，同じ事業部間の関係であっても，環境変化に応じて独立的に管理したほうが良い場合と，相互作用を重視したほうが良い場合とがある。シャープにおける2つの事業部間の関係は，相互独立的なスキーマの形成時期と相互補完的なスキーマの融合時期とに分けられる。先のTIの失敗は，事業間の関係の変化に関する失敗であるといえる。すなわち，環境変化によって事業間を独立的な関係に移行させる必要が生じたにもかかわらず，相互依存的な関係から脱却できなかっ

たのである。

　確固としたスキーマは変えにくいものであることに加えて，新規事業において既存の戦略スキーマを変更しようとすると，依存関係にある他事業にその影響がおよび，そこでも変化への抵抗が発生する。とくに TI の半導体のような中核事業の戦略スキーマは，周辺事業のスキーマよりも変化しにくい。TI では，消費財部門からのさまざまな働きかけを，中核事業の半導体部門のマネジャーやトップ・マネジメントはことごとく拒否してきた。

　中核事業での確固とした戦略スキーマを変革することは容易ではない。既存の戦略スキーマに固執して新事業に失敗したり，本業で環境が変わっても従来の戦略スキーマから脱皮できないことがある。複数事業の組み合わせによる全社レベルでの戦略を考えるためには，物や資金などの物的な経営資源の組み合わせだけでなく，複数の戦略スキーマの組み合わせ，すなわち「スキーマのポートフォリオ」と個々のスキーマ間の相互作用による創発的なダイナミズムを視野に入れる必要がある。

　このことは，経営者の役割が今後より重要になっていくことを意味している。近年の経営環境の変化によって，多数の事業領域を総花的に擁する「総合型企業」への評価は低下しつつある。株式市場では，総合型であるがゆえに株価を割り引いて評価される，「コングロマリット・ディスカウント」なる現象さえ観察される。総合型の日本企業についても，特定の方向性や明確な戦略を打ち出せずに，「総合」という名の下に付加価値創出に直結しない事業や部門が温存されていると，株式市場での評価も低くなる。そのような総合型企業に対しては，事業の「選択と集中」が必要であると指摘されている。

　だが，単純に総合企業を「解体」して，強い事業のみに特化していくリストラクチャリング（事業構造の組み替え）だけで，総合型企業が専業企業に対して優位に立つことは難しいだろう。もちろん，個別事業での競争力の強化は急務である。各事業において戦略スキーマの確立とより一層の洗練を図るために，個別事業レベルで「良いライバル」を見つけだすことは大きな意義がある。良いライバルは，同業他社とはかぎらず，自らの戦略策定能力を向上させるための優れた参照点となるべき対象である。良いライバルは，本章で検討したように，自社内にも存在しうる。他の事業領域における戦略策定様式を参照することで，新しい「ものの見方」が獲得できる場合もある。社内でのスキーマの相互作用を促進する場合には，ドミナント・ロジックによるスキーマの「汚染」を防ぐ必要があり，部門間コンフリクトの解消方式や人事・教育制度の設計な

ど，トップマネジメントの役割がより一層重要になるだろう。

さらに重要な点は，複数の事業領域で培われた戦略スキーマの相互作用からどのようなシナジー効果が期待できるかを見通す，経営者の洞察力・構想力であろう。企業の活動は，コスト水準いかんによって内製・外注を切り替えられる周辺的なものと，決して外部に移管してはいけない中核部分とから成っている[35]。企業固有の資源・能力を独特に組み合わせることによって発生するシナジー効果が，競争優位の源泉となり，その特異性ゆえに他企業には模倣困難となるため，中核的活動の範囲は単純なコスト比較によって内製・外注の意思決定はできない。

総合型企業では，何が中核的活動であり，何が周辺的活動なのかを慎重に見極め，中核的活動においては複数の事業がそれぞれに独自能力を構築する一方で，複数事業の独自な組み合わせによって，相互に影響を与えあいながら他社には模倣しえないシナジー効果を発揮することが期待される。総合の強みをどのように実現していくか，さらには独自のシナジーを動態的にどのように展開・発展させていくのかという「ダイナミック・シナジー（吉原ほか　1981）」まで視野に入れて，戦略的な大きな見通しを描いていく経営者の構想力が問われている。

---

35) Langlois&Robertson(1995)は，企業組織は「固有の中核（intrinsic core）」と「補助的能力（ancillary capabilities）」という2つの部分から成ると主張している。固有の中核は，企業固有の資源や能力を組み合わせることによって発生する「特異的シナジー（idiosycratic synergy）」によって形成される。補助的能力を企業内部に保有するか否かは，内部的に補助的能力を開発するコストと，契約によって外部から購入するコストとの比較によって決定される。

参考文献

阿部正樹(1981)「電卓業界とカシオ計算機　1975-1980年」野村マネジメント・スクール。

Abell, D. F. and John Hammond(1979) *Strategic Market Planning*, Engelwood Cliffs, New Jersey : Prentice-Hall Inc.（片岡一郎他訳『戦略市場計画』ダイヤモンド社）.

Abernathy, W. J.(1978) *The Productivity Dilemma : Roadblock to Innovation in the Automobile Industry*, Baltimore : The Johns Hopkins University Press.

相田洋(1992)『NHK　電子立国日本の自叙伝（下）』日本放送出版協会.

網倉久永(1996)「競争戦略と組織能力」『日本経済新聞（やさしい経済学）』1996年12月14日—12月21日.

Amikura, H. and D. Parkinson(1995) "Strategic Orientation and Organizational Capa-

bilities : Product Development in the Machine Tool Industry", Working Paper #95M013, Economics Association for Chiba University.
Amikura, H. and J. Shintaku (1998) "Process of Organizational Capabilities Development : Strategic Schema and Competitive Advantages in the Electronic Calculator Industry"『上智經濟論集』第43巻第1号. pp. 1-39.
淺羽茂(1992)「競争戦略論と産業組織論の相互作用―競争優位維持可能性戦略の研究のための文献サーベイ」『学習院大学経済論集』Vol. 29, No. 1, pp. 95-110.
Asaba, S. and K. Kuwada (1989) "The Continuous Side of Discontinuity", *The Journal of the Faculty of Economics*, 63, Tokyo Metropolitan University.
Barney, J. B. (1997) *Gaining and Sustaining Competitive Advantage*, New York : Addison-Wesley Publishing Company.
Bettis, R. and C. K. Prahalad (1995) "The Dominant Logic : Retrospective and Extension", *Strategic Management Journal*, Vol. 16.
『ビジネスレビュー』(1991)「エレクトロニクスの時代とともに シャープ㈱ 顧問(元副社長) 佐々木正」Vol. 39, No. 1, pp. 98-109. ; pp. 5-14.
Chandler, A., Jr. (1962) *Strategy and Structure*, Cambridge : M.I.T. Press, (三菱経済研究所訳『経営戦略と組織』実業之日本社 1967).
Clark, K. B. (1985) "The Interaction of Design Hierarchies and Market Concepts in Technological Evolution", *Research Policy*. No. 14, pp. 235-251.
『Cruit』(1992)「『創造貢献』に支えられて液晶技術を確立」1992年3月号; pp. 5-11.
藤本隆宏(1997)『生産システムの進化論―トヨタ自動車にみる組織能力と創発プロセス』有斐閣.
Fujimoto, T. (1994) "Reinterpreting the Resource-Capability View of the Firm : A Case of the Development-Production Systems of the Japanese Auto Makers", Discussion Paper No. 94-F-20, The University of Tokyo.
Grant, R. M. (1991) "The Resource-Based Theory of Competitive Advantage : Implications for Strategy Formulation", *California Management Review*, 33, 3, pp. 114-135.
Hamel, G. and C. K. Prahalad (1989) "Strategic Intent", *Harvard Business Review*, 67, 3 ; pp. 63-77.
今岡和彦(1987)「『働く主婦』が創る『ニューマーケット』を狙え―シャープ『生活ソフトセンター』の『複合家電商品』戦略」『プレジデント』1987年5月, pp. 108-117.
伊丹敬之(1981)「カシオ計算機(A)」野村マネジメント・スクール.
伊丹敬之(1984)『新・経営戦略の論理』日本経済新聞社.
伊丹敬之+伊丹研究室(1988)『逆転のダイナミズム―日米半導体産業の比較研究』NTT出版.
伊丹敬之+伊丹研究室(1989)『日本のVTR産業―なぜ世界を制覇できたのか』NTT出

版.

Itami, H. and T. Numagami (1992) "Dynamic Interaction Between Strategy and Technology", *Strategic Management Journal*, Vol. 13 ; pp. 119-135.

加護野忠男 (1988) 『組織認識論』千倉書房.

河合忠彦 (1996) 『戦略的組織革新』有斐閣.

Langlois, R. N. and P. L. Robertson (1995) *Firms, Markets & Economic Change A Dynamic Theory of Business Institutions*, London Routledge, 1995.

Lippman, S. A. and R. P. Rumelt (1982) "Uncertain Imitability : An Analysis of Interfirm Difference in Efficiency under Competition", *Bell Journal of Economics*, 13, 2 ; pp. 418-438.

日本能率協会(編)(1986) 『シャープの技術戦略―開発から生産までの全貌』日本能率協会.

『日経ビジネス』(1991) 「シャープ―1.5流企業の挑戦」 8月19日 ; pp. 10-23.

『日経ビジネス』(1993) 「次世代カメラ一体型 VTR ― 液晶画面搭載で新風 潜在需要狙い録画専用も」 2月22日 ; pp. 57-60.

『日経ビジネス』(1994) 「強い会社 シャープ―顧客ズームの"早送り経営"」6月6日 ; pp. 12-27.

Noda, T. and J. Bower (1996) "Strategy Making as Iterated Processes of Resource Allocation", *Strategic Management Journal*, 17. pp. 159-192.

Nonaka, I. (1988) "Toward Middle-Up-Down Management : Accelerating Information Creation", *Sloan Management* Review, 29 ; pp. 9-18.

Nonaka, I. (1991) "The Knowledge Creating Company", Harvard Business Review, Nov.-Dec. ; pp. 96-104.

沼上幹 (1988) 「組織の経営構想力 ― 焦点化装置の社会的構成」一橋大学大学院商学研究科・博士後期課程単位取得論文.

沼上幹 (1991) 「液晶ディスプレイ産業の日米比較 - 進化の場形成と進化の経済性」『ビジネスレビュー』Vol. 39, No. 1 ; pp. 33-60.

沼上幹・淺羽茂・新宅純二郎・網倉久永 (1992) 「対話としての競争 ― 電卓産業における競争行動の再解釈」『組織科学』第26巻第2号 ; pp. 64-79.

沼上幹・野中郁次郎・大坪建 (1991) 「シャープ-技術マネジメント」野村マネジメント・スクール.

Parkinson, D., H. Amikura, T. Rose, and W. M. Evan (1994) "The Link between Strategic Orientation and Firm Capabilities : Results from an International Study", paper presented at the European International Business Association Annual Meeting, Warsaw, Poland, December 11-13.

Penrose, E. T. (1959) *The Theory of the Growth of the Firm*, Oxford : Basil Blackwell (末松玄六訳『会社成長の理論』ダイヤモンド社).

Porter, M. E. (1980) *Competitive Strategy*, New York : The Free Press (土岐坤・中辻萬

治・服部照夫訳『競争の戦略』ダイヤモンド社).
Prahalad, C. K. and R. Bettis(1986) "The Dominant Logic : A New Linkage Between-Diversity and Performance", *Strategic Management Journal*, 7 ; pp. 485-501.
Prahalad, C. K. and G. Hamel(1990) "The Core Competence of the Corporation", *Harvard Business Review*, May-June ; pp. 79-91.
Roberts, E. B. and C. A. Berry(1985) "Entering New Businesses : Selecting Strategies for Success", *Sloan Management Review*, Spring ; pp. 3-17.
Rosenberg, N.(1976) *Perspectives on Technology*, Cambridge : Cambridge University Press.
Rumelt, R. P.(1984) "Towards a Strategic Theory of the Firm" in Lamb, R. B. (Ed.), *Competitive Strategic Management*, Englewood Cliffs, New Jersey : Prentice-Hall Inc. ; pp. 566-570.
Rumelt, R. P.(1991) "How Much Does Industry Matter ? ", *Strategic Management Journal*, 12 ; pp. 167-185.
榊原清則・大滝精一・沼上幹(1989)『事業創造のダイナミクス』白桃書房.
柴田治呂(1982)『科学技術の発展過程に関する分析』総合研究開発機構.
下田博次(1994)『シャープのスパイラル成長戦略』にっかん書房.
新宅純二郎(1986)「技術革新にもとづく競争戦略の展開 - 機能向上とコスト低下による製品進化のプロセス」『DIAMOND ハーバード・ビジネス』, Vol. 11, No. 4 ; pp. 81-93.
新宅純二郎(1987)「腕時計産業における技術革新とグローバル・コンペティション」『ビジネスレビュー』Vol. 34, No. 3 ; pp. 44-59.
新宅純二郎(1992)「競争と技術転換 - 日米カラーテレビ産業の比較分析を通じて」『学習院大学経済経営研究所 年報』, Vol. 5 ; pp. 1-24.
新宅純二郎 (1994)『日本企業の競争戦略』有斐閣.
新宅純二郎・網倉久永(1998a)「戦略スキーマの相互作用：シャープの事業展開と戦略策定の参照点」『經濟學論集』(東京大学) 第64巻第2号 ; pp. 2-24.
新宅純二郎・網倉久永(1998b)「シャープ—多角化事業の展開」社会経済生産性本部ケースNo. 37.
『週刊ダイヤモンド』(1978)「ただ今疾走中！シャープのニューライフ戦略—二番手家電"はい上がり"の生態学」12月16日 ; pp. 50-54.
『週刊ダイヤモンド』(1986)「成熟家電で高成長狙うシャープ— 固有情報を付加して"先の需要"を読め」1月18日 ; pp. 92-94
『週刊東洋経済』(1985)「シャープ 『ハイタッチ』と『ハイテク』の分かれ道 いよいよ始動？ OA部隊の『プル・アップ』作戦」9月14日 ; pp. 62-67.
鈴木慎哉(1978)『シャープATOM隊は挑戦する - 販売に革新を起こした素人集団』ダイヤモンド社.
竹内弘高・榊原清則・加護野忠男・奥村昭博・野中郁次郎(1986)『企業の自己革新 —カ

オスと創造のマネジメント』中央公論社.
Teece, D. J. (1984) "Economic Analysis and Strategic Management", *California Management Review*, 26, 3 ; pp. 87 - 110.
Teece, D. J., G. Pisano and A. Shuen (1997) "Dynamic Capabilities and Strategic Management", *Strategic Management Journal*, 18(7). ; pp. 509 - 533
刀祢館正久 (1983)『電卓と新幹線 ― 先端技術ニッポンの傑作』新潮社.
宇田川勝・橘川武郎・新宅純二郎 (2000)『日本の企業間競争』有斐閣.
内橋克人 (1978)「電卓戦争の軌跡 シャープとカシオ」『続 匠の時代』サンケイ出版 (『匠の時代 第 2 巻』講談社文庫, 1982).
Wernerfelt, B. (1984) "A Resource-Based View of the Firm", *Strategic Management Journal*, 5 ; pp. 171-180.
吉原英樹・佐久間昭光・伊丹敬之・加護野忠男 (1981)『日本企業の多角化戦略 ― 経営資源アプローチ』日本経済新聞社

第3章
戦略のダイナミック理論構築を目指して
―― 産業内企業間相違の進化をめぐる一考察 ――

野　田　智　義

　欧米を中心にこの半世紀にわたり発展してきた戦略経営論だが，過去数年間，理論的な曲がり角に差しかかりつつある。従来は，「ある時点において，ある企業が，ある業界において，ある戦略行動に基づき，持続可能な戦略優位を確立し普通以上の利益を上げているのはなぜか」といったいわばカメラのスナップショットをとるようなスタティックな分析が中心だったが，「ある時点においてそういった企業間の戦略行動の違い，業績の格差が存在するとして，そもそもそうした相違はどうして生まれたのか」という，ダイナミック（動態的）なプロセスやメカニズムの理解に関心が移っている。よりアカデミックな言葉でいいかえれば，「同一業界内における企業間の相違（産業内企業間相違）」の分析から，こうした産業内企業間相違の「進化」の分析に関心が移っているのである。

　本章では，全く異なる進展をたどった，米国のベビーベル（正式にはベル電話地域持ち株会社）7社による1984年から93年までの全米でのセルラー電話サービス事業展開の事例を引きながら，「なぜ同一産業内において企業間の戦略行動・業績の相違が生まれ，拡大し，さらに持続されるのか」を分析する。この「同一産業内における企業間の相違の進化」をめぐる議論が，よりダイナミックな戦略理論構築をめざす欧米戦略経営論のフロンティアの一角を構成しているのである。

1　同じ環境下でも企業間の違いはなぜ生まれるか

(1) 経営戦略論の原点としての産業内企業間相違の分析

　なぜ同一産業内で競争する複数の企業が，異なる行動をとり，異なる競争力を持ち，異なる業績を上げているのか。欧米における戦略経営論発展の原動力

となったのが，この一見ありふれてはいるものの既存の経済学や社会学では説明されない，「産業内の企業間相違」をめぐる素朴な疑問であった（Levinthal 1995）。戦略経営論の端緒の1つとされるのは，ハーバードビジネススクールにおいてKenneth Andrews教授等が行ったスイス時計製造産業における企業の戦略アプローチの比較ケース分析であるが，そこでもこの「産業内の企業間相違」の解明の必要性が提起されている。

初期の研究においては，企業レベルでの戦略的コミットメントがこうした企業間の戦略行動や実績の相違をもたらすとされ，SWOT分析で知られる「企業戦略」の枠組みがAndrews教授等により提唱された（Andrews 1971）。その後の戦略経営論は，こうした初期の枠組みを踏襲しながらも，新たに経済学とりわけ産業組織論にその理論的支柱を求め，産業内企業間の相違を，企業の業界における「競争ポジション」または「資源ポジション」（本章では，以下，合わせて戦略ポジションと呼ぶ）の相違として説明するに至っている。

より具体的に，1980年代の戦略経営論の主流となった産業構造分析では，「移動障壁」や「戦略グループ」といった概念を基に，コスト・リーダーシップや差別化といった異なる「基本的戦略」追求による競争ポジションの違いにより，さらにはこうしたポジションの確立の成功の度合いの違いにより，同一産業内の企業間の業績の相違を説明している（Porter 1980）。

これに対し，1980年代後半から90年代前半にかけて，研究が急速に進んだ経営資源（Resource-based View of the Firm）アプローチでは，企業の本質を，いくつもの特有な経営資源の束と見て，ある企業が事業において確立し維持している競争優位を，その企業が保有する，希少で，顧客に対し価値があり，模倣しにくい経営資源に求める。つまり，これらの経営資源の保有の有無（従って企業の相対的な資源ポジション）から産業内企業間の相違を説明するのである（Wernerfelt 1984；Barney 1991；Peteraf 1993）。

(2) **スタティックな分析の限界と戦略経営論の行き詰まり**

このように，戦略経営理論は，同一産業における企業間の戦略行動・業績上の相違を，企業レベルでの戦略コミットメント，さらには事業レベルでの戦略ポジション（競争ポジションと資源ポジション）により説明するに至ったが，その分析や議論は，Nelson(1991)が批判するように，きわめてスタティックなものにとどまっている。

企業戦略の巧拙，戦略コミットメントの有無が，企業間の競争力の差を生む

というが,ではそもそも,どうして異なる企業戦略,戦略コミットメントが生まれたのか。戦略プロセスについての一連の研究(たとえば,Pascale 1984)が明らかにするように,企業戦略や戦略コミットメントは,多くの場合,偶然や試行錯誤が織り成すなかで「創発される」。公表される企業戦略も,事前に策定されその後の行動を導くものではなく,一連の企業行動がもたらした結果を事後的に説明するにすぎないケースも多々あることは,Quinn(1980)やBurgelman(1983)の研究でよく知られている。また,産業構造分析や経営資源アプローチが提唱する戦略ポジションの概念は,結果としての企業間の相違を理論的により精緻に説明してはいるが,こうした差異が形成された原因,プロセス,メカニズムについてはほとんど何も説明していない。

競争戦略論とりわけ産業構造分析の第一人者である Micheal Porter 自身,スタティックなアプローチの限界を指摘して,次のように述べている。

仮にある時点におけるある企業の好業績が,産業構造分析の立場から,同社の競争ポジション,ここではコスト・リーダーシップ戦略に基づく低コスト・ポジションにより説明されるとしよう。この低コストポジションは,当該企業の過去の戦略行動の「結果」であってもその競争優位を作り出した「原因」では断じてない。

低コストポジションの原因としては,1つには,事業機会にいち早く気づいた同社が「先行者利益」を活かし,累積生産高の増加につれ他社に先駆けて習熟曲線をたどることで達成し得たと考えられるとしよう。では,なぜ同社は他社よりいち早く事業機会をとらえることができたのか。

低コストポジション,言い換えれば同社の競争優位の,原因が先行者利益であれば,その原因のそのまた原因はいったい何なのか。戦略経営理論の完成度を高めると同時に,並外れた業績を達成したいと願い戦略経営論を学ぶ経営者にとってより有用な枠組みを提示するためには,このように「因果関係の連鎖」を過去にさかのぼり,現時点での企業間の異なる競争ポジションを生み出した究極の原因を分析し,競争優位確立に至るダイナミックな戦略理論を構築する必要がある,というのが Porter(1991) の主張である。

この戦略のダイナミック理論の必要性は,経営資源アプローチの理論的評価をめぐっても指摘されている。Foss, Knudsen, Montgomery は,1995年の論文で,経営資源アプローチを,結局は企業間の相違を「事後的に」説明しうるに過ぎないと批判している。

ここで,仮に競争優位の基礎をなす経営資源が市場で即座に取引されると仮

定してみよう。Barney(1991)が分析するように，なにが戦略優位（余剰レント）をもたらす経営資源か，事前にわかるとすれば，市場における企業間の当該経営資源獲得をめぐる競争のなかで，経営資源の市場価格が吊り上げられ，結局のところ余剰レントは消滅してしまうこととなるからである。

こうした市場取引という仮定そのものについては，余剰レントは，企業が長年かけて自前で蓄積してきた企業固有の経営資源から生み出されるもので，こうした資源は市場では取引されえないものだとの強い批判があろう（Dierickx & Cool 1989）。しかし，それならば，企業がなぜ，そしてどのようにして，これらの取引不可能な資源を蓄積できたのか（つまり他社に比べ有利な資源ポジションを獲得できたのか）という問題が極めて重要になるのであり，こうしたダイナミックなプロセスやメカニズムが明らかにされない限り，経営資源アプローチは，理論としても極めて不完全のみならず，実務に携わる経営者にも有用な指針を提示しえないと言えよう。

以上のような既存理論へのこれら一連の批判が，欧米における戦略経営論の関心を，スタティックな「産業内企業間の相違」の分析からダイナミックな「相違の進化」の理解に移行しつつあるのである（Schendel 1996）。そこでは，ある時点で企業の事業に対する戦略コミットメントまたは事業における戦略ポジションが異なり，その結果同一産業内において競争する複数企業の競争力に差があるとして，なぜ，あるいはどのようにして，そうした相違が生じたのだろうかが，まさに問われている。

(3) 戦略のダイナミック理論の構築へ向けて

もちろん「企業間相違の進化」については，戦略経営論さらにはその隣接分野である産業組織論，組織社会学における議論が，現在進行形のものも含めて，多くの手がかりを提供してくれている。しかしながら，これらの議論の多くは，企業間相違の進化という事象の一側面のみに焦点をあてたものにとどまっており，Williams(1994)やLevinthal(1995)など，より体系的で包括的な枠組みを目指す試みも一部に見られるものの，それら限られた研究でさえも，いまだ抽象的な実験的な議論のレベルにとどまっているのが現実である。

本章で紹介する米国ベビーベル7社のセルラー通信サービス事業（以下セルラー事業と略）展開の比較研究は，実証データをもとに，より体系的かつ包括的な枠組みの提示を図るもので，戦略のダイナミクスの理解に向けて，戦略経営論の理論的ギャップを少しでも埋めることを目的としたものである。以下で

は，7社の比較分析データにもとづく企業間相違の進化の枠組みをまず紹介し，その後，実際の分析データを紹介しながら枠組みを肉付けしていく。

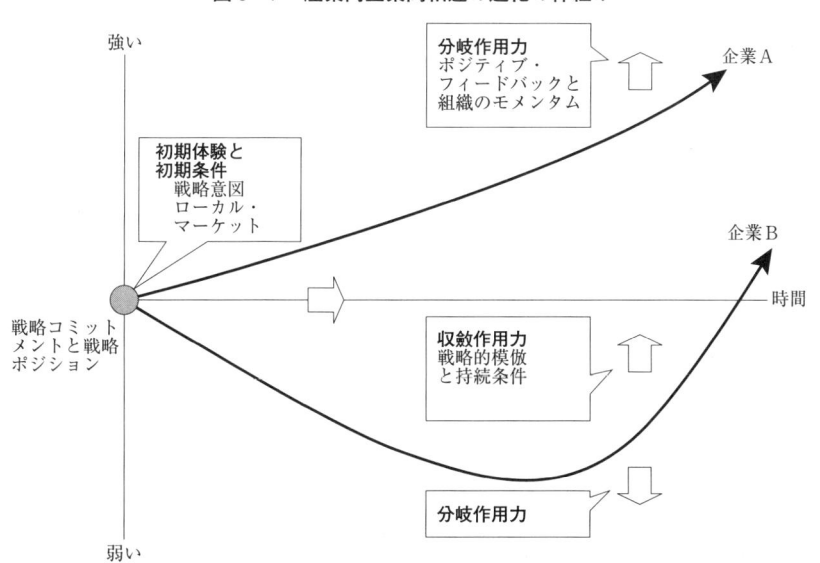

2　同一産業内企業間相違の進化の枠組み

本章で提唱する企業間相違の進化の理解のための枠組みは，図3−1に示しているが，それは3つの要素から構成されている。

第1の要素は，各企業の事業における初期体験と，その初期体験をもたらす初期条件である。初期体験が産業内企業間相違の「起源」となり，いわば，企業間の相違の「種」を播くのである。初期条件は，こうした起源を形づくる「起源の起源」にあたる。

第2の要素は企業組織内のダイナミズムが生み出す「分岐作用力」であり，初期体験によって播かれた企業間の初期の相違という種を増幅し拡大する。

第3の要素は，企業間の戦略的模倣により形成される「収斂作用力」で，企業間の相違を縮小する。各企業の戦略の進化，そしてその集合として形成される企業間相違の進化は，これら3つの要素がそれぞれどのくらい強く働くかによって決定されるというのが，本章が提示する枠組みが意味するところである。

図3−1　産業内企業間相違の進化の枠組み

(1) 「初期体験」と「初期条件」

　まず，本章の提示する枠組みの出発点は，企業間相違の進化を理解する上で各企業の事業における初期体験が重要であるという点にある。初期体験が各企業の事業に対する戦略行動のあり方を決定し，企業間の相違を生みだす。企業がある同一事業において，異なる初期体験をすることを，企業間相違の「起源」として捉えている。

　では，こうした企業間相違の起源となる初期体験の違いをもたらすものは何であろうか。これは，企業間相違の「起源の起源」は何かという問いであり，これについては，経営資源アプローチ論者と産業構造分析論者の間で，初期条件のなかで何が重要なのかが争点となっている（Conner 1994）。

　経営資源アプローチでは，企業のもつ「非対称期待」または「運」が「起源の起源」であると主張する。先述のように，この立場では，企業の競争行動を市場における経営資源獲得競争と捉えるが，ここではすべての企業が資源が生みだす価値について同じ期待を保有すると仮定すれば，市場における企業間の資源獲得競争は，その資源の入札価格を余剰レントが消滅する水準まで吊り上げるはずである。

　したがって，ある時点において，ある企業が他社より優位な資源ポジションを手に入れるには，その企業が資源の価値を知らずたまたま偶然に手に入れたのか（つまり「運」），あるいは，トップにかぎらずミドルなどの一部のマネージャーが，個人的な信念やすぐれた洞察力などにより，当該資源の価値について競争相手の持たない期待（つまり「非対称期待」）を持っていたのかの2つのケースに限られるとする（Barney 1986）。

　これに対し，産業構造分析では，「起源の起源」は，各企業が事業を営む「ローカルまたは直近のマーケット」にあるとする。たとえば，Porterは，国の競争優位の比較研究の結果を国内における企業競争の分析に類推適用して，各ローカルマーケットに特有の幾つかの初期条件が，企業が事業活動をどう構成するか，どのような革新を行うのか，さらにはその後どのように経営資源を蓄積していくのかを決定づけていくと主張している（Porter 1991）。資源経営資源アプローチにおいて企業間相違の前提とされる非対称期待は，一部マネージャーの信念や洞察力から生まれるではなく，むしろローカルマーケットに由来することが多いとされる。

　これら2つの異なるアプローチは，それぞれ「起源の起源」を構成しうる複数の要因を明らかにしている。ただ，両者は二者択一の関係にあるわけではな

く，むしろ本章の枠組みでは，マネージャーの信念や洞察力とローカル・マーケットという企業内外の要因の相互作用が「起源の起源」を構成すると考える。

(2) 分岐作用力——ポジティブ・フィードバックと組織のモメンタム

初期体験の違いにより播かれた企業間相違の「種」を拡大するのが，組織内のダイナミズムが作りだす分岐作用力であり，これは，「成功は成功を呼ぶ（失敗は失敗につながる）」と簡潔に表現される組織のモメンタム（勢いまたは慣性力）である。初期の好ましい事業体験（つまり成功体験）は，事業へのその後の傾斜的資源配分・戦略投資をもたらし，企業の事業への戦略コミットメントを強化し，戦略ポジションを向上する。逆に初期の失望的な事業体験は，その後の事業への戦略投資を委縮させ，他の事業機会への経営資源の配分を加速する。

こうしたモメンタムは，組織論上は，漸進的な組織学習や組織の環境適応行動の結果生まれると説明されることが多いが（たとえば，Ginsberg&Baum 1994），組織内プロセスのより詳細な分析からは，企業の資源配分・戦略策定プロセスの中で生み出される経済上，社会心理上，認知上の3つのポジティブ・フィードバック（またはセルフ・リーインフォーシング・フィードバック）と並びにその相互作用にその原因が求められる（Levinthal 1996；Noda&Bower 1996）。

経済上のポジティブ・フィードバックは，経済学では「規模に比例して増加するリターン」（Arthur 1990）と呼ばれるもので，事業運営における規模の経済，習熟によるコストの低下，ネットワークの経済等の理由から，事業規模の拡大に伴い加速度的に事業の経済性が向上することを意味している。

こうしたフィードバックが存在する場合，初期の成功体験から早くに事業展開を図った企業においては，出遅れた企業に比較して，その後の事業への追加投資が相対的に有利となり，当該事業に対する傾斜資源配分が行われることとなる。経済上のポジティブ・フィードバックの存在と働きのいかんは，事業において重要となる経営資源の特性に依存する。

残り2つのポジティブ・フィードバックは，経営資源の特性いかんではなく組織内の意思決定・資源配分のプロセス自体に起因する。まず，社会心理上のフィードバックから説明しよう。

ある程度の規模の企業においては，事業への資源配分を決定する権限と適切な資源配分の判断のために必要な情報・知識の所在が一致しないのが常であ

る。決定権限を持つトップ経営者は、情報不足から事業の経済性について的確な評価を事前に行うことができず、また、的確な評価のために必要な、技術・市場・顧客についての情報や知識を持つ第一線のマネージャーは、逆に意思決定権限を持たないからである。トップ経営者が第一線のマネージャーに権限を委譲することもできるが、こうしたマネージャーが必ずしもトップ経営者の忠実な代理人として行動するとは限らない（Jensen&Meckling 1990；Chakravarthy&Lorange 1991）。

　こうした権限と情報の分離のジレンマに面したトップ経営者は、新規事業への資源配分の判断にあたって、プロジェクトを提案したマネージャーの過去の行動の記録を基に判断を行うと、過去の研究では報告されている（Bower 1970）。つまり事前に判断可能な事業担当者の過去の成績（野球の打者でいうそれまでの「平均打率」）を、事後にのみしか本当にはわからない新規事業の経済性を推測する上での代替指標として用いるのである。

　社会心理上のポジティブ・フィードバックは、この「平均打率」に依存する資源配分ルールから生まれる。事業における初期の成功体験は、事業を担当するマネージャーの平均打率を向上させ、このマネージャーが提案するその後の事業への追加投資がトップ経営者により承認されやすくなるからである。つまり成功（初期の成功体験）が、マネージャーの平均打率の向上とともに、さらなる成功（その後の事業への追加投資の承認と事業の拡大）を生むのである。

　最後に、認知上のフィードバックは、第一線のマネージャーの事業への信念や情熱が、こうした資源配分の繰り返しのなかでトップ経営者の事業に対する認知上のバイアス、そしてさらには戦略的コミットメントへと昇華されていく過程で生み出される。初期の戦略行動とその成功は、トップ経営者の新規事業に対する肯定的な認知上のバイアスをもたらし、経営者が自らの判断に関与するなかで、経営者個人の情緒的なコミットメントが醸成され、また、過去の自らの意思決定と行動に対する「自己肯定」プロセスのなかで、戦略的コミットメントとしてエスカレートしていく（Staw 1981）。こうした経営者の戦略的コミットメントは、その後、企業戦略として明示されることで、事業への戦略投資を一段と加速する。

(3) **戦略的模倣を通じての収斂作用力と「持続条件」**

　このように、組織内の戦略策定・資源配分プロセスに内在する分岐作用力は、初期体験によって形づくられた企業間の相違を増幅していくが、こうした企業

間の相違が長期にわたって持続することはむしろ不自然である。企業間の熾烈な競争においては，ほかに妨げる条件さえなければ，ある企業の成功は他企業の模倣を呼び，企業間の違いは時間を追って減少していくはずだからである（Williams 1994）。したがって，この戦略的模倣を通しての収斂作用力が，産業内企業間相違の進化を説明する本章の枠組みの，第3の構成要素となるのである。

この収斂作用力の働き自体は極めて自明なのだが，問題はむしろこうした収斂作用力の働きを「妨げる条件」にある。この妨げる条件は，「企業間の相違」をめぐる戦略経営論における議論においても，企業間相違の「持続条件」として，しばしば論じられており，収斂作用力とコインの表裏の関係にある。

持続条件としては，まず，事業を取り巻く「不確実性」が指摘される。新たな産業の生成，発展の初期においては，事業の将来性（潜在成長力およびその生み出すレントの評価）には不確実性が伴うのが常であるし，不確実であるからこそある企業の行動は他企業の模倣をすぐにはもたらさない（Rumelt 1987；Winter 1988）。この他，経営資源にかかわる要件として，いくつかの持続条件が考えられる。たとえば，新技術など競争優位の源泉となった経営資源が特許制度などで守られている場合（Teece 1987），また，こうした法制度による保護がなくとも，戦略的模倣に必要な経営資源が希少である場合，経営資源が極めて企業固有の「粘着性のある」もので市場を通じて即座に手に入れることができない場合（Dierickx&Cool 1989），経営資源自体は市場で取引可能であっても，模倣しようとする企業が過去に獲得蓄積した他の経営資源が「不可逆的」（資源の価値を減価させることなく他用途に再利用することが困難）であることから，模倣すなわち新たな経営資源への投資が経済上合理的な選択肢とならない場合（Ghemawat 1990），さらには，そもそも競争優位の源泉が何なのか当の企業の経営者にとっても曖昧で，ましてや他社がそれを真似ることができない場合（「因果関係における曖昧性」が存在する場合）（Lippman&Rumelt 1982）などである。

産業内企業間相違の進化がどう展開するかは，それぞれの業界，技術の進展，競争企業のプロファイルによってケースごとに異なる。ここで提示する枠組みは，理論的モデルではなく，産業構造分析におけるファイブ・フォース分析（Porter 1980）と同様に，個別ケースごとの産業内企業間相違の進化の分析にあたって考慮すべき重要な要素を枠組みとして提示するものである。初期体験と初期条件，分岐作用力，収斂作用力と持続条件の3つの構成要素の強弱と相

互作用はケースごとに異なるが，まさにその結果として個別ケースにおける企業間相違の進化が形づくられる（Porter 1991）。

以下においては，この枠組みを，ベビーベル7社による米国セルラー事業展開の具体例を引きながら説明していく。まずは，1984年から93年の10年間における米国セルラー産業の発展と業界における7社の戦略ポジションの進化を紹介した後，3つの構成要素が7社の事例においてどう働いたのかを分析する。

3　米国セルラー電話通信サービス業界における　　ベビーベル7社の事業展開

(1) AT&T分割と「七つ子」の誕生

ベビーベル7社（アメリテック，ベルアトランティック，ベルサウス，ナイネックス，パシフィックテレシス，サウスウェスタンベル，USウェストの7社）は，1984年のAT&T分割により誕生した地域持ち株会社である。表3－1では分割時の7社のプロファイルを比較しているが，7社は分割時において，

表3-1　AT&T分割時におけるベビーベル7社のプロファイル

	アメリテック	ベルアトランティック	ベルサウス	ナイネックス	パシフィックテレシス	サウスウェスタンベル*	USウェスト
本社所在地	シカゴ	フィラデルフィア	アトランタ	ニューヨーク	サンフランシスコ	セントルイス	デンバー
1984年1月1日付最高執行責任者（ならびに直前のポジション）	W.ワイス（イリノイベル電話会社社長）	T.ボルジャー（AT&Tの経営幹部）**	J.クレシデノン（サザンベル電話会社社長）	D.スタンレー（ニューヨーク電話会社社長）	D.グィン（パシフィック電話会社社長）	Z.バーンズ（サウスウェスタンベル電話会社社長）	J.マッカリスター（ノースウェスタン電話会社社長）
1983年度の売上(10億ドル)（市内電話交換）（その他事業）	9.0（96%）（4%）	8.9（96%）（4%）	10.7（95%）（5%）	10.1（98%）（2%）	8.1（94%）（6%）	7.9（94%）（6%）	7.8（n. a.）（n. a.）
1983年度純利益(10億ドル)	1.1	1.0	1.4	1.0	0.8	0.9	0.9
1984年1月1日付資産(10億ドル)	16.8	17.3	21.4	18.5	17.1	16.5	15.6
1983年度資本収益率－ROE（%）	13.0%	n. a.	13.3%	12.2%	13.6%	12.2%	12.2%
1984年1月1日付負債比率（%）	43.9%	43.4%	43.4%	47.6%	47.8%	44.6%	43.1%
1984年1月1日付従業員数	79,000	80,000	99,100	98,200	82,000	74,700	75,000
1983年12月31日付市内電話交換事業アクセスライン(千ライン)	14,114	14,358	13,612	12,829	10,930	10,329	10,610

注：比率，従業員数，アクセスラインを除いて単位は10億ドル
* サウスウェスタンベルは，従業員を1992人にして本社をサンアントニオに移転
**ボルジャー氏は，以前パシフィック・ノースウェスト電話会社の社長であった
　出典：Brooke Tunstall, *Disconnecting Parties* (New York : McGraw Hill, 1985)；各社の年次報告書。

第3章 戦略のダイナミック理論構築を目指して　75

図3-2　米国セルラー電話サービス産業の進化（1984-93年）

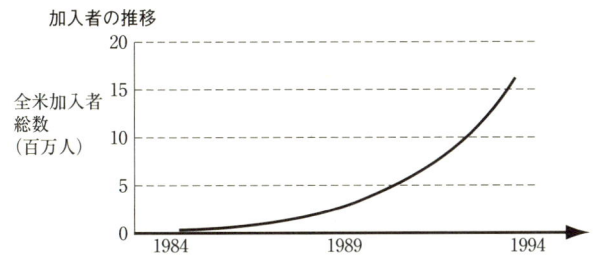

加入者の推移

全米加入者総数（百万人）

出典：Cellular Telecommunications Industry Association, Washington DC

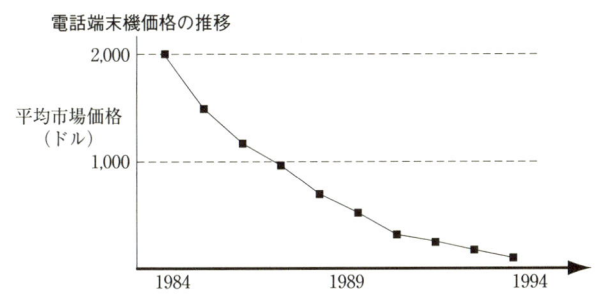

電話端末機価格の推移

平均市場価格（ドル）

出典：Hirshel Shosteck Associates, *Cellular Marketing*. January 1993

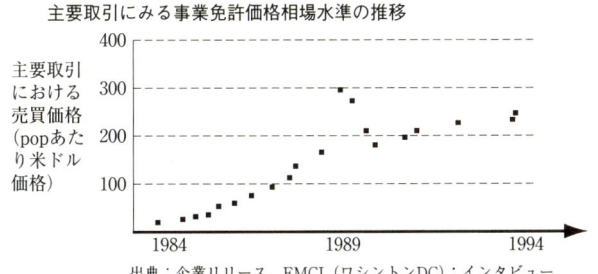

主要取引にみる事業免許価格相場水準の推移

主要取引における売買価格（popあたり米ドル価格）

出典：企業リリース，EMCI（ワシントンDC）；インタビュー，各種新聞記事他

　共通のコアビジネス（有線ネットワークによる市内電話交換事業）を持ち，ほぼ同じ経営規模で，ともにベルシステムの百年余に及ぶ企業文化・歴史・経営手法を継承していた。市内電話交換事業のフランチャイズ地域こそ異なるものの，7社は他に例を見ないほど類似した「七つ子」であると言って過言ではない。

(2) 米国セルラー電話通信サービス業界の発展

とりわけ興味深いのは，これら7社によるセルラー事業展開である。米国におけるセルラー電話サービス産業は，AT＆Tが開発した新しい通信ネットワーク技術をもとに，1983年11月にシカゴでサービスが開始されたのが始まりである。業界の監督機関となったFCCは，サービス開始に先立って全米を734のサービスエリアに分け，それぞれのエリアにおいて2つの事業免許を発行し（1つはベビーベルや独立系の地域電話会社向けに，もう1つは非電話会社向け），2社独占のルールを定めた。こうした事業免許は，全米人口の40％をカバーする上位30のサービスエリアについては，公聴会を経た比較審査により当初交付されたが，残りの704の下位エリアについては抽選により交付された。

サービス開始以降，業界は予期せぬ成長を遂げ，1993年末には加入者は1600万人を超えた。こうした爆発的成長の背景には，電話端末機器の急速な価格減少と小型化がある。1984年のサービス開始時期には，セルラー電話は重くかさ張る自動車用の電話であり2000―3000ドルもしたのだが，今日ではポケットサイズの携帯電話が1ドルから100ドルで手に入る。

セルラー電話サービスが消費者に受け入れられ始め，業界が立ち上がると同時に，セルラー事業免許の売買が活発化し，業界では集約化が進み，「人口1人当たり価格（ドル/POP）」で表現される事業免許の売買価格は，天井知らずに急騰した。図3－2では，業界立ち上がり後10年間の，サービス加入者の急速な伸び，電話端末機器の価格の低下，セルラー事業免許の売買価格の急騰ぶりを図示している。

(3) 7社によるセルラー電話通信サービス事業の新規展開

7社は，分割と時期を同じくして，当時は全く未知の新規事業であったセルラー事業に一斉に参入した。参入当初こそはそれぞれのフランチャイズ地域内の主要サービスエリアに限られた営業だったが，その後すぐに地域外のサービスエリアでの事業展開が許され，全米規模での競争が開始された。ほぼ実質的な地域独占にある有線の市内電話交換事業と異なり，7社はセルラー事業では直接の競合関係に立たされたのである。7社は，事業展開にあたって，セルラー技術の産みの親である旧親会社AT&Tから同じ技術，そして同じ事業計画を引き継いでおり，ほぼ同じスタートラインに立っていた。また事業拡大にあたっても，同一の規制を受け，同一の自由を享受していた。

にもかかわらず，1984年以降の米国セルラー業界の驚くべき急成長のなかで，

7社の新規事業に対する戦略行動は大きく異なり，事業開始より10年後の93年末には，7社間の事業への戦略コミットメントと戦略ポジションには大きな相違が形成された。

これら極めて類似した7社による同一条件下での新規事業参入とその後の極めて異なる事業展開（つまり7社の同一事業における極めて異なる戦略コミットメント，戦略ポジションの進化）は，同一産業内における企業間の相違の進化を分析する上で希有なほどコントロールされたいわば「自然界の実験室」を提供してくれる。

4　ベビーベル7社の明暗

(1) 初期体験と初期条件

初期体験とその後の事業展開の相関　本章の枠組みにおいては，各社の新規事業立ち上げにおける初期体験の相違が，その後の事業展開の行方を決定，企業間相違の進化を形づくっている。

ベビーベル7社は，1983年11月から84年7月にかけ，まずそれぞれのフランチャイズ地域内の主要サービスエリア（比較審査により与えられた全米上位30のサービスエリア）においてセルラー電話サービスの提供を開始した。表3-2では，事業の初期体験として，各社の1984年末，85年末時点でのこれら主要サービスエリアでの営業実績（総加入者数，加重平均サービス普及率，操業期間の加重平均）を比べている。操業期間で見たサービスの普及率（複数のサービスエリアにおける操業期間の加重平均で見た加重平均サービス普及率）は事業の立ち上がりのスピードを，総加入者数は事業の規模を示している。

これらの数字は，各サービスエリアにおけるサービス開始のタイミング，競争事業者（非電話会社向け事業免許を持つ事業者）の参入時期などの要因に左右されるため，直接の比較は難しいが，この表からは，少なくとも，パシフィックテレシスとサウスウェスタンベルにおいてセルラー事業が極めて順調に立ち上がっていたことが読み取れる。

たとえば，パシフィックテレシスは1984年末時点で1万5000人の加入者を獲得しているが，この数字は当社の予想を85％を上回るものであり，また当時の米国における業界全体のサービス加入者の25％にあたっていた。事業の立ち上がりのスピードを見ても，85年末で操業平均15.7カ月にして0.369％のサービス普及率を達成しており，サウスウェスタンベル（操業平均16.3カ月にして

表 3-2　ベビーベル各社のセルラー事業における初期体験

	各社に割り当てられた全米上位30のローカルマーケット (1980年度の人口−単位：千人；セルラーサービス開始日)	ローカルマーケットにおける初期体験	
		1984	1985
アメリテック	3. シカゴ (7,104；1983年10月) 5. デトロイト (4,618；84年9月) 21. ミルウォーキー (1,397；84年8月) 23. シンシナティ (1,401；84年11月)	総人口（千人）：14,520 加入者（人）：17,000 普及率（％）：0.117 操業期間（月）：9.3	総人口（千人）：17,608 加入者（人）：36,000 普及率（％）：0.204 操業期間（月）：18.9
ベルアトランティック	4. フィラデルフィア (4,717；84年7月) 8/14. ワシントンDC／ボルティモア (5,235；84年4月) 13. ピッツバーグ (2,264；84年12月)	総人口（千人）：12,216 加入者（人）：10,000 普及率（％）：0.082 操業期間（月）：6.4	総人口（千人）：13,374 加入者（人）：29,000 普及率（％）：0.217 操業期間（月）：17.6
ベルサウス	12. マイアミ (2,644；84年5月) 17. アトランタ (2,030；84年9月) 29. ニューオリンズ (1,817；84年9月)	総人口（千人）：6,491 加入者（人）：6,500 普及率（％）：0.100 操業期間（月）：5.6	総人口（千人）：12,944 加入者（人）：26,300 普及率（％）：0.203 操業期間（月）：12.7
ナイネックス	1. ニューヨーク (14,697；84年6月) 6. ボストン (3,853；85年1月) 25. バッファロー (1,243；84年4月)	総人口（千人）：15,940 加入者（人）：12,000 普及率（％）：0.075 操業期間（月）：7.2	総人口（千人）：22,575 加入者（人）：36,400 普及率（％）：0.161 操業期間（月）：16.1
パシフィックテレシス	2. ロサンゼルス (10,968；84年6月) 18. サンディエゴ (1,862；85年8月)	総人口（千人）：10,968 加入者（人）：15,000 普及率（％）：0.137 操業期間（月）：7.0	総人口（千人）：14,373 加入者（人）：53,000 普及率（％）：0.369 操業期間（月）：15.7
サウスウェスタンベル	9. ダラス (2,975；84年7月) 11. セントルイス (2,356；84年7月) 24. カンザスシティ (1,327；84年8月)	総人口（千人）：6,658 加入者（人）：9,400 普及率（％）：0.141 操業期間（月）：5.8	総人口（千人）：8,975 加入者（人）：35,000 普及率（％）：0.390 操業期間（月）：16.3
USウェスト	16. ミネアポリス (2,114；84年6月) 19. デンバー (1,621；84年9月) 20. シアトル (1,607；84年7月) 26. フェニックス (1,509；84年8月)	総人口（千人）：6,851 加入者（人）：5,300 普及率（％）：0.077 操業期間（月）：5.6	総人口（千人）：9,258 加入者（人）：15,500 普及率（％）：0.167 操業期間（月）：15.1

注：操業期間は，各ローカルマーケットの規模を勘案した加重平均

出典：1980年度の人口データについては，*State of the Cellular Industry*（Cellular Telecommunications Industry Association, ワシントンDC：1988秋号）；その他のデータは，各社の年次報告書，統計ハンドブック，投資家説明資料より．

0.390％のサービス普及率）と並び7社のトップである。ベルサウスの数字（操業平均12.7カ月にして0.203％のサービス普及率）は，パシフィックテレシスとサウスウェスタンベルほどは良くないが，アメリテック（操業平均18.9カ月で0.204％のサービス普及率）などの残り4社に比べるとかなり良い数字であることが読み取れる。

ここで重要なことは，ベビーベルの事例において，途中企業戦略を転換したベルアトランテックの事例を除き，各社の事業における初期体験とその後の事業展開に強い相関が見られることである。

表3−3では，セルラー事業開始約10年後の1993年末での，7社の戦略ポジション，戦略コミットメントを比較している。事業の戦略ポジションを1つの

第3章 戦略のダイナミック理論構築を目指して　79

表3-3　1993年末の米国セルラー産業におけるベビーベル7社の戦略ポジションと戦略的コミットメント

	戦略ポジション：総加入者数（事業規模；平均普及率；事業売上高）	セルラー(無線)事業に対する戦略的コミットメント
アメリテック	860,000 (20.5百万POP； 4.2%； 推定500百万ドル)	明確なコミットメントなし。セルラー事業は、いくつかのネットワーク・サービスの1つとの位置づけ。 「わが社の役割は、他のテレコム産業と協働して、すべての消費者と事業者に安価で基礎的な音声コミュニケーションだけではなく、来るべき先端の映像ならびにデータサービスというすべての補完的なコミュニケーションへのアクセスを提供することである」(1992年度年次報告書2ページ)
ベルアトランティック	1,039,000 (35.2百万POP； 3.0%； 推定750百万ドル)	主要な戦略ビジネスの1つとしての位置づけ。 「私達が創りあげようとしているものは、顧客に広帯域のネットワークの知能と、無線の柔軟性と簡便性を提供するフル・サービスである。それが、ベルアトランティックの個人的コミュニケーションの定義であり、有線と無線の能力の全体的な統合を意味している」(1992年度年次報告書5ページ)
ベルサウス	1,559,000 (38.8百万POP； 4.0%； 1,150百万ドル)	セルラー事業への明確な企業戦略 「私達は、テレコムの新しい成長分野、とりわけ無線の音声とデータサービスと国際的なテレコムの提携に戦略的な重点を置いている」(1992年度年次報告書5ページ) 「戦略は、ベルサウスを世界中において、無線分野のリーダーとすることだ」(1992年度年次報告書10ページ)
ナイネックス	574,000 (19.8百万POP； 2.9%； 446百万ドル)	セルラー事業への明確なコミットメントなし。 「私達の全体のミッションは、有線ならびに無線のネットワーク、データベースの管理と配達、そして情報サービスを提供することにより、人々のコミュニケーションの手助けをすることである」(1991年度年次報告書3ページ)
パシフィックテレシス	1,046,000 (34.9百万POP； 3.0%； 890百万ドル)	新規事業展開におけるセルラー事業への明確な集中 「私達の新事業分野における目標は、市場の機会を捉え、米国そして世界において、一流の無線サービスの提供者となることである」(1991年度年次報告書17ページ)
サウスウェスタンベル	2,049,000 (35.7百万POP； 5.7%； 1,283百万ドル)	セルラー事業への明確な戦略的重点 「私達の戦略は、以下の主要点にある。第1に、有線および無線のネットワークサービスを提供し、顧客の期待に、応えること。第2に、全米でそして海外で、無線事業を拡大すること。第3に、成長の可能性のある電話事業の民営化に伴う事業機会を追求すること」(1992年度年次報告書4ページ)
USウェスト	601,000 (18.2百万POP； 3.3%； 506百万ドル)	セルラー事業への重点はほとんどなし 「私達の国内および海外業務は、コミュニケーション、情報サービス、マーケティングサービス、さらには金融サービスに焦点をあてている」(1992年度年次報告書背表紙)

出典：各社の年次報告書、統計ハンドブック、投資家参考資料

指標で表すのは極めて難しいが、ここでは各社のセルラー事業の加入者総数を用いる。これは、加入者総数は、各社が保有する事業免許がカバーするエリア人口総数にサービス普及率を乗じたものだが、前者は資源ポジションを、後者は競争ポジションを反映していると考えるからである。また、7社の事業への戦略コミットメントについては各社の年次報告書の記述を引用している。表3-2と表3-3を擦りあわせてみると、極めて大雑把ではあるが、初期体験の好調であったパシフィックテレシス、サウスウェスタンベル、ベルサウスの3社は、全米で事業を展開しセルラー事業を企業戦略の柱の1つに位置づけるに

至っていることがうかがわれる。

これに対して，初期体験が振るわなかったアメリテック，ナイネックス，USウェストは，ほぼフランチャイズ地域内の事業運営のみで業界の第2グループにとどまっており，各社ともセルラー事業を戦略事業と見ていない。ベルアトランティックにおいても，80年代後半に大規模な独立系セルラー事業者の買収によりキャッチアップを果たすまでは，これら3社と同様，セルラー事業には消極的であった。

初期条件

初期体験が，企業間相違の進化に極めて重要な役割を果たすとして，こうした初期体験の違いはどこからきたのか。初期体験がセルラー業界における7社の相違の起源とすれば，起源の起源はいったい何なのか。ベビーベルの実証データからは，①サービスエリアの人口統計上・社会経済上の特性，②各サービスエリアでの競争条件，そして③各社のサービスエリアにおける事業レベルの戦略，以上3つが主要な「起源の起源」と考えられる。

第1と第2の要素は，Porterの主張するように，ローカルマーケットに由来するもので，第3の要素は，Barneyなど経営資源アプローチ論者が主張するように，一部マネージャーの信念や戦略意図を反映している。これら企業内外の初期条件の相互作用が，初期体験を決定づけている。

第1のサービスエリアの人口統計上・社会経済上の特性が初期体験の差をもたらしているというのは，サービスエリアによりセルラー事業に適・不適があったことを意味している。パシフィックテレシスとナイネックスの例をとって説明しよう。1984年のサービスの開始当初において，セルラー電話機は極めて高価で，またそれはほぼ自動車電話を意味していたことは先に述べた。このため，セルラーサービスの主な加入者は，弁護士，医者などのプロフェッショナルな人たちや，建設会社の監督者，不動産会社のマネージャー，得意先回りをするセールスマネージャーなど，業務や通勤に車を使用する人々であった。

つまり，サービスエリアにおいて，経済活動においてサービス業の占める比率が高く，自動車通勤者の比率が高ければ高いほど，そのサービスエリアはセルラー事業により適したローカルマーケットであったのである。

パシフィックテレシスの主要マーケットであるロサンゼルス（全米第2位のサービスエリア）は，地下鉄などの公共輸送機関が未整備の半面，高速道路システムが極めて発達しており，全米でも有数の「ドライビング・シティ」である。これに対して，ナイネックスの主要マーケットであるニューヨーク（全米

で最大のサービスエリア）は，公共輸送機関がよく整備されており，自動車通勤者は限られている。こうしたサービスエリアの人口統計上・社会経済上の特性が，パシフィックテレシスとナイネックスの初期体験の違いをもたらしたと考えられる。

より体系的な分析のため，図3-3では，各社の初期のマーケットにおける全体の経済活動にサービス業の占める比率，車による通勤者の比率を比較している。四角形は，各社の複数のサービスエリアにおける加重平均値で，これが右上に位置するほど，ローカルマーケットがセルラー事業に適していたことを意味している。この図は，パシフィックテレシス，ベルサウス，サウスウェスタンベルのローカルマーケットが，アメリテック，ナイネックス，ベルアトランティックのそれと比べ，セルラー事業に適したものであったことを示しており，前者3社が，そのローカルマーケットからセルラー事業の将来性について早くから暗示を受けていたことを示唆している。

2番目のローカルマーケットにおける競争条件も，環境要因である。ベビーベルは，それぞれのサービスエリアでもう1つの事業者（非電話会社向け事業免許の保有者で各エリアにおいて異なる）と加入者獲得を競っている。ベビーベルとこうした競争相手は同時にサービスを開始したわけではなく，エリアにより競争相手のサービス開始時期には大きな差があった。

パシフィックテレシスやベルサウスは，その主要エリアにおいて競争相手の参入が大きく遅れたため，競争にさらされることもなく立ち上がりの顧客需要を独占して享受することができたのに対し，アメリテックやベルアトランティックでは，その主要エリアにおいて比較的早くから事業免許者間の競争に苦しんだ。アメリテックの主要マーケットであるシカゴやデトロイトでは，2社間の価格競争は，サービス料金の引き下げとなって事業業績を悪化させたし，ベルアトランティックの主要マーケットであるワシントンDC-ボルティモア地域は，非電話会社向け事業免許者が先行してサービスを開始していた唯一の例外的なエリアで，ベルアトランティックは後発事業参入者としてのハンディキャップを背負っての事業展開を強いられた。

ただしここでは，各社のセルラー事業における初期体験の違いが，こうしたローカルマーケットの環境要因により決定されているだけではなく，企業自らの戦略的選択も反映していることに留意すべきである。この点を，ベルサウスとUSウェストの比較により説明しよう。この2社が当初参入したサービスエリアは，ほぼ同じマーケット規模であり，エリア経済活動に占めるサービス事

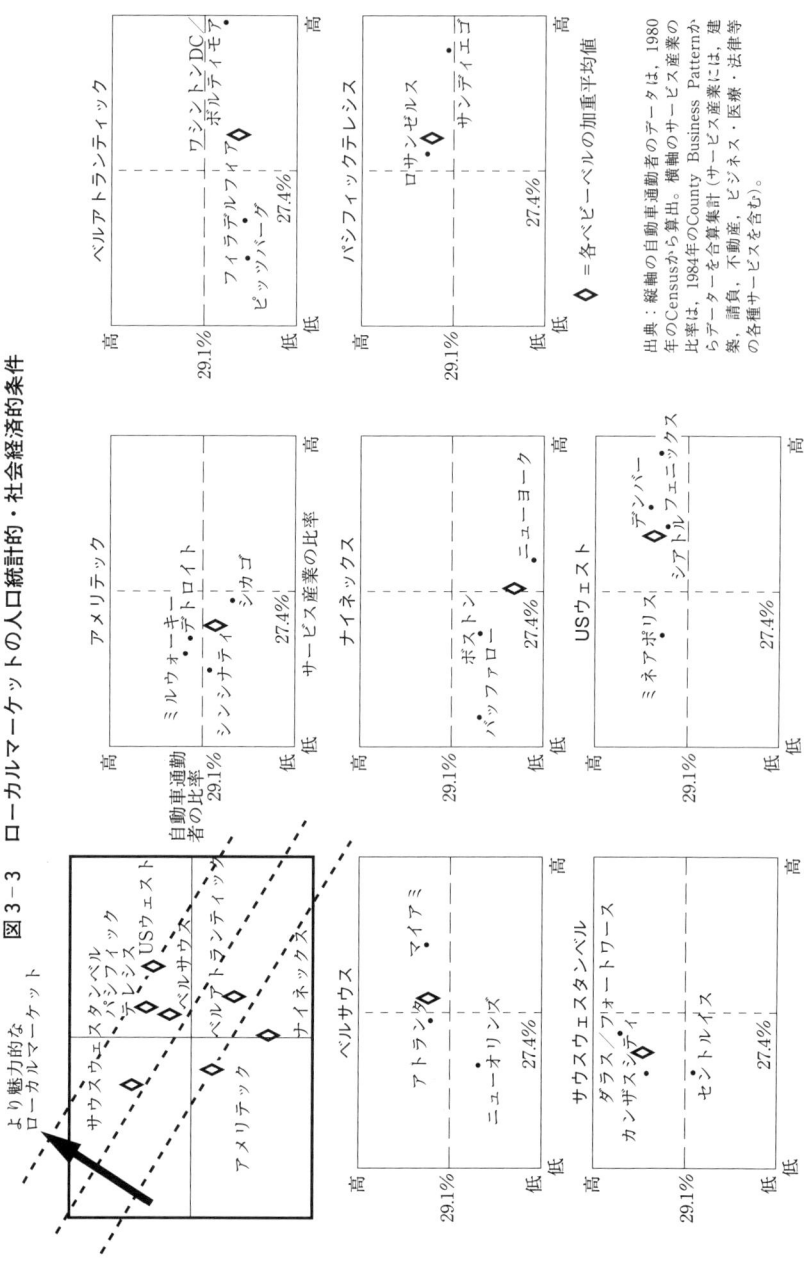

図 3-3　ローカルマーケットの人口統計的・社会経済的条件

出典：縦軸の自動車通勤者のデータは、1980年のCensusから算出。横軸のサービス産業の比率は、1984年のCounty Business Patternからデーターを合算集計（サービス産業には、建築、請負、不動産、ビジネス・医療・法律等の各種サービスを含む）。

◇＝各ペピーベルの加重平均値

業者の比率，車による通勤者の比率から判断しても，セルラー事業にとって同程度に魅力的なマーケットと考えられる（図3－3からは，むしろUSウェストのエリアの方がより魅力的である）。しかしながら，ベルサウスが順調な事業の立ち上げを経験したのに対し，USウェストでは加入者の伸びが鈍かった。

こうした初期体験の違いは，2社の両極端ともいえる事業レベルの戦略の相違を反映している。ベルサウスの主要エリアにおける事業戦略は，キャッシュフローに焦点をあて中長期的なビジネスの成長を目的としており，「キャッシュフロー戦略」と呼ぶべきものであった。これは，事業を担当したマネージャー達の，新規事業の将来性と成長力への強い確信を反映したもので，ディーラー網の充実，電話端末機器の割引，ディーラーへの契約奨励金の支払い，安価なサービス使用料金設定等による拡販を通じて，より多くの顧客を獲得しマーケットシェアを拡大することを目指した。

これに対し，USウェストにおいては，担当マネージャー達が事業の将来性に対するより悲観的な見方をとっており，「クリームスキミング（良いとこ取り）戦略」がとられた。これは，新規サービスに大きな便益を見いだす一部の顧客にターゲットを絞り（すなわち原乳の上層にできる「クリーム」だけすくい取り），電話端末機器の割引も控え高価なサービス使用料金を設定して，短期的な利益の最大化を図るもので，そこではマーケットシェア拡大，ビジネスの成長は二の次におかれていた。

ベルサウスとUSウェスト2社の初期体験の違いは，こうした両極端ともいえる事業戦略の違いを反映している。ちなみに，サウスウェスタンベルは極めて積極的なマーケットシェア戦略をとっており，パシフィックテレシスやナイネックスは，USウェストと同様，クリームスキミング戦略をとっている。

環境決定か戦略的選択か

これら3つの初期条件をまとめたのが表3－4である。ローカルマーケットの人口統計上・社会経済上の特性は，図3－3からサービス事業の比率と車による通勤者の比率の加重平均をとっている。ローカルマーケットの競争条件は，ベビーベル各社のサービス開始時期とそれぞれの競争相手の参入時期との年月差の加重平均を計算している。事業レベル戦略の評価はインタビューにもとづいているが，1984年末の各社の主要エリアにおけるセルラーサービス使用料金の加重平均を参考データとして示している。これらの3つの初期条件が，表3－2のベビーベル7社のセルラー事業における異なる初期体験を説明する。

ここで問題になるのは，ローカルマーケット要因と経営選択のどちらが初期

表3-4　産業内企業間相違の「起源の起源」（初期条件）

	ローカルマーケット（環境要因）		経営選択
	市場の事業にとっての魅力度（人口統計上・社会経済上の条件）	競争条件（競争者の参入の遅延期間：加重平均）	初期の事業戦略（1985年のセルラーサービス料金：加重平均）
アメリテック	低い（自動車通勤集中度：27.6%，サービス事業比率：26.6%）	比較的早い競争者（非電話会社向け事業免許保有者）の参入（12.8カ月）	価格競争による極めて低い料金設定（しかし，マーケティング戦略自体は消極的）（67.86ドル）
ベルアトランティック	低い／中程度（自動車通勤集中度：25.6%，サービス事業比率：28.5%）	ワシントンDC／ボルティモアにおける後発での参入（10.5カ月）	ローカルマーケットごとに異なる戦略（81.78ドル）
ベルサウス	中程度／高い（自動車通勤集中度：29.7%，サービス事業比率：28.1%）	かなり長期間にわたる競争相手の不在（27.7カ月）	販促奨励金を使ったマーケットシェア拡大戦略（99.58ドル）
ナイネックス	低い（自動車通勤集中度：20.3%，サービス事業比率：27.8%）	しばらく競争相手不在（16.7カ月）	クリームスキミング戦略（108.80ドル）
パシフィックテレシス	高い（自動車通勤集中度：31.4%，サービス事業比率：28.3%）	かなり長期間にわたる競争相手の不在（30.1カ月）	クリームスキミング戦略（116.87ドル）
サウスウェスタンベル	中程度／高い（自動車通勤集中度：32.3%，サービス事業比率：26.5%）	比較的早い競争者の参入（11.5カ月）	極めて積極的なマーケットシェア拡大戦略（80.93ドル）
USウェスト	高い（自動車通勤集中度：31.3%，サービス事業比率：29.1%）	しばらく競争相手不在（15.6カ月）	クリームスキミング戦略（113.22ドル）

注：競争者の参入の遅延期間は，個別のローカルマーケットにおけるベビーベルのセルラー事業開始時期とその直接の競争相手のそれとの時間差をとり，ローカルマーケットの規模に従って加重平均して算出
出典：事業開始時については，The Wireless Sourcebook（ワシントンDC：Cellular Telecommunications Industry Association，1993年夏号）；セルラー料金についてはInformation Enterprises社（ブランド，ミズーリ州）

体験に影響を及ぼしているのかという点である。理論的には，企業間相違の起源の起源として，外的要因と内的要因どちらが重要なのかという問題である。言い換えれば，企業の進化は，環境により決定されるのか，それとも企業が自己の戦略的選択の結果として手にすることができるのかとの疑問である。表3-4のような定性分析からは，両者のバランスを判断することは極めて困難である。あえて言えば，7社の例では，不利な環境要因にもかかわらず戦略意図により初期体験を好転させた例がなく，この意味で，環境決定要因のほうがより支配的な影響を与えているようである。

ただし，比較的恵まれたローカルマーケット持っていても，それを活かせなかったUSウェストの例に見られるように，この分析は，企業の戦略意図によ

る選択の重要性を否定するものではない。いずれにせよ，環境決定か戦略的選択かという問いは，過去数十年経営学全般について議論されてきた課題で，今後とも，企業間相違の進化という脈絡での実証データの積み重ねが必要であろう。

(2) 分岐作用力による業界内企業間相違の拡大

業界の立ち上がり期における7社の初期体験の違いはまだ甚だ小さいものであったが，それが企業間相違の進化を理解する上で極めて重要なのは，この初期体験がその後の各社の事業展開のスピードと方向性を決定づけたからである。この初期の小さな違いを増幅し，企業間の相違を時間とともに拡大していくのが，企業内の資源配分プロセスに内在する分岐作用力であり，本章における枠組みの第2の要素を構成する。

米国セルラー産業の競争構造

データを紹介する前に，米国セルラー産業における企業間の競争構造について，補足説明しておく必要がある。特に，ベビーベル7社はセルラー事業において2つの異なるレベルでの競争を行ってきた点に留意する必要がある。

1つはサービスエリア（ローカルマーケット）における2社の事業免許者による加入者獲得をめぐる競争であり，先述の「マーケットシェア」対「クリームスキミング」戦略は，このレベルにおける事業戦略である。

もう1つは，全米規模での事業の地理的拡大競争である。7社は，フランチャイズ地域内にある全米上位30の主要サービスエリアにおいてセルラーサービスを開始した後，フランチャイズ地域内外での非電話会社向け事業免許の買収，あるいは戦略提携による全米でのサービスネットワークの構築などにより，全米で事業拡大を図っていった。この競争の本質は，事業免許という経営資源の市場を通じての獲得競争であり，そこでは7社が直接競合している。企業間相違の進化が形成されるのは，おもにこの後者の競争においてであり，以降の本章における分析もこちらが焦点となる。

図3-4では，7社のセルラー事業における後者の競争レヴェルでの主な戦略行動を時系列にまとめている。さらには，図3-5では，これら戦略行動の結果としての1984年から93年の7社の戦略ポジションの変化を，各社のセルラーサービスの総加入者の7社平均からの乖離幅を縦軸において比較している。これらのデータは，初期体験が好調だったパシフィックテレシス，ベルサウス，サウスウェスタンベルが，いち早く事業の将来性に目をつけ，その後も着実に

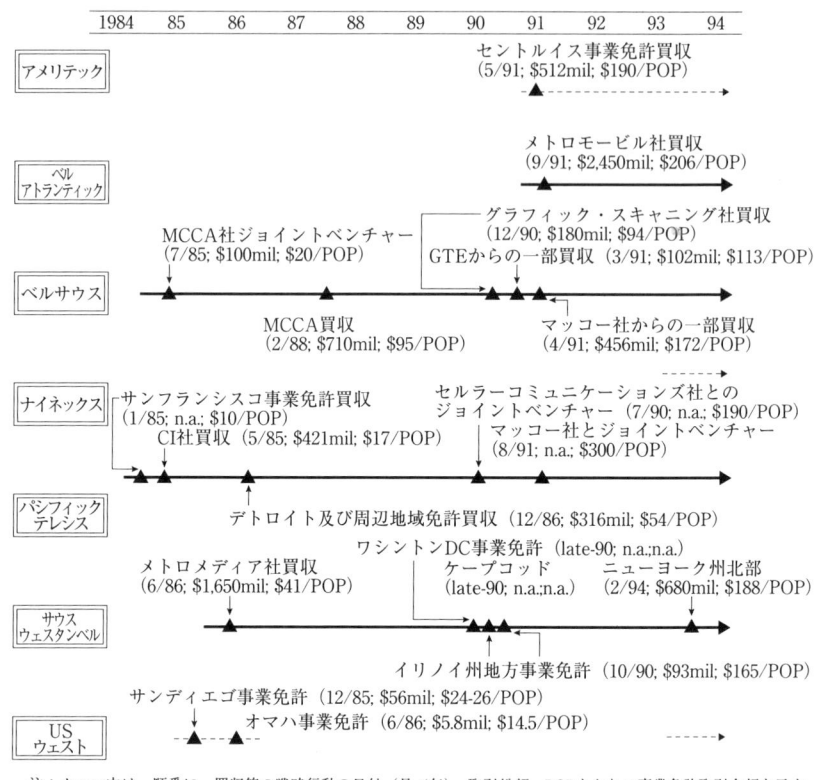

図3-4 ベビーベル7社の米国におけるセルラー電話事業展開

```
1984  85    86    87    88    89    90    91    92    93    94
```

アメリテック
セントルイス事業免許買収
(5/91; $512mil; $190/POP)

ベルアトランティック
メトロモービル社買収
(9/91; $2,450mil; $206/POP)

ベルサウス
MCCA社ジョイントベンチャー
(7/85; $100mil; $20/POP)
MCCA買収
(2/88; $710mil; $95/POP)
グラフィック・スキャニング社買収
(12/90; $180mil; $94/POP)
GTEからの一部買収 (3/91; $102mil; $113/POP)
マッコー社からの一部買収
(4/91; $456mil; $172/POP)

ナイネックス
サンフランシスコ事業免許買収
(1/85; n.a.; $10/POP)
CI社買収 (5/85; $421mil; $17/POP)
セルラーコミュニケーションズ社との
ジョイントベンチャー (7/90; n.a.; $190/POP)
マッコー社とジョイントベンチャー
(8/91; n.a.; $300/POP)

パシフィックテレシス
デトロイト及び周辺地域免許買収 (12/86; $316mil; $54/POP)

サウスウェスタンベル
メトロメディア社買収
(6/86; $1,650mil; $41/POP)
ワシントンDC事業免許 (late-90; n.a.;n.a.)
ケープコッド (late-90; n.a.;n.a.)
ニューヨーク州北部 (2/94; $680mil; $188/POP)
イリノイ州地方事業免許 (10/90; $93mil; $165/POP)

USウェスト
サンディエゴ事業免許 (12/85; $56mil; $24-26/POP)
オマハ事業免許 (6/86; $5.8mil; $14.5/POP)

注：カッコ内は，順番に，買収等の戦略行動の日付（月／年），取引総額，POPあたりの事業免許取引金額を示す
出典：各社年次報告書，統計ハンドブック，企業リリース，業界雑誌，EMCI，インタビュー・データ等

事業免許買収と戦略提携により事業を拡大していったのに対し，初期体験の好ましくなかったアメリテック，ナイネックス，ベルアトランティックが，こうした動きを横目に見ながらも終始沈黙していたことを示している。

初期体験，サービス普及率予測と事業免許獲得競争における戦略行動の関係

実は，7社の事業免許獲得をめぐる戦略行動の違いは，各社におけるセルラー事業の成長性，将来性の見通しの違いに由来している。そして，各社の初期体験の影響は，この事業見通しを微妙に左右し，その後の事業展開に影響を及ぼしたのである。この点を具体的に説明しよう。

事業免許獲得競争（市場における入札行動）をめぐる戦略行動に差が生じるのは，事業免許の適正価格の算定が各社により異なるからである。ベビーベル

第3章　戦略のダイナミック理論構築を目指して　87

図3-5　ベビーベル7社の米国セルラー産業における戦略ポジションの推移（1984－93年）

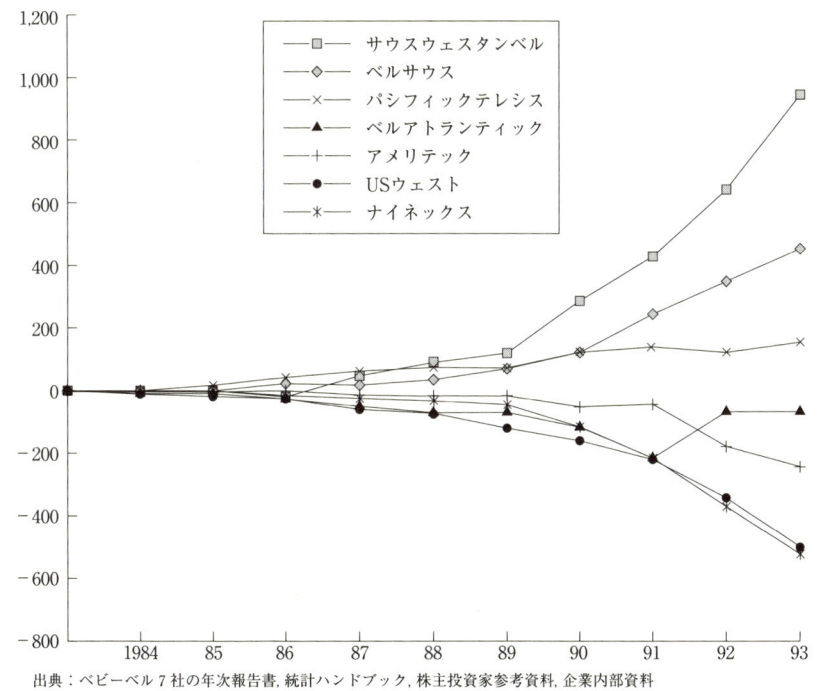

ベビーベル各社の全米でのセルラー事業加入者総数と7社平均の数値との差
（単位：千人）

凡例：
- サウスウェスタンベル
- ベルサウス
- パシフィックテレシス
- ベルアトランティック
- アメリテック
- USウェスト
- ナイネックス

出典：ベビーベル7社の年次報告書,統計ハンドブック,株主投資家参考資料,企業内部資料

の事例では，7社は適正価格の算出にあたってAT&Tから引き継いだ同一の事業計画を使っていた。適正価格算出にあたって重要な変数となりうるのは，セルラー通信ネットワークの建設費用や運営費用の見積もり，さらには顧客データとなる各エリアの経済・人口統計であるが，前者については，7社は同じ旧AT&Tの技術を継承しており大差がなく，後者についても，ほぼ大差ない外部調査機関のデータに準拠している。したがって，企業の間に事業免許の適正価格算定に差が生じるのは，主に，セルラー事業の成長性の見通し（より具体的にはサービス普及率の予測）の違いと考えられる。

移動体通信事業の将来性についてはいまでこそだれしも疑問のないところだが，1980年前半から半ばにかけての産業の立ち上がり期においては，一般のハイテク事業同様極めて不確実性の高い事業であった。ネットワーク技術，端末

機器技術の未発達から，セルラー電話は，高くてそれほど便利でもないいわば「エグゼクティブのおもちゃ」であり，新サービスへの顧客の需要も全くの未知数であった。

技術の発明者であり，事業化の推進役であった旧AT&Tは，1970年末に，2000年時点でのセルラーサービスへの全米での加入者をせいぜい90万人と予測していた。1993年末の実際の加入者が1600万人を超えた事実からすると，この当初の予測がいかに事業の将来性を過小評価したものであったかがうかがえる。AT&Tは，分割直前の1980年代初においても，「事業ライフサイクルのピーク時で最高1％のサービス普及率（全米で約200万人の加入者）」と予測しており，事業計画を譲り受けたベビーベル7社は，この予測を事業開始にあたっての前提としていた。

事業開始後の，サービスの予期せぬ爆発的普及のなかで，7社は，絶えず，この当初予測した普及率カーブの上方修正を迫られていった。パシフィックテレシス，ベルサウス，サウスウェスタンベルでは，ローカルマーケットでの予想以上の事業の立ち上げを目にした第一線のセルラー担当マネージャーは，ローカルマーケットからの学習を通じていち早く事業の成長見通しの上方修正を行っていった。業界の成長につれ，市場での事業免許売買価格も高騰したのだが，彼らにとっては市場価格の上昇も比較的容易に是認しうるものであった。

これに対して，その主要ローカルマーケットから新規事業の将来性の暗示を受けなかった他の4社では，セルラー担当マネージャー達は産業が急成長を遂げるにつれ，同様に，当初の悲観的な予測の修正を迫られたが，その修正のスピードは絶えずパシフィックテレシス，ベルサウス，サウスウェスタンベルにおけるそれに比べ立ち遅れていた。表3－2と図3－4を擦りあわせた各社における初期体験と最初の戦略行動（事業免許の買収）のタイミングの相関関係が，これで説明される。

資源配分プロセスにおけるポジティブ・フィードバックと組織のモメンタム

このように，初期体験は，サービスの普及率予測というパラメーターを通じて，各社の新たな事業機会に対する対応の違いをもたらしたのだが，こうして生まれる企業間の相違を，資源配分プロセスに内在するポジティブ・フィードバックが生みだす組織のモメンタムが拡大していくのである。

まず，社会心理上のポジティブ・フィードバックから説明しよう。パシフィックテレシス，ベルサウス，サウスウェスタンベルにおいては，事業の将来性を確信した第一線のセルラー担当マネージャーが，事業のチャンピオンとして

事業免許買収による全米での事業展開を推進していったのだが，これらのマネージャーも，事業展開（事業免許買収とその後のネットワークへの設備投資）に必要な経営資源を得るためには，トップ経営者を説得する必要があった。初期のローカルマーケットにおける成功体験は，これらチャンピオンの社内における名声，とくにトップ経営者が経営資源配分において着目する彼らの「平均打率」を向上させた。

パシフィックテレシスとベルサウスにおいては，事業開始後の数年にわたり，セルラー事業は単年度予算のみならず中期戦略計画における事業目標をも絶えず達成しており，事業のチャンピオンによる，トップ経営者そしてその財務スタッフとの交渉を容易にした。

これら平均打率の高いチャンピオンが主張する強気の「サービス普及率」予測は，確かではないものの，トップ経営者の目にはより「信頼しうる」ものと映った。その後，事業免許の市場取引価格が一本調子に高騰するにつれ，初期の低価格での事業免許買収は，企業に多額の含み益をもたらしたのだが，こうした成功は，これらチャンピオンの平均打率を一層高め，その後のトップ経営者との資源配分をめぐる交渉を一段と容易にしていった。

事業のフランチャイズ地域外へいち早くセルラー事業を拡大したパシフィックテレシス，ベルサウス，サウスウェスタンベルにおいて，さらに事業への傾斜的な資源配分をもたらしたのが，認知上のフィードバックの存在である。元来，セルラー事業は，AT&T分割の政治交渉のなかでベビーベルに最終的に与えられたという経緯もあり，先行3社においても，トップ経営者がこの新規事業に対する明確なコミットメントまたは企業レベルの戦略を当初から持っていたわけではない。事業の将来性にいち早く目をつけ，事業拡大を推進したのは，第一線のマネージャーであり，事業の現場から離れたトップ経営者は，むしろ新規事業に懐疑的ですらあった。

これらのトップ経営者は，資源配分プロセスにおける事業チャンピオンとの議論のなかで，事業の順調な伸びを確認し，さらには事業免許買収という初期の戦略行動の成功を再確認するなかで，事業の将来性に対する注目さらには信頼を深めていった。たとえば，インタビュー・データによれば，1980年代半ばのいくつかの事業免許買収にあたって，ベルサウスのトップ経営者は，単純な経済的な収支計算のみからは提案された買収価格を正当化することは困難であったにもかかわらず，算定価格に「戦略的要素を反映した」上乗せを行って買収提案を許可したことが明らかになっている。

このトップ経営者の事業への認知上のバイアスは，さらに企業戦略レベルにおけるセルラー事業の戦略事業としてのより公式な承認へとつながり，一段の傾斜的資源配分をもたらした。たとえば，パシフィックテレシスでは，セルラー事業は，1985年末においては6つの主要な新規事業の1つとしての位置づけにとどまっていたのだが，事業の拡大と成功につれ，86年末には新規事業の2つの柱の1つとされ，88年末には新規事業のなかではほぼ唯一の戦略事業として位置づけられるに至った。こうした企業戦略の明確化のなかで，事業への戦略的な投資が行われていった。

更に，ベビーベルの事例においては，事業に重要な経営資源の性格を反映して，経済上のポジティブ・フィードバックも，組織のモメンタムをつくりだし企業間相違を拡大するのに，大きな役割を果たしている。元来セルラー事業は，通信インフラへの設備投資をサービス加入者からのネットワーク使用料で回収していくネットワーク型装置産業であり，そこでは，地理的範囲の経済ならびに規模の経済が働きやすい。サービスエリアの地理的範囲の拡大は，固定費部分（販促費，販売代理店網整備費，料金請求システムへの投資等）の共有により，加入者1人あたりの操業コストを削減する。更に，全米レベルでの事業規模拡大は，ネットワーク設備，端末機器の大量購入による割引の享受，本社費の共有によるコスト削減を可能にする。

1980年代の半ばから後半にかけて業界の集約化が進むなか，先行して全米各地の主要ローカルエリアの事業免許を買収したパシフィックテレシス，ベルサウス，サウスウェスタンベルは，主要エリアに隣接するエリアの事業免許を買収し，事業運営の地理的範囲を拡大する「クラスター戦略」をとった。地理的範囲の経済ならびに規模の利益の存在が，クラスター戦略を先行3社にとってより経済的に魅力あるものとし，追加投資を促していった。

以上3種類のポジティブ・フィードバックの相互作用による組織のモメンタムが，パシフィックテレシス，ベルサウス，サウスウェスタンベルにおいてはいわゆる好循環をつくりだし，時間を追うにつれ事業の戦略ポジションの向上をもたらしていったのに対し，他の4社（アメリテック，ナイネックス，ベルアトランティック，USウェスト）では，正反対の悪循環をもたらしていった。

予想を下回る初期体験およびその後の比較的緩慢な事業の成長は，セルラー事業の年間予算そして中期計画の目標値の未達をもたらし，セルラー事業担当者の社内における名声（トップ経営者から見た担当者の「平均打率」）を傷つけていった。

パシフィックテレシス，ベルサウス，サウスウェスタンベルの戦略行動を見て，他の4社のセルラー担当者もフランチャイズ地域外での事業免許の買収をトップに何度も提案したのだが，「平均打率」の低いチャンピオンによる強気の「サービス普及率」の予測は，トップ経営者にとっては信じるに足りないものであった。

これらの4社においては，社内の限られた経営資源は，セルラー以外の新規事業（とりわけ初期体験の比較的良かった新規事業）に配分されていった（社会心理上のフィードバック）。トップ経営者は，セルラー事業のチャンピオンへの信頼を失うと同時に，セルラー事業自体への不信感（否定的な認知上のバイアス）を強め，他のより成功しつつある事業へ戦略の重心を傾けていった。

こうしたなか，ナイネックスやUSウェストでは，セルラー事業のチャンピオンが昇進の機会も与えられず社外に去っていき，セルラー事業は企業戦略における「継子」扱いされ続けた（認知上のフィードバック）。さらに，こうして「バスに乗り遅れ」，フランチャイズ地域内の小規模な事業運営にとどまった4社にとって，事業への追加投資は，より少ない範囲の利益，規模の利益の実現可能性しか伴わない相対的に不利な投資となっていった（経済上のフィードバック）。

(3) 戦略的模倣による収斂作用力と持続条件

ポジティブ・フィードバックが組織のモメンタムを生み，分岐作用力として，企業間の相違を加速度的に拡大したというのが，ベビーベルの事例における分析である。ではなぜ，アメリテック，ベルアトランティック，ナイネックス，USウェストの4社は，1980年代半ばを通じて，先行3社の成功を真似できなかったか。さらには，なぜベルアトランティックだけは，80年末に戦略を転換しキャッチアップを図り得たのか。

こうした問いに答えるのが，戦略的模倣による収斂作用力とその働きを阻害する「持続条件」の分析であり，これが企業間相違進化の枠組みにおける第3の構成要素となる。

フィールド研究からは，アメリテック，ナイネックス，ベルアトランティック，USウェストの4社のトップ経営者も，1980年代半ばの先行3社の動きを決して無視していた訳ではなく，社内で事業免許買収を活発に議論していたことが明らかになっている。議論にもかかわらず，これら4社が戦略的な模倣行動にでなかった事実は，事業をめぐる不確実性の存在と，そうした不確実性下

での企業の「ローカルな（局部的な）」学習行動を裏付けていると考えられる。

組織学習についての過去の研究では、事業の将来性が不確かで、他社の成功の因果関係が必ずしも定かでない状況のもとでは、自己の判断決定について株主に対し責任を負うトップ経営者は、事業への投資判断にあたって自らの経験学習に頼る傾向があることが示されている（Arie De Geus 1994）。こうしたローカルな学習行動のもとでは、自らの経験から説明できない他社の行動とその後の成功は、自らの事業に対する前提を再考するきっかけとならず、むしろ例外的な「偶然による成功」として片づけられてしまう傾向にある。

事実、ベルアトランティックがセルラー事業における企業戦略を転換するのは、1980年代後半に入り事業についての不確実性が十分に減少してからである。この時期になると、デジタル技術の出現、マイクロセル・ネットワーク技術の進歩、端末機器の小型化軽量化により、セルラーなどの移動体通信サービス事業が、7社の中核事業である有線の市内電話交換事業を代替していくことが確実視されるようになった。

また、企業買収がエスカレートし、事業免許売買価格が1980年代前半のPOPあたり10-30ドルの水準から300ドル近辺まで高騰し、市場関係者に、改めて事業の将来性を確信させた（図3-2）。この事実は、外部の不確実性がある一定の閾値（いきち）まで下がって初めて、企業のローカルな学習行動が、戦略的模倣を通じての「競争相手からのグローバルな学習」に転換することを示している。

ベルアトランティックによるキャッチアップが可能であったのは、こうした不確実性の減少という外部環境条件の変化に加えて、この業界において企業間相違の「持続条件」が比較的緩やかであったことが理由としてあげられる。

まず、米国セルラー業界においては、事業免許という経営資源は有限ではあるものの、高額さえいとわなければ、市場から比較的容易に調達することが可能であった。実際、ベルアトランティックは、最後に残る独立系の大規模セルラー事業免許者を買収してキャッチアップを果たしており、その高額な買収価格（POPあたり200ドル）には、市場関係者からの冷ややかな反応があった。

第2に、ベビーベルは、市内電話交換事業という半独占の「金のなる木」を持っており、こうした「失地回復」を図るにあたって資金的制約が少なかった。仮に出遅れた4社が資金余力の乏しいスタートアップ企業であったなら、戦略コミットメントがないまま、キャッチアップどころか早い時点で事業そのものから撤退していたことであろう。

では,「持続条件」が緩やかだったとして,なぜベルアトランティック以外の出遅れた3社は,戦略的模倣行動に出なかったのか。理路整然とした明解な説明は難しいが,以下の3つの理由が考えられよう。

第1に,ベルアトランティックの初期体験は,後発4社の中では,比較的良かった(表3-2)。とくに,初期体験が失望的だったナイネックスとUSウェストでは,1980年代後半以降も組織のモメンタムが強く,トップ経営者はセルラー事業に懐疑的であり続け,セルラー以外の新規事業(とくにケーブルテレビ事業)へと資源が傾斜的に配分されていった。

第2の理由としては,ベルアトランティックにおける1988年のCEO以下の経営陣の交代があげられる。新たな認知マップを持った経営陣の登場は,とくに認知戦略上のフィードバックの断続を意味しており,これによって組織のモメンタムの一部が断ち切られた。これに対し,この時期CEOの交代のなかったアメリテックでは,企業戦略の継続性が保たれ,セルラー事業への戦略コミットメントに大きな変化は見られていない。

もちろん,単にトップ経営陣を入れ替えれば良いというものではなく,企業戦略転換を実行するには,失地回復への強い意思とリーダーシップが必要で,これがここでの第三番めの理由である。ベルアトランティックのキャッチアップは,新たにCEOとなったレイ・スミス氏(米国テレコム業界でもその先見的なリーダーシップで知られている)自らのトップダウンによる意思決定によっている。

5 戦略のダイナミック理論構築に向けて

(1) 企業間相違の進化におけるパス・デペンデンス

本章では,ベビーベル7社のセルラー事業展開を事例に,産業内企業間相違の進化の枠組みを説明してきた。この枠組みで留意すべき点は,あらかじめはさほど重要とは考えられない事業における初期体験というほんのわずかな企業間の相違が,組織内資源配分プロセスに内在するポジティブ・フィードバックそしてその結果としての組織のモメンタムにより増幅され,最終的な企業間の戦略コミットメント・戦略ポジションの相違を形成するというものである。

そこでは,企業の事業における初期の体験が,その後の時点での事業展開における選択と行動に影響を及ぼし,その選択と行動の結果が,さらにその後の時点での選択と行動を制約し,時系列で見た事業展開のパス(経路)を決定づ

けていくのである。したがって，企業の事業展開そして企業間の事業における相違の進化は，パス・デペンデントな（経路依存的な）プロセスであり，そこでは「歴史」が無視し得ない役割を果たす（Ghemawat 1990；Dosi, Teece & Winter 1990）。

持続条件が強い場合や，初期体験を増幅する分岐作用力が強い場合においては，事業展開（企業進化）におけるパス・デペンデンスは，企業をあるパスに不可逆的に閉じ込めて（ロック・イン）しまう。ベビーベルの事例においても，初期体験が極めて良好であったパシフィックテレシスでは，セルラー事業への戦略コミットメントは時を追って強まり，1992年12月には，当社のセルラー企業の本社からの分離という決断へとつながっていった。

これは，セルラー事業を，厳しい規制下にある市内電話交換事業から切り離し別個の事業会社とすることで，より自由な事業展開を図ろうとするものであり，スピンオフを推進した本社のCEO自らがはるかに規模の小さい新会社（エアタッチ）のCEOとして移籍し，そのコミットメントの強さで業界関係者を驚かせた。

これと正反対のケースがUSウェストである。セルラーの初期体験が不調であったこの会社では，1980年後半から90年前半にかけて，セルラー事業は非戦略事業として企業戦略の片隅に追いやられていったのだが，94年7月には，当社は，セルラー事業を，30％の持ち分と引き換えに，パシフィックテレシスから独立したエアタッチとのジョイントベンチャーに移行することに合意した。これは当社が，セルラー事業においてリーダーシップを発揮する選択肢を自ら放棄したことを意味している。スピンオフやジョイントベンチャーの設立は，正式な法的手続きを経た実際には不可逆的な戦略行動であり，これらのケースは，ベビーベル「7つ子」のうちの2社が，セルラー事業開始10年にして，全く正反対のパスに事実上ロック・インされたことを意味している。

(2) パス・デペンデンスからパス・クリエーションへ

本章の冒頭では，企業間相違の理解のたゆまぬ探求こそが，欧米の戦略経営理論発展の原動力であったことを説明した。戦略経営論のそこでの使命は，競争優位を獲得し好業績を上げようと日々格闘する経営者に対し，判断と行動にあたっての有用な指針を与えることにある。

では，事業展開がパス・デペンデントなプロセスであり，企業間の相違はわずかな出来事によりつくりだされたわずかな違いが増幅されて形成されるとい

う本章の提示する戦略のダイナミック理論は，実務に携わる経営者に何を指針として与えられるのだろうか。

残念ながら，ベビーベルの事例においては，7社のトップ経営者の多くは，パス・デペンデントなプロセスに翻ろうされ無力であったようにも見受けられる。彼らの失敗を繰り返さず，自らパスをクリエイトする（つくりだす）ためには何を知り何をするべきなのか。

パス・クリエーションへの第一歩は，新規事業展開において初期体験が極めて重要であるということを認識することである。新規事業を推進するマネージャーにとっても，トップ経営者にとっても，いかに事業の立ち上がりをうまくさばけるかが課題になる。事業の立ち上がり期が，経営者が事業展開・企業進化のパスに干渉しうる「機会の窓」であることの認識が必要なのである。

第2には，初期体験をもたらす初期条件，とりわけ企業のローカルマーケットが持つ意味を理解することである。もちろん，ローカルマーケットは通常「与えられる」ものであり，またそもそも，何が事業に適した初期条件を備えたローカルマーケットであるかは事前にわからないのが普通である。自社のローカルマーケットが競争相手のそれと比べて魅力的なのかどうかは，事業展開の過程で発見していくしかない。

ここでの発見の1つの「キー」は，業界の生成期・成長期に出くわすライバル企業の不可解な戦略行動である。もちろんこうしたライバル企業の行動は，見当はずれの企業戦略あるいは全く誤った市場成長の予測にもとづいていることもある。しかし，なかには他社の知り得ないそのローカルマーケットからの「暗示」にもとづいて行動している場合があることを，十分に認識しておく必要がある。

パシフィックテレシスの行動を目にしながら，その行動の背景にあるロサンゼルスでのセルラー事業の急成長を探る努力もせず，みすみす戦略的模倣の機会を失ったナイネックスやUSウェストの失敗を繰り返さないためにも，なぜライバル企業が不可解な行動に出るのか，その背景に何があるのかを理解する努力が必要となる。タスクフォースによるライバル企業のモニタリングなど，企業の「ローカルな学習」行動を，より「グローバルな学習」行動に転換できる経営の体制づくりが必要とされる。

最後に，初期体験におけるパス・クリエーションの機会を逸し，また業界生成期の競争企業のローカルマーケットからの学習にも気づかず，不幸にして事業展開の早い段階において「バスに乗り遅れてしまった」場合はどうすべきな

のだろうか。この状況では，ポジティブ・フィードバックによる組織のモメンタムが，事態を一段と悪化させ，経営者にとっての戦略の選択肢を一層を狭くしている可能性がある。

本章では，どうやってモメンタムを断ち切るかの具体的な処方箋までは書けないが，経営者は少なくとも自分たちがモメンタムの中にいるという現状認識と自己診断が必要である。そして，不幸にも，事業担当者あるいは経営陣の入れ替えなどという最終手段に訴えても，組織のモメンタムを断ち切れなかった場合には，技術や市場の不連続により訪れる競争の第2ラウンドに，第1ラウンドの経験を活かすことが重要となるだろう。

ベビーベルの事例においても，分析の対象期間外の1990年代後半に米国において立ち上がった，次世代の移動体通信技術をベースにしたPCS事業では，セルラー事業でバスに乗り遅れたベルアトランティックとナイネックスが戦略提携して積極的な事業展開を行った。「第1ラウンドの失敗から学び，第2ラウンドの成功につなげよう」とする技術世代間の学習が，広義の移動体通信事業におけるベビーベル7社の企業間相違を縮小させている。もちろん何が第2ラウンドなのかは，多くの場合事前に明らかではない。まさに経営者にとっては，技術と市場の不連続性と第2ラウンド到来の兆候を慎重にモニターすることがより重要となる (Grove 1996)。

競争戦略のダイナミック理論は，経営者の役割が，事業展開さらには企業進化におけるパス・デペンデンスを理解した上で，自らパスを創造する（クリエートする）ことにあることを教えてくれる。そこでの戦略経営の本質は，初期体験，分岐作用力，収斂作用力，維持条件が織り成すパス・デペンデンスと競争優位を求める経営者の戦略的リーダーシップの「せめぎあい」なのである。

本章で提示した枠組みは，ベビーベルの米国セルラー事業展開という1つの事例研究に基づいた極めて「探検的」なもので，今後の事例研究などによる検証と一段の精緻化が必要であることは言うまでもない。

しかし，それは，パス・デペンデンスのメカニズムとプロセスの大枠を明らかにし，事業展開において経営者が介入しうるいくつかのポイントと介入にあたって考慮すべき事項についての理解を深めていく上で有効と考えられる。本章の分析と枠組みの提示が，今後の産業内企業間相違の進化をめぐる議論の出発点を提供し，戦略経営においてパス・デペンデンスからパス・クリエーションへの転換という課題に直面する経営者の一助となることを望むものである。

参考文献

Andrews, K. R.(1971) *The concept of corporate strategy.* Homewood, IL：Dow-Jones Irwin.

Arthur, W. B.(1990) Positive feedbacks in the economy. *Scientific American,* 92-99.

Barney, J. B.(1986) Strategic factor markets：Expectations, luck and business strategy. *Management Science,* 5：1231-1241.

Barney, J. B.(1991) Firm resources and sustained competitive advantage. *Journal of Management,* 17(1)：99-120.

Bower, J. L.(1970) *Managing the resource allocation process：A study of corporate planning and investment.* Boston：Division of Research, Harvard Business School.

Burgelman, R. A.(1983) A process model of internal corporate venturing in the diversified major firm. *Administrative Science Quartely,* 28：223-244.

Caves, R. E., and Porter, M.E.(1977) From entry barriers to mobility barriers：Conjectural decisions and contrived deterrence to new competition. *Quarterly Journal of Economics,* 91：241-261.

Chakravarthy B. S., and Lorange, P.(1991) *Managing the strategy process：A framework foe multibusiness firm.* Englewoods Cliffs, NJ：Prentice Hall.

Chandler, A. D., Jr.(1962) *Strategy and structure：Chapters in the history of the industrial enterprise,* Cambridge：MIT Press.（三菱経済研究所訳『経営戦略と組織』実業之日本社）

Conner, K. R.(1994) The resource-based challenge to the industry-structure perspective. In D. P. Moore（Ed.）, *Academy of Management best papers proceedings 1994.* 17-21.

De Geus, A.(1994), *The Living Company,* Boston；Harvard Business School Press.（堀出一郎訳『リビングカンパニー』日経BP社）

Dierickx, I., and Cool, K.(1989) Asset stock accumulation and sustainability of competitive advantage. *Management Science,* 3512：1504-1511.

Dosi, G., Teece, D. J., and Winter, S.(1992) Toward a theory of corporate coherence：Preliminary remarks. In G. Dosi, R. Giannetti and P. A. Toninelli（Eds.）, *Technology and enterprise in a historical perspective.* Oxford：Clarendon Press.

Foss, N. J., Knudsen, C., and Montgomery, C. A.(1995) An exploration of common ground：Integrating evolutionary and strategic theories of the firm. In C. A. Montgomery（Ed.）, *Resource-based and evolutionary theories of the firm：Toward a synthesis*：1-17. Boston, MA：Kluwer Academic.

Ghemawat, P.(1991) *Commitment：The dynamic of strategy.* New York：Free Press.

Ginsberg, A., and Baum, J. A. C.(1994) Evolutionary processes and patterns of core-business change. In J. A. C. Baum & J. V. Singh（Eds.）, *Evolutionary dynamics of organizations*：127-151. Oxford：Oxford University Press.

Grove, A. S. (1996.) *Only the paranoid survive : How to exploit the crisis points that challenge every company.* Bantam Doubleday Dell. (小林薫訳『インテル経営の秘密』早川書房)

Jensen, M.C., and Meckling, W. H. (1992) Knowledge, control and organizational structure. In L. Werin and H. Wijkander (Eds.), *Contract Economics* : 251–274. Oxford : Blackwell.

Levinthal, D. A. (1995) Strategic management and the exploration of diversity. In C. A. Montgomery (Ed.), *Resource-based and evolutionary theories of the firm : Toward a synthesis* : 19–42. Boston : Kluwer Academic.

Lippman, S., and Rumelt, R. P. (1982) Uncertain imitability : An analysis of interfirm differences in efficiency under competition. *Bell Journal of Economics*, 13 : 418–438.

March, J. G., and Shapira. Z. (1987) Managerial perspectives on risk and risk taking. *Management Science*, 33 : 1404–1418.

Miller, D., and Friesen, P. 1984. *Organizations : A quantum view.* Englewood Cliffs, NJ : Prentice-Hall.

Mintzberg, H., and McHugh, A. (1985) Strategy formulation in an adhocracy. *Administrative Science Quarterly*, 30 : 160–197.

Nelson, R. R. (1991) Why firms differ, and how does it matter? *Strategic Management Journal*, 12 : 61–74.

Noda, T. (1996) Intraorganizational strategy process and the evolution of intra-industry firm diversity. Unpublished doctoral dissertation, Graduate School of Business Administration, Harvard University.

Noda, T., and Bower, J. L. (1996) Strategy making as iterated processes of resource allocation. *Strategic Management Journal*, 17 : 193–214.

Noda, T and Collis, D. J, (2001) The evolution of intraindustry firm heterogeneity insights from a process study, *Academy of Management Journal*, 44(4), : 897–925.

Pascale, R. (1984) Perspectives on strategy : The real story behind Honda's success. *California Management Review,* Spring : 47–72.

Peteraf, M. A. (1993) The cornerstones of competitive advantage : A resource-based view. *Strategic Management Journal*, 14 : 179–192.

Porter, M. E. (1980) *Competitive strategy : Techniques for analyzing industries and competitors.* New York : Free Press. (土岐坤他訳『競争の戦略』ダイヤモンド社)

Porter, M. E. (1985) *Competitive advantage : Creating and sustaining superior performance.* New York : Free Press. (土岐坤他訳『競争優位の戦略』ダイヤモンド社)

Porter, M. E. (1991) Toward a dynamic theory of strategy. *Strategic Management Journal*, 12 : 95–117.

Quinn, J. B. (1980) *Strategies for change : Logical incrementalism.* Homewood, IL : Dow Jones–Irwin.

Rumelt, R. P. (1984) Toward a strategic theory of the firm. In R. B. Lamb (Ed.), *Competitive Strategic Management*: 556-570. Englewood Cliffs, NJ: Prentice-Hall.

Rumelt, R. P. (1987) Theory, strategy and entrepreneurship. In D. Teece (Ed.), *The competitive challenge*: 137-158. New York: Harper & Row.

Schendel, D. (1996) Introduction: Evolutionary perspectives on strategy. *Strategic Management Journal*, 17: 1-4.

Staw, B.M. (1981) The escalation of commitment: A review and analysis. *Academy of Management Review*, 6(4): 577-587.

Teece, D. J., Pisano, G., and Shuen, A. (1997) Dynamic capabilities and strategic management. *Strategic Management Journal*, 18: 509-533.

Wernerfelt, B. (1984) A resource based perspective. *Strategic Management Journal*, 5(2): 171-180.

Williams, J. R. (1994) Strategy and the search for rents: The evolution of diversity among firms, in R. P. Rumelt, D. E. Schendel & D. J. Teece (Eds.), *Fundamental issues in strategy*: 229-246. Boston: Harvard Business School Press.

Winter, S. G. (1988) On Competence, and the Corporation. *Journal of Law, Economics, and Organization*, 4(1): 163-180.

第4章
製品標準化の経済学的分析[1]
―――互換性と標準形成の企業戦略―――

遠 藤 妙 子
柳 川 範 之

1 はじめに

　コンピュータ産業におけるマイクロソフト社とアップル社の競争や，ビデオにおけるVHSとベータとの争いを持ち出すまでもなく，現代の企業競争は，製品の標準をめぐる争いであるといわれている。とくにハイテク製品においては，どこの企業が開発した製品が業界標準になるかが，企業間の競争に大きな影響を及ぼす。自社製品が業界の標準になるか否かで，企業の収益が大きく変わってくるからだ。そのため，企業にとっては，いかにして自社の製品を業界標準とするかが大きな課題となる。ときには，標準を獲得できない限り市場で生き残れないという厳しい状況に直面することもある。また，業界標準を獲得できなかった場合には，業界標準の技術に移行することが望ましい場合もある。

　この章では，このように重要性と複雑性を増してきた製品標準化をめぐる問題について，経済学がどのように分析してきたのか，既存の論文のエッセンスをわかりやすく考察する。製品標準化をめぐる競争は，経済学が伝統的に検討してきた寡占市場のモデルとは，さまざまな面で，大きく異なっている。そのため，どのような競争が行われるのか，その結果どのような標準が選択されるのかについて，多くの論文が書かれてきた。本章でそれらの議論すべてを紹介することはできないが，基本的な構造を説明することで，標準化をめぐる競争の持つ意義を明らかにしたい。[2]

---

[1] 本章は遠藤・柳川(1999)に加筆・修正したものである。遠藤・柳川(1999)執筆時から経済環境は変化したが記述の修正は最低限に止めた。

[2] 標準化をめぐる競争に関して概観を与える論文としては，Farrell&Saloner(1987)；Arthur(1990)；David&Greenstein(1990) などをあげることができる。

現在標準化の問題が重要になっているハイテク製品市場における特徴の1つは，消費の決定に際して，他の消費者がどのくらいその製品を消費あるいは購入しているかが影響するという点である。このような性質を経済学ではネットワーク外部性と呼んでいる。ネットワーク外部性が存在する場合の企業間競争は，存在しない通常の競争とは大きく異なった性質を持つ。それは，大きなシェアを獲得したほうが，より競争を有利に運べるようになるからである。その結果，業界標準をめぐる競争もより重要な意味を持ってくることになり，それに関する経済学の分析も通常の寡占市場の分析とは異なったものが要求されることになる。次節では，このようなネットワーク外部性がある場合の寡占競争，そしてその結果生じる業界標準の決定を，いくつかの単純なモデルを用いて分析している。

しかしながら，製品の標準の決定は単純なものではなく，さまざまな要因が影響を与えている。まず，競争によって標準が決まるのではなく，話し合いによって業界標準が選ばれる場合も少なくない。また，競争によって決まる場合でも，ライバル企業の規格を途中から採用する可能性なども考慮すると，状況はもっと複雑なものになる。そこで3節では，これらの要素を考慮した場合に，標準をめぐる競争がどのように変化するのか，どのような規格が標準として選ばれることになるのかを，より詳しく分析している。そして4節では，本文で説明することができなかったいくつかの重要な論文について簡単な解説を行っている。

2　ネットワーク外部性と標準化

消費者にとって，製品の購入後どのようなサービスが受けられるかは，どの製品を購入するかを決定するうえで重要な要素である。そこで製品の性能そのものよりも，むしろ多くの消費者が使用している製品はどれか，つまりどの製品が事実上の業界標準になっているかという点に重きがおかれやすい。それは，製品の使用方法を尋ねたり，メンテナンスを依頼したいときには，標準となっている製品，あるいは市場でいちばん売れている製品を購入していた方がきめ細かいサービスを受けやすいからだ。消費者が標準規格を適用した製品を好む傾向は，とくにハイテク製品の市場において顕著である。

ここで見られる，製品の消費そのものからだけではなく，他の消費者がどのくらいその製品を消費しているかに依存して，便益が変化するという性質は，

経済学ではネットワーク外部性と呼ばれる。ネットワーク外部性は，需要側に発生する外部性の1つである。製品標準化の問題は，基本的にはネットワーク外部性のもとでの競争や話し合いの問題であると考えることができる。ネットワーク外部性が存在するために，企業はできるだけ業界標準を握ろうと競争したり，標準化のための話し合いを持ったりする。

製品をどのくらいの人々が使用しているかを表す指標を，ここではネットワーク・サイズと呼ぶことにする。ネットワーク・サイズがxのとき，消費者は製品を1単位，消費することによって便益$u(x)$を得るとしよう。ネットワーク外部性があるというのは，すなわち$u(x)>0$のときである。

もちろん，消費者の便益は購入する製品が業界標準か否か，すなわちネットワーク・サイズがどれほど大きいかということにのみ存在するわけではない。製品それ自体の品質や価格も，便益に影響する。いくら品質が良くても，あまりにも高価であれば，その製品を買うのをやめるであろうし，逆に多少高価でも，品質がそれに見合うものであれば，製品を購入することになる。消費者は，製品が自分にとってどのくらい有用かという点と価格とを考えあわせて，製品を買うか否か，あるいは，他の製品を購入するかどうかを決定する。このことを簡単なモデルで表すと上記のモデル1となる[3]。

モデル1 消費者は，製品の品質とネットワーク外部性から便益を得るとする。品質による便益をa，ネットワーク・サイズ1単位にともなう便益をb，t期のネットワーク・サイズを$N(t)$，価格をpとする。このとき，T期に1単位，製品を購入すると，消費者は

$$u(T) = \sum_{t=T}^{\infty} \{a+bN(t)\}(1+r)^{-(t-T)} - p$$

という便益を得ることができる。ただし，rは割引率を表す。

モデル1で考慮すべきなのは，ネットワーク外部性から得られる便益を計算する際に必要なネットワーク・サイズをどのように決定するかである。基本的には，同じ製品をどのくらいの人が保有・消費しているかということによってネットワーク・サイズは決定される。どのくらいの人が保有・消費しているかが消費者のメリットの大きさを決定し，消費者の選択の判断基準となるからで

---

[3] ここでの議論は，Farrell&Saloner (1986-b)；Katz&Shapiro (1992) 等に従う。

ある。ただし同じ規格を用いている場合には，他の企業の供給する製品の販売量も同じネットワークに入ると考えられる。したがって，他の企業と同じ規格を用いることによって，企業は自社のネットワーク・サイズを広げることができる。

完全に同じネットワークに入ると判断できない場合であっても，一部分は同じネットワークに入っているとみなせる場合も多い。企業が話し合いなどの手間をかけたとしても，企業間で製品の標準化を達成させようとするのは，1つには，ネットワーク・サイズを拡大させるためである。しかしここでは簡単化のために，各企業の個別の販売量によってのみ，各企業のネットワーク・サイズが決定されると仮定する。

ネットワーク・サイズの決定には，さらに複雑な問題がある。Katz & Shapiro(1986) で述べられているように，ネットワーク外部性が存在するときには，消費者は過去の販売総数に注意を払うとともに，それ以上に将来にわたる販売総数に対しても注意を払う。しかし，どの時点の販売量をネットワーク・サイズに含むかを考慮しなければならない。過去に販売された製品には，現在の製品と同様に使用できるものと，使用できないものがあるからである。

製品が採用している技術の差異によって現在販売されている製品と互換性がなく使用できない場合もあるし，磨耗によって使用できない場合もあるだろう。現在販売されている製品と同様に使用できない製品は，もはや同じネットワークに入るとは考えられない場合が多い。たとえば，t期に新しく製品を購入する消費者は，$n(t)$人であるとしよう。耐久性が高く，販売開始当初の製品もT期の製品と同じように使用できるときには，T期のネットワーク・サイズは，

$$N(T) = \sum_{t=0}^{T} n(t)$$

となる。しかし耐久性がほとんどなく，2期間しか使用できない製品のときには，T期のネットワーク・サイズは，

$$N(T) = \sum_{t=T-1}^{T} n(t) = n(T-1) + n(T)$$

となる。何期間前までの製品の販売量を同じネットワーク・サイズとみなすかは，製品の耐久性や新製品と旧製品の互換性の程度に依存する。製品の耐久性が高いほど，過去に販売された製品の量が消費者の選択に影響を与えることとなる。ここでは単純化のために製品は永久に使用できるとし，モデル1′を考察することにしよう。

> **モデル1′** 新しく製品を購入する消費者は，毎期1人ずつ現れる〔$n(t) = 1$〕。このとき，t期のネットワーク・サイズは，$N(t) = t$となる。この場合，T期に製品を購入すると，製品は永久に使用できるので，消費者は
>
> $$u(T) = \sum_{t=T}^{\infty}(a+bt)(1+r)^{-(t-T)} - p$$
>
> $$= \frac{1+r}{r}a + b\sum_{\tau=0}^{\infty}(\tau+T)(1+r)^{-\tau} - p$$
>
> $$= \frac{1+r}{r}(a+bT) + \frac{1+r}{r^2}b - p$$
>
> という便益を得ることができる。

ネットワーク・サイズより，T期に享受される便益はbTである。さらにネットワーク外部性に依存しない便益を考えあわせて，T期の割引現在価値は，$u(T)$の第1項$(a+bT)(1+r)/r$となる。過去の販売量がネットワーク・サイズを形成するならば，単純に考えれば，過去に多量に販売された製品がさらに販売量を伸ばす結果になると考えられる。つまり，ここではTの値が大きいほど，T期に消費者が受け取る便益は大きくなる。過去の販売量の多さは，消費者のその製品に対する選好を高める働きをする。そこで企業は，販売量を増加させネットワーク・サイズを拡大するとき，一時的に損失を被ることがあっても，長期的な利潤を得るかもしれない。これは，ハイテク製品市場において，マーケットシェアの獲得が重要だと考えられる理由の1つである。

しかし，消費者の便益は，過去の販売量のみを依存するのではなく，将来の販売量，すなわち，ネットワーク・サイズの拡大にも大きく依存している。たとえばモデル1′では，毎期にネットワーク・サイズが1ずつ拡大し，それによって毎期bずつ便益が増加する。すなわち，ネットワーク・サイズの増加にともなって，純現在価値がb/rずつ毎期増加するのである。

したがって，ネットワークの拡大にともなう便益の割引現在価値は，$u(T)$の第2項$b/r \times (1+r)/r = (1+r)b/r^2$となる。消費者の選択が将来にわたる便益を考慮して行われることに注目すると，将来に製品が市場に流通する数，すなわち，将来のネットワーク・サイズの大きさに関する予想が消費者にとっては重要となることがわかる。とくに耐久性が高い場合には，将来どのようなサービスを受けられるかという点が消費者の大きな関心事となる。

たとえば，将来にわたっても大きなネットワーク・サイズを確保している製品であれば，メンテナンスが保証されるという利点が考えられる。もちろん，新製品の発売されるサイクルが短く，新製品と旧製品に互換性がないような製品に関しては，将来のネットワーク・サイズは消費者の関心事ではないかもしれない。しかし一般的には，どのような製品もある程度の耐久性を兼ね備えていると考えられるので，将来のネットワーク・サイズは，消費者の選択の重要なカギであるといえる。

また，消費者が将来のネットワーク・サイズに関する予想に従って，消費を決定するならば，どのようにその予想に影響を与えるかは，企業にとっても販売戦略上，重要となる。予想をコントロールするということは，実際にある程度，将来のネットワーク・サイズをコントロールできることを意味するからだ。消費者の予想には，予想が現実を生むという側面がある。

たとえば，ある企業の製品がとくに優れてはいなくても，その製品が流行すると消費者が予想を立てたとしよう。すると，その製品の（期待）ネットワーク・サイズは拡大する。したがって，その企業の製品は，実際にたくさん売れることとなる。

この場合，予想は実現したのであり，予想は「合理的」であったといえるだろう。しかしながら，最初の予想は，何ら現実的な根拠がない可能性もある。特別な理由がなくても，消費者の予想が変化すれば，市場の状況が大きく変化することもありうる。

ただし，消費者の予想がどのようなものであっても，必ず実現するというわけではない。以下のモデルを用いて検討してみよう。

モデル2 消費者は，マック・パソコンもしくはウィンドウズ・パソコンのいずれかを購入しようとしている。いずれのパソコンを用いても，同じ作業をすることによって，zという効用を得る。ただし，消費者のこれまでのパソコンに関する知識の度合いは，消費者によって異なり，これを消費者のタイプとみなすことができる。タイプはsを用いて表し，sは$[0, 1]$に一様分布している。とくにマック・パソコンに関する知識のみを持つ消費者は，タイプゼロ（$s=0$），逆にウィンドウズ・パソコンに関する知識のみをもつ消費者は，タイプ1（$s=1$）と呼ばれる。sが大きいほど，ウィンドウズ・パソコンに関する知識の比重が高い消費者となる。つまり，sが大きいほど，ウィンドウズ・パソコンが使いやすい消費者である。ま

た，t期のマック・パソコンの市場占有率を$N^M(t)$，ウィンドウズ・パソコンの市場占有率を$N^W(t)$とする。市場占有率の高いパソコンを使用するほど，ソフトウエアが手に入りやすいなどの恩恵を被る。それぞれの価格は，p_M，p_Wとする。タイプsの消費者がマック・パソコンを購入すると，

$$u^M(s) = z + N^M(t) - p_M - s$$

という効用を得ることができる。一方，ウィンドウズ・パソコンを購入すると，

$$u^W(s) = z + N^W(t) - p_W - (1-s)$$

という効用を得ることができる。

消費者は，それぞれのパソコンを消費した場合の効用を比較し，いずれを購入するかを決定する。$u^i > u^j$（$i \neq j = M, W$）が成立するとき，消費者はパソコンiを購入する。

マック・パソコンを製造するためには1単位あたりc^Mの費用がかかり，ウィンドウズ・パソコンを製造するためには1単位あたりc^Wの費用がかかるとする。もしt期のマック・パソコンの市場占有率がウィンドウズ・パソコンの市場占有率よりも小さく（$N^M < N^W$），費用状況はマック・パソコンの方がウィンドウズ・パソコンよりも悪い（$c^M > c^W$）とき，マック・パソコンが市場を独占すると予想することは，合理的ではないことを示そう。

いずれの財を購入することも無差別であるような消費者のタイプをs^*と表すと，

$$u^M(s^*) = u^W(s^*)$$

が満たされ，

$$s^* = \frac{1}{2} + \frac{N^M(t) - N^W(t) + p_W - p_M}{2}$$

と求められる。ここで，$s^* \geq s$のタイプがマック・パソコンを購入する。今消費者のタイプは一様分布に従うので，マック・パソコンに対する需要は，

$$D^M = \int_0^{s^*} 1 ds = s^*$$

である。一方ウィンドウズ・パソコンに対する需要は

$$D^W = 1 - D^M = 1 - s^*$$

となる。各企業はこれらの需要関数を所与として，各期の利潤を最大化するよ

うに各期の価格を決定するとしよう。するとアップル社の目的関数は

$$\max_{p_M}(p_M-c_M)\frac{1+N^M(t)-N^W(t)+p_W-p_M}{2}$$

ウインドウズ・パソコンの製造会社の目的関数は

$$\max_{p_W}(p_W-c_W)\frac{1+N^W(t)-N^M(t)+p_M-p_W}{2}$$

となる。したがって，反応関数はそれぞれ

$$p_M=\frac{1+N^M(t)-N^W(t)+p_W+c_M}{2},\quad p_W=\frac{1+N^W(t)-N^M(t)+p_M+c_W}{2}$$

であり，均衡価格は，

$$p_M^*=1+\frac{1}{3}(N^M-N^W+2c_M+c_W),\quad p_W^*=1+\frac{1}{3}(N^W-N^M+2c_W+c_M)$$

と求められる。ここで

$$p_W^*-p_M^*=\frac{2}{3}(N^W-N^M)+\frac{1}{3}(c_W-c_M)$$

なので，いずれの財を購入することも無差別であるような消費者のタイプは

$$s^*=\frac{1}{2}+\frac{1}{6}\{(c_W-c_M)+(N^M-N^W)\}$$

と書き換えことができる。$c_W<c_M$，$N^M<N^W$ なので，s^* の第2項は負となる。つまり，$s^*<\frac{1}{2}$ である。すべての消費者が消費者のタイプが一様分布することを知っているならば，マック・パソコンを購入する消費者は，過半数を下回る。このときには，マック・パソコンが市場を独占すると予想することは，非現実的である。

　消費者は，不十分ではあるかもしれないが，情報や知識を持っており，それに基づいて，予想を形成しなければならない。上で考えたように，さまざまなタイプの消費者が均一に存在するという情報にもとづいて予想を形成するならば，マック・パソコンが市場を独占するというのは，実現しそうもない予想である。実現しそうもない予想に従って，消費者が意思決定をすると考えるのは，現実的ではない。経済学の議論においては，消費者はさまざまな予想を立てることができるが，非現実的（非合理的）な予想は，立てないと仮定されている。

　以下では，この仮定のもとでどのような均衡が成立するのかを検討する。

3　標準の決定

　製品の標準は，競争によって結果的に決まる，いわゆるデファクト・スタンダードの場合と，企業間の話し合いによって決まる場合の2つに分けられる。ただし，この2つには密接なつながりがあり，話し合いによる標準の決定は，競争によってどのような標準が選ばれる可能性があるかが大きく影響する。また，均衡標準価格が1つではなく，複数存在する可能性もある。

(1) デファクト・スタンダード

　以下ではまず，競争によってどのように標準が選ばれるかについて分析する。ただし，競争が行われる場合であっても，異なる技術への変更がどの程度可能かということによって，競争状況は異なる。そこで，まず異なる技術への変更がまったくできない場合を考え，次に変更が可能な場合を考えよう。

①ネットワーク・サイズのコントロール

　2節で考察したように，ネットワーク・サイズは，消費者の選択に大きな影響を与える。すでに大きなネットワークを確保している企業は，それだけ競争上，優位に立つことができる。消費者が合理的に行動する限り，消費者の一部がその企業に不利な予想を立てたとしても，優位性は動かず，マーケットシェアは，ますます拡大していくだろう。そして最終的には，この企業が非常に高いマーケットシェアを獲得することとなる。つまり，この企業の製品がデファクト・スタンダートになる。

　たとえば，携帯電話産業において，できるだけ初期の段階で大きなネットワークを築こうとするのは，競争を優位に進めたいからである。携帯電話産業では，加入者獲得のために本体を投げ売り的に販売し，一時的な損失をも顧みない傾向がある。たとえ今は大きなネットワークを確保していなくても，消費者が将来その製品が大きいネットワーク・サイズをもつと予想していれば，その予想は企業に有利に働き，結果としてデファクト・スタンダードになる可能性もあるからだ。つまり，デファクト・スタンダードとなるためには，ネットワーク・サイズのコントロールが企業の戦略上，重要となることを意味する。

　ネットワーク・サイズを拡大するために企業側がとる戦略の1つとして，宣伝・広告があげられる。宣伝により，自社製品の優位性を消費者に伝え，相手企業の製品がデファクト・スタンダードとなるという予想が非現実的，非合理

的であると，消費者に認識させるのである。消費者が製品について乏しい知識しか持っていない場合には，優れた品質をもった製品であることを明らかにする，あるいは，実際には大きなマーケットシェアを得ているということを伝えるという宣伝が考えられる。しかしながら，現実のデータに裏打ちされた宣伝内容ではなく，単に消費者の期待を動かそうとする広告戦略については，経済学ではまだあまり分析の対象とはなっていない。

　次に，販売地域を選ぶことによって，ネットワーク・サイズをコントロールする戦略について考えよう。今までの分析では，ネットワーク・サイズは，その製品を使用する消費者の数であると単純に仮定してきた。しかし，消費者にとって実際に重要なのは，市場全体で販売されている数とは限らない。

　コンピュータのソフトウエアを例にとると，たしかに販売量は品質に関する消費者の支持を表す指標となっている。売れているソフトウエアほど，性能が良いと考えられる。しかし，ソフトウエア選択のうえで，より重要なのは，自分とファイルを共有する人がどのソフトウエアを使っているかということである。ファイルを共有していない人がどのソフトウエアを使っていて，それが自分と互換性があろうとなかろうと，ソフトウエアを使ううえで何ら影響を被らない。

　つまり，物理的な距離ではなく，製品の使用上の結びつきという観点から，消費者はネットワーク・サイズをさらに厳密にとらえているのである。その結果，デファクト・スタンダードは必ずしも市場全体で1つに定まるものではなく，地域的，あるいは，階層的に棲み分けが起きる可能性が残される。

　たとえば，完全に市場が分断されていて，ほとんど交流のない地域が2つあるとしよう。この場合，ネットワーク外部性の効果が大きくても，両方の地域で同じデファクト・スタンダードが選ばれるとは限らない。他の地域でどのような製品が使われていても，自分のネットワーク外部性の効果にまったく影響しないからである。棲み分けの現象は，たとえば一時のコンピュータ産業において見られた。日本では圧倒的にNECの製品が売れており，デファクト・スタンダードであったのに対して，米国などでは，IBM製品がデファクト・スタンダードを獲得していた。

　この点を考慮すると，企業は最初から，地域，あるいは品質に関しての棲み分けを目指して，販売を行うことが最適戦略となるかもしれない。たとえば，ある地域では，他企業の製品がすでに多量に消費されており，その地域のデファクト・スタンダードになる可能性が高いとしよう。そのような状況下で，他

企業の優位性を覆してデファクト・スタンダードを得ようとするならば，よほど低価格で販売するか，あるいは，よほど品質的に優れた製品を供給しなければならない。そこで，その地域でのデファクト・スタンダードの獲得を断念し，他企業がまだネットワークを確立していない地域に進出することの方が望ましいかもしれない。新しい地域で集中的に販売を行う方が，デファクト・スタンダードを握りやすく，効率的な利益の獲得方法であると考えられるからだ。

しかし棲み分けは，一時的なものに過ぎないかもしれない。先のコンピュータ産業を例にとると，ウィンドウズが開発され，DOS/V機に搭載されるようになると，日米市場のネットワークはもはや別個のものではなく，密接な関連のある市場としてみなされるようになった。そこで，米国市場におけるネットワーク・サイズ，あるいは，米国で販売されるソフトウエアの量が日本の消費者にも重要となってきた。つまり，ある時点で市場が分断されており，それぞれ別個のデファクト・スタンダードが成立していたとしても，経済環境が変わることによって市場間の緊密性が変化し，デファクト・スタンダードが統一される可能性が残されている。

逆にいうと，市場間の緊密性が変動している場合には，現在デファクト・スタンダードを得ていても，将来的な安定性を確保したことにはなり得ない。とくに小さい市場においてデファクト・スタンダードを握っている企業は，大きな市場との緊密性が高くなると，大きな市場のデファクト・スタンダードを握る製品の企業との競争に負けてしまう結果になりがちである。企業の戦略上，市場の緊密性が棲み分けに与える影響に注意を払う必要があるといえよう。

②規格の変更

先の議論では，企業はそれぞれ異なる技術を採用しており，採用する技術を変更することができないと仮定してきた。しかし，技術の切り替えにかかる費用が小さいときには，企業は戦略の1つとして，技術を変更することを考えなければならない。競争を続けていても自社製品が標準を獲得することが難しい状況では，自社規格をあきらめ，他企業の規格を採用することにより，より大きなネットワークを共有できるからだ。より大きなネットワークは，将来的な利潤の可能性をもたらす。将来時点での収益が技術の変更費用を差し引いても大きな場合には，企業は技術の乗り換えを選択する。

ネットワーク外部性の効果が高い製品ほど，ネットワークの拡大による収益は大きい。したがって，ネットワーク外部性の効果が高い製品ほど，このような技術の乗り換えが，競争の早い段階で行われるであろう。すなわち，ネット

ワーク外部性の効果が高い製品の市場ほど，多くの場合標準化が達成される速度が速いと考えられる。

これは，消費者にとってもある意味では望ましい。2つの異なる規格が競争し続けることによって，それぞれのネットワーク・サイズが小さくなるよりも，規格が統一され，大きなネットワーク・サイズを形成する方が得られる便益は大きくなるからだ。しかし，標準とはなり得なかった製品を保有する消費者は，ネットワーク・サイズが相対的に縮小していくことによって，大きな損失を被るという弊害もともなう。

また企業側の問題として，どの段階で競争の決着が付いたと判断するかは，現実には難しい。さらに企業は，他企業の規格を採用するためには，新たな設備投資とともに，規格に関する情報を入手，使用する費用を考慮しなければならない。規格を開発した企業は，情報と引き替えに，ライセンス料などを要求すると考えられる。規格を開発した企業にとっても，規格が統一されることによって便益は増加するので，法外なライセンス料を要求することはないだろう。しかし，費用条件や経済環境を十分に把握することは不可能なので，適切なライセンス料を設定できないかもしれない。つまり，標準化が失敗する可能性が残される。このことは，次の項目③で詳しく説明する。

規格の変更が可能であるならば，企業戦略上，そのタイミングは大変重要な意味を持つようになる。研究開発の段階で自社規格をあきらめ他企業に追随した研究を行うのか，生産を開始する前に他企業の技術に乗り替えるのか，あるいは販売競争の末に切り替えを行うのか，それぞれのタイミングによって，企業の得る便益は大きく異なるからだ。企業は最も大きな便益を得るために，乗り換えのタイミングを慎重に選ばなければならない。

ここで注意すべきなのは，過去に支出した開発費用の大小は，将来にわたって採用する規格の選択に絶対的な影響力を持つ要因ではないということである。たとえ巨額の資金を投じて開発した規格であっても，将来にわたっての利益を考慮した場合に，規格を変更した方の利益が大きければ，企業は自社開発の規格を採用し続ける誘因を持たない。過去に支出した開発費の大小は，企業が規格を変更するか否かを決定するうえで重要な要因の1つではあるが，むしろ将来時点における収益力が採用の判断基準であるといえる。

ここでは，2企業が異なる技術を開発している場合について考える。このモデルでは，生産を始めるまでは規格の変更が可能であると仮定する。これは一度製品の生産を始めた後には，費用の面から規格変更が困難な場合である。こ

のときに,標準化が達成されるのか否かについて考えよう[4]。

> **モデル3** 企業1は規格Aを,企業2は規格Bを研究開発している。企業1(2)が規格$A(B)$の製品の販売した場合には,企業1(2)は利潤aを得る。しかし,企業1が規格Bの販売をし,企業2が規格Aの製品を販売した場合には,ゼロの利潤しか得られない。また,2企業が同一の規格の製品を販売した場合,すなわち,標準化が達成された場合には,利潤cが得られる。さらに,ネットワークの外部性が大きく,
> $$0<a<c$$
> であると仮定する。

モデル3の利潤の大小に関する仮定は,異なる規格が共存してそれぞれが小さなネットワークを形成するよりは,自企業の規格を断念したとしても,標準化が達成された方が高い利潤を得ることを意味している。もちろん,規格を変更するためには新たな投資が必要であるし,さらには,同一の規格を採用することによって,競争が激化する可能性もある。しかしここでは,そのような不利益を差し引いても,同じ規格を行うことの便益が大きいと仮定されている。だが,どちらの規格が標準になるかで,それぞれの企業の得る利潤は大きく変わる。$a+c>c$なので,企業は,自企業の規格を標準にしたいと考える。つまり,互いの利害が一致するのは,規格を統一したいということだけで,どちらの規格を標準規格とするかについては,意見は一致しない。

企業1の利潤について考えてみよう。両企業がAを選択するとき,研究開発の先行による優位性から得られる利潤と,標準化の達成から得られる利潤の和$a+c$を得られる。この場合に,企業1は最も大きな利潤を得る。2番目に大きな利潤は,標準化を達成することによる利潤のみが得られる場合である。つまり,両企業がBを選択するときであり,cを得る。3番目に大きな利潤は,企業1がAを,企業2がBを選択するときであり,優位性から得られる利潤aしか獲得できない。そして最も低い利潤は,企業1がBを企業2がAを選択するときである。このときには,先行性も生かせず,標準化も達成できないので,利潤ゼロしか得られない。企業2についても,同様に考えることができ,これを利得表にまとめたものが表4-1である。

[4) ここでは,Farrell&Saloner(1988)のエッセンスを用いて,議論を進める。

表4-1　利得表

企業1＼企業2	Aを選択	Bを選択
Aを選択	a+c, c	a, a
Bを選択	0, 0	c, a+c

表4-2　利得表

企業1＼企業2	販売延期	Bを販売
Aを販売	a+c, c	a, a
販売延期	$V(n-1), V(n-1)$	c, a+c

　このモデルでは，製品の販売を始める前までは規格の変更が可能なので，販売を延期し，相手企業の出方をうかがうことができる。このとき，相手企業の出方を見極め，販売に踏み切るまでの期間が限られているならば，表4-1の利得は最終局面において実現する。期限が限られており，最終局面で表4-1の利潤が得られるような競争が行われた場合，どのような均衡が成立するだろうか。

　企業がいちばん避けたいことは，異なる規格を採用した製品が同時に発売されることによって，市場が分割され，ネットワーク・サイズが小さくなることである。ネットワーク・サイズが小さい場合には，たとえば消費者が製品の購入を見送り，互いの利益を阻害する結果となるかもしれない。そこで，他企業の戦略を見極める時間が必要となり，販売を延期する誘因を持つ。しかしながら，慎重に販売を延期すると，他企業が先に製品を発売し，潜在的な消費者を他企業に奪われることとなる。したがって，他企業に先駆けて販売を開始したいという誘因を持つ。企業は相反する誘因を持っているのである。

　t期末における企業の選択肢は，2つである。（ⅰ）$t+1$期には，製品の販売を見合わせるという表明をすることと，（ⅱ）自社開発の規格に則った製品を$t+1$期に発売すると表明することである。もし，一方の企業だけが製品を発売すると表明するならば，延期した企業は，先の表明を改め，$t+1$期に他企業と同じ規格を発売する。早急にネットワーク外部性を生かして追随する方が，大きな便益を得られるからである。もし，双方の企業が発売を延期するならば，いずれの規格が標準となるかは定まらず，次の期末にもう一度同じ選択を迫られることとなる。

　当該期を含めて毎期ごとに，たとえばn回，延期をするか否かを選択できるとき，各企業の期待利得を$V(n)$と表すことにしよう。当該期を含めてn期間残されているので，もし当該期に販売延期を決定するならば，残されている期間は，あと$n-1$期間である。したがって，2企業ともが当該期に販売延期を決定した場合には，それぞれの企業の期待利得$V(n-1)$となる。したがって，このような状況の利得表は，表4-2となる。

　ここでは，それぞれの企業が販売を延期するか否かを確率的に決定する混合

戦略の均衡を考える。考慮期間がn期間残されている場合に，相手企業（および自企業）が販売延期を選択する確率を$p(n)$としよう。$p(n)$が1あるいは0ではない状況を考えるならば，これは企業にとって発売か，延期かという決定が無差別であることを意味する。なぜならば，たとえば延期することの期待利得の方が大きいのであれば，延期する確率を1にすることによって，期待利得が最も大きくなるからである。したがって，

$$p(n)(a+c)+[1-p(n)]a=p(n)V(n-1)+[1-p(n)]c$$

が成立していなければならない。ここで左辺は，自社規格の製品販売を決定した場合の期待利得であり，右辺は販売延期を決定した場合の期待利得である。また，どちらの決定をしても同じ期待利得なのであれば，考慮期間がn期間残されている場合の期待利得は，この左辺$p(n)(a+c)+[1-p(n)]a$，または右辺，$p(n)V(n-1)+[1-p(n)]c$に等しい。すなわち，

$$V(n)=p(n)(a+c)+[1-p(n)]a$$
$$V(n)=p(n)V(n-1)+[1-p(n)]c$$

が成立している。以上の式から，$V(n)$がどのような性質を持つかが明らかとなる。

このようなモデルにおいては，均衡は複数個，存在する。まずAが標準となる均衡と，Bが標準となる均衡が存在する。どちらも，いずれかの企業が先に製品の発売に踏み切り，他方の企業が譲歩することによって，（結果的に）協調がうまく実現した場合である。

しかし，いずれかの均衡が必ず実現するわけではない。それぞれの企業が混合戦略をとる均衡も存在する。その場合，均衡混合戦略に従って行動をしていたとしても，両方の企業が同時にそれぞれの自社規格を採用し，市場には2つの規格が共存することも起こりうる。これは，社会全体にとって望ましくない結果である。しかし，それぞれの企業はすでに販売を開始してしまっているので，規格の変更は行われず，並存の状況が続くことにある。このような事態を避けるための有効な手段は，正式な交渉委員会を設けて，標準化に関する交渉を行うことである。この点については，3.(2).で説明することにしよう。

③社会的最適性と標準の動学的変化

社会的余剰を多くもたらすためには，できるだけ費用条件が良く，品質が優れた製品がデファクト・スタンダードに選ばれることが望ましい。しかし消費者の選択は，費用や品質だけではなく，ネットワーク・サイズに関する予想が大きな役割を果たすために，必ずしも社会的に望ましい製品がデファクト・ス

タンダードになるとは限らない。費用が高いために製品の価格が高くなっていたり，品質が多少劣っていたとしても，（期待）ネットワーク・サイズが大きいと，その製品を購入する消費者が多く出る。その結果，ますます（期待）ネットワーク・サイズは拡大し，デファクト・スタンダードを獲得することとなる。

このような状況は，経済が動学的に変化していくときには，より深刻な問題となる。たとえば，旧製品との互換性はないが，旧製品よりも性能の良い新製品が開発されたとしよう。社会的には，この新製品が新たなデファクト・スタンダードになることが望ましい。確かに，新製品の性能が格段によく，旧製品を持っている消費者の新製品への買い換えが進むときには，新製品のネットワーク・サイズが大きくなる期待が高まる。この場合には，たとえ旧製品が多く流通しても，デファクト・スタンダードがスムーズに旧製品から新製品に移行するだろう。

しかし，旧製品を生産する企業が，新製品を生産する技術を有さないときには，状況は異なってくる。旧製品を生産する企業にとっては，新製品がデファクト・スタンダードを握ることは死活問題であるから，できるだけ抵抗しようとする。自社製品が優勢なネットワークを持っていることを宣伝することによって，さらなるネットワークを獲得しようとするだろう。旧製品を使用する消費者が多く，旧製品の予想ネットワーク・サイズが今後とも大きいと予想されるならば，人々は性能の良い新製品を選ばず，旧製品を買い続けることになるかもしれない。この場合には，旧製品が依然デファクト・スタンダードを握り，新製品への移行は，社会全体としてはかなり遅れることになる。

また，すべての企業が新製品を生産する技術を有する場合にも，旧製品がデファクト・スタンダードを握り続けるという望ましくない状況は起こりうる。たとえば，新技術の開発に成功した企業がネットワークの拡大を目指して技術を公開したり，技術を他の企業に売り渡す場合を考えよう。このとき，他のすべての企業も等しく新技術を手に入れることができる。すべての企業が新製品をデファクト・スタンダードにしたいと考えるならば，すべての企業の利害は一致することとなる。しかし，新製品がデファクト・スタンダードを握るためには，新製品の将来時点におけるネットワークの優位性を消費者に予想させなければならない。そのためには，多くの企業が新製品に移行することによって，旧製品の将来のネットワークが先細りであることを消費者に示す必要がある。

だが，旧製品はすでに大きなネットワークを有しており，消費者にとっては

魅力のある製品である場合，企業としては，デファクト・スタンダードを握るかどうか明らかではない製品に移行する危険を冒すべきかどうか，判断に苦しむところである。実際に多くの企業が新製品に移行するのでなければ，自社の新製品への移行を見送った方が良いかもしれない。つまり，移行を考える際には，他の企業の行動に関する予想が重要となる。

したがって，他企業の移行にともなう費用が正確にわかる場合には，社会的に望ましい移行が実現しやすい。他企業の移行費用がわかっていれば，自社が先に移行した場合に追随してくるのか，それとも追随してこないのかを判断できるからだ。これによって，互いが相手の出方を探り合う結果として，移行が進まないという事態は回避される。ただ，他の企業の移行費用が大きすぎる場合には，移行は起こらない。しかし，これは移行にかかる費用が非常に大きいことを意味しており，社会的にも移行は望ましくない。

だが実際には，他企業の移行費用に関しては，情報の非対称が存在すると考えられる。企業は互いの便益のために協調しあわなければならない一方で，競争相手同士でもあるからだ。すべての自社情報が社外に公開されることはなく，その結果として，各企業が利己的に行動するならば，望ましい新技術への移行は，失敗する可能性が高くなるだろう。このような状況について，もう少し詳しく考えることにしよう[5]。

両企業は，互いに相手が移行すれば，自社も移行したいという意思を持っているとする。しかし，相手が移行についてどのような戦略を立てているのか，まったくわからない。互いに，相手企業の移行にかかる費用が自分よりも高い可能性もあるし，逆に低い可能性もあると考えているとする。この場合，完全情報の場合と異なり，第1期にすぐに移行しない可能性が高い。移行が社会的に望ましい自社だけのネットワークでは，移行費用が賄えないと仮定しよう。完全情報の場合には，自社が移行しネットワークを拡大すれば，相手も追随してくると確信できるので移行が起きる。しかし情報の非対称性が存在する場合には，相手企業が追随してこない可能性もあるので，1期間待って相手の動向を見極めようとする誘因を両企業が持つ。結果として，第1期には移行が起きない。

第2期には，第1期で相手企業が新製品に移行しなかったことが明らかとなる。このことから，相手企業は新システムへの移行にさほど積極的ではないと

---

5) ここでは，Farrell&Saloner(1985) を中心に議論を進める。

推測できる。つまり，相手企業が第2期に新システムへ移行する可能性は低いと予測できよう。そのため，ますます移行する誘因は小さくなり，第2期にも新製品に移行しない。結局，新製品への移行は行われず，既存の劣った製品が継続して用いられることになる。

DVDは，これと同じような問題を抱えていた。DVDは，CDやLDと比較して技術的には優れている。DVDの市場がうまく立ち上がってDVDを販売する企業が利益を確保するためには，多くの企業がDVDの発売に踏み切り，それと同時にDVDのソフトウエアが拡充することが必要であるが，ハードウエアを販売する企業間の足並みが揃わないことからソフトウエアは拡充せず，DVDを消費者は買い控えている状況がしばらく続いた。

すべての企業にとって，新製品が既存の製品よりも望ましくても，相手企業の新製品に対する意向が明らかでない場合には，必ずしも新製品が標準化されないことがわかった。つまり，市場の成り行きに任せると，劣位な製品が自然淘汰され市場から排除されていき，優れた製品が標準規格になるとは限らない[6]。このような弊害は，消費者にも企業にも損害を与えることとなる。したがって，社会的観点から考えても，優れた製品が標準規格になることが望まれる。3.(2).でみるように，このような弊害を解消するためには，標準規格に関して公式の委員会が設け，交渉を行なうことが有効である。

(2) 話し合いによる標準の選択

今までの議論は，競争によって事実上の業界標準が選択される，いわゆるデファクト・スタンダードの選択について考えてきた。しかしながら，産業における標準の決定は，競争を通じてのみ決定されるわけではない。競争を行う前，あるいは競争の途中で話し合いをすることによって，業界標準，あるいは一部企業間での標準が選ばれることも多い。ライバル企業の規格や，ライバル企業群の標準を採用することの利点は，製品のネットワークが拡大することである。ネットワークの拡大は，消費者の需要を喚起し，企業に利益をもたらす。

しかし，話し合いによって標準が選択されるといっても，すべての競争がなくなるわけではない。標準の決定に関して話し合いが持たれた後，販売競争が繰り広げられることが多い。自社製品に有益なネットワークが広がるというこ

---

[6] 新システムの標準化を強く望む企業が先頭に立って，規格の標準化を推し進めようとする場合に，新システムの標準化は達成されやすい。

とは，とりもなおさず，ライバル製品のネットワークを広げることであり，販売競争が熾烈になることが予想される。また，ライバル企業群と同じ標準を用いることによって，市場に同質的な製品が氾濫する危険性が残される。したがって，ライバル企業群と同じ標準を用いることに対して，企業は慎重な姿勢をとる必要がある。

　企業が同じ標準を用いるかどうかを決定する上で重要なのは，話し合いの段階で，資金のトランスファーが可能かどうかという点である。他企業に自社技術を使用する許可を与える場合を考えよう。このとき，ライセンス料の徴収，すなわち，他企業からの資金移転に成功するならば，技術を保有する企業は，他企業の利潤をある程度吸収することができる。つまり，技術を保有する企業は，競争の激化によって失う利益分をライセンス料という形で吸収することで，他企業に自社技術を使用する許可を与える弊害をある程度軽減させることができる。一方，ライバル企業にとっても，ネットワーク・サイズの拡大は魅力であり，ライセンス料が法外なものではない限り，規格を変更することによって利益を得ることができる。

　したがって，ライセンス料という形での資金移転が可能であれば，話し合いで標準を決定することは，比較的容易である。ライセンス料は，どの企業が開発した規格を標準とするかという話し合いをもスムーズに進める手だてとなる。完全に利益の再分配が可能であるならば，産業全体として利益が最大になるような規格を標準とし，その後，トランスファーで調整すればよい。

　しかし，資金移転が可能であるとしても，競争している企業群の標準を統一することは，必ずしも望ましいことではない。たとえば，ネットワーク外部性があまり大きくなく，標準化による競合の激化から生じるマイナス面の方が大きければ，標準を1つに絞らない方が産業全体にとっての利益につながるかもしれない。製品が差別化され，価格競争が避けられるからである。また，標準を統一することによって，費用が増大する企業が多数存在する場合にも，標準の統一は産業全体の利益を阻害するものとして，話し合いによって見送られる可能性がある。

　一方，業界全体の利益の増加が見込まれ，標準の統一が推し進められたとしても，個々の企業について考えると，必ずしもすべての企業の収益が増大するとは限らない。理論的には，標準の統一がなされなかった場合に得られた利益を個々の企業に保証することによって，すべての企業が利益を得ることができる。しかし現実には，複雑なトランスファーを完全に行うことは不可能である。

将来の利益を客観的に予測することが不可能であるからだ。将来，個々の企業がどれほどの収益を得るのかを予測することは困難であるし，多数の企業群に分かれてそれぞれの標準による競争を行ったときの利益を計測することもほとんど不可能である。したがって，必要な資金移転額を客観的に評価することができない。このような状態ですべての企業の合意をとりつけることは不可能である。

　そこで，資金移転が不可能なときの話し合いによる標準の選択を考えてみることにしよう。資金移転が不可能であるならば，基本的には利害の対立する企業同士の利益を調整するメカニズムは存在せず，話し合いによる解決は難しい。しかし，正式な交渉委員会（コミッティー）を設置することで，話し合いによる解決は助長される。以下では，資金のトランスファーがうまくいかない場合の交渉委員会の果たす役割について考えることにしよう。

　1つのメリットは，交渉委員会の参加者は情報を共有することができることである。もちろん，それぞれの企業は互いに競争をしているので，すべての情報を共有することはできない。しかし，利害が対立しない範囲で情報を共有することにより，すべての企業が利益を得ることができる。

　たとえば3.(1).では，情報の非対称性があるために，協調に失敗して新技術への移行がスムーズに行われないことが示された。もし，交渉委員会を通じて情報が公開されるのであれば，互いに相手がどの程度のネットワーク・サイズがあれば参入してくるのかを認識できることとなる。そのときには，完全情報のケースとまったく同じとなる。たとえ移行に関する取り決めをしなくても，産業全体としては新技術への移行が進むこととなる。

　もう1つのメリットは，委員会を設けることによって，交渉がまとまるまで生産を延期できることである。3.(1).②では，両企業がともに標準化を希望しているにもかかわらず，それぞれの自社規格を導入し，ネットワークが小さくなってしまう可能性が示された。しかし，交渉委員会を設けることによって，交渉期間中は販売を行わないという取り決めが文書として交わされると，市場に異なる規格が並存する可能性は低くなる。

　基本的なモデルの設定は，3.(1).②のモデルと同じであるとしよう。ただし，両企業が生産を開始する以前に，公式の場で標準規格に関して交渉が持たれるとする。両企業は交渉の場において，どちらの規格を選択したいか主張することができる。両企業の主張が一致した場合には，その規格が標準規格として採用され，当該期から両企業の生産が開始される。しかし，両企業の意見が一致

表4-3　利得表

企業1＼企業2	Aを主張	Bを主張
Aを主張	a+c, c	W(n-1), W(n-1)
Bを主張	W(n-1), W(n-1)	c, a+c

しなかった場合には，交渉は決裂し，規格の標準化は見送られる。そして，次期に交渉の場が持たれる。先ほどのモデルでは，意見が一致しなかった場合でも，それぞれの意見が見切り発車的に通されることとなっており，ここが3.(1).②のモデルと異なる点である。

自社規格を主張するか，妥協し相手企業の規格にを認めるかは，自社規格を主張することによって得られる期待便益と，妥協したときの期待便益とを比較することによって決定される。当該期を含めて各期ごとに，たとえばn回，標準規格に関する交渉が持たれるとき，各企業の期待利得を$W(n)$と表す。当該期を含めてn期間残されているので，もしも当該期に交渉が決裂するならば，残されている期間は，あと$n-1$期間である。したがって，交渉が決裂した場合には，それぞれの企業の期待利得$W(n-1)$となる。両企業は混合戦略をとるものとし，それぞれの企業がAと主張する確率を$q(n)$，Bと主張する確率を$1-q(n)$とすると，3.(1).②の場合と同様に考えて，

$$q(n)(a+c)+[1-q(n)]W(n-1)=q(n)W(n-1)+[1-q(n)]c$$

が満たされなければならない。また，定義より

$$W(n)=q(n)(a+c)+[1-q(n)]W(n-1)$$
$$W(n)=q(n)W(n-1)+[1-q(n)]c$$

が満たされなければならない。利得は，表4-3にまとめられる。

表4-2と表4-3とを見比べると，表右上の枠の利得が異なることがわかる。この違いは，両企業がひとたび規格を決定した後に，意見を修正する機会を与えられるか否かによる。交渉委員会が設けられている場合には，各企業が異なる規格を選択することがあっても，即2つの規格が並存する状況を実現するわけではなく，次の期にもう一度，交渉が行われる。標準化を達成することによって互いの利潤が高まることを両方の企業が知っており，意見を修正する機会が与えられるので，標準化が達成される可能性が高くなる。

4　結語に代えて

　先に分析したように，製品，もしくは技術の標準化の問題は，経済学的にはネットワーク外部性の概念によってとらえることができる。現在，コンピュータ技術や通信技術を中心として，さまざまな製品の相互関係の強化と，新しい技術の開発が急速に進んでいる。それと同時に，ネットワーク外部性は拡大し，標準化をめぐる問題はますます重要性を増しているといえるだろう。

　そのため，この分野については上で紹介した以外にも数多くの論文が書かれている。たとえばKatz&Shapiro(1985)は，既に大きなマーケットシェアを確立している企業は，ライバル企業とは互換性がない財を生産し続ける誘因を持つことを示した。また，Katz&Shapiro(1986)は，消費者にとっては財の間に互換性があることが望ましくても，互換性を持たせるために費用がかかりすぎる場合には，企業は互換性を持たせず，独自の路線を貫くことを示している。一方，消費者がソフトウエアのバラエティに強い関心を示す場合にはハードウエア間の互換性が達成されないかもしれないことが，Church&Gandal(1992)によって示されている。

　標準化の達成が望ましいことか否かについては，たとえば，Farrell&Saloner(1985)が議論している。Farrell&Saloner(1985)によると，完備情報のもとで標準となる技術は常にパレート優位となるが，不完備情報のもとでは，パレート劣位な技術が標準として選ばれるかもしれない。つまり，標準化が達成されることが必ずしも望ましいとは限らないことが示されている。

　企業の戦略的価格設定や，どのタイミングで新技術を導入するかについて議論したのは，Katz&Shapiro(1992)である。生産を続けることによって，限界費用が削減されていくというタイプの技術進歩と，ネットワーク外部性を仮定し議論を進めた。またFarrell&Saloner(1986-a)では，古い技術から新しい技術にスイッチすることが難しい場合と，容易である場合について考察している。前者の場合には，古い技術が確立されていることによって，新しい技術の浸透が阻まれ，古い技術に固執する傾向にあり，後者の場合には，新しい技術を採用する誘因が行き過ぎとなる傾向にあることを示した。

　本章では，とくに企業戦略への含意を中心において標準化の問題について議論を進めてきたが，最後に，消費者にとって技術の標準化がいかなる意味を持つかについて若干の考察を行うことにしよう。

ネットワーク外部性が存在するならば，消費者の効用便益はネットワーク・サイズに依存する。一方で，ネットワーク外部性が重要になることによって，製品の標準化が進むと，製品の標準化そのものがネットワーク・サイズの拡大を生み，消費者の便益を増加させることになる。これは，標準化がもたらす消費者への正の効果といえるだろう。それと同時に，ネットワーク外部性の重要度が増すと，消費者は既存の製品にコミットしやすくなるので，より優れた製品や技術に移行することが困難となる場合もある。

標準化を巡る企業間の競争が健全に行われるならば，コミットメントの問題はさほど重要ではないが，例えば1つの企業が独占的に標準技術を獲得しているならば，さまざまな独占による弊害が生まれるだろう。また，標準化が進むと，消費者の製品選択の幅は確実に狭くなる。これらは製品標準化がもたらす消費者への負の効果である。

一般に，標準化が重要であるような製品においては，デファクト・スタンダードの確立によって，最終的には企業側が製品や技術をコントロールする環境が生まれがちである。現在のところ，標準化の確立が消費者にとって望ましいことか否かの判断は難しい。しかし消費者は，デファクト・スタンダードを選択する能動的な立場と，デファクト・スタンダードに追随せざるを得ない受動的な立場という2項対立的な立場に立たされていることに注目すべきである。これまでに議論したように，社会的に最適な財が市場から駆逐される可能性は多分に存在している。本章では，社会的に最適な財を標準財とするようなメカニズムの重要性を企業側の立場から強調したが，それは消費者の立場からも真実であろう。

参考文献

Arthur, W. B. (1990) "Positive Feedbacks in the Economy," *Scientific American*, 92-99.

Church, J. and N. Gandal (1992) "Network Effects, Software Provision, and Standardization," *Journal of Industrial Economics*, 40, 85-104.

David, P. and S. Greenstein, "The Economics of Compatibility Standards: An Introduction to the Recent Research," *Economics of Innovation and New Technology*, 13-41.

Farrell, J. and G. Saloner (1985) "Standardization, Compatibility, and Innovation," *Rand Journal of Economics*, 16, 70-83.

Farrell, J. and G. Saloner (1986-a) "Installed Base and Compatibility: Innovation, Product Preannouncements, and Predation," *American Economic Review*, 76, 940-955.

Farrell, J. and G. Saloner (1986-b) "Standardization and Variety," *Economic Letters*, 20, 71-74.

Farrell, J. and G. Saloner (1987) "Competition, Compatibility, and Standards : The Economics of Horses, Penguins & Learnings," in : Gabel, H. ed., *Product Compatibility as Product Standardization and Competitive Strategy*. Amsterdam : North-Holland. 1-21.

Farrell, J. and G. Saloner (1988) "Coordination through Committees and markets," *Rand Journal of Economics*, 19, 235-252.

Katz, M. and C. Shapiro (1985) "Network Externalities, Competition, and Compatibility," *American Economic Review*, 75, 424-440.

Katz, M. and C. Shapiro (1986) "Technology Adoption in the Presence of Network Externalities," *Journal of Political Economy*, 94, 822-841.

Katz, M. and C. Shapiro (1992) "Product Introduction with Network Externalities," *The Journal of Industrial Economics*, 40, 55-83.

Shapiro, C. and H. Varian (1998). *Information Rules*, Harvard Business School Press (『「ネットワーク経済」の法則』千本倖生・宮本喜一訳, IDG コミュニケーションズ)

遠藤妙子・柳川範之 (1999)「製品標準化の経済学的分析」『三田学会雑誌』92巻3号, pp.117-136.

第5章
技術規格の業界標準化プロセス
——ネットワーク外部性にもとづくバンドワゴン効果の検証——[1]

柴 田 　 高

1 はじめに——技術規格間競争

(1) 3つの階層

技術革新の進展と顧客便益の多様化は，従来とは異なる形態の競争を招くようになった。とくに電機業界においては，新技術・新製品の普及および陳腐化の速度の上昇と同時に，白モノと呼ばれるスタンドアロン型製品から，茶モノと呼ばれるような，補完製品との組み合わせで顧客便益を提供するシステムアップ型製品に主力が変化してきた。音響映像機器やコンピュータのようにハードウエアとソフトウエアの統合を必須とする分野においては，補完製品であるハードウエアとソフトウエアの互換性・代替性を規定する技術規格の競争が絡んでくるため，単なる製品間の競争だけにとどまらず，競争が階層化，複雑化する傾向にある。

技術規格とは単に技術的な仕様としての側面を持つだけではなく，当該製品分野を特徴づける方式技術・要素技術の範囲を固定するという側面を持ち，どの技術規格が業界標準（de facto Standard）となるかにより，具体的な競争のゲームのルールが変わり，企業の中長期的な利益を生むビジネスシステムをも規定する機能を有している。したがって，技術規格が関与する競争には，以下の3つの階層を区別して論じる必要がある。

①世代間方式技術競争
②同一世代内技術規格間競争
③同一技術規格内企業間競争

---

1) 本章は柴田（1998）を加筆修正したものである。

世代間方式技術競争とは，オーディオディスクがアナログLPレコードからデジタルのコンパクトディスクに置き代わり，白黒オープンリールVTRがカラー方式カセットVTRに駆逐されたように，顧客便益を実現するための方式技術の世代交代を促す競争をいう。

　同一世代内技術規格間競争とは，家庭用カセットVTRでのベータマックス方式とVHS方式の間での競争のように，同時期に導入され，同一の便益を提供する複数技術規格間での業界標準確立のための覇権競争である。

　そして，同一技術規格内企業間競争とは，共通の技術規格を採用する企業間での競争を指し，たとえば業界標準となったVHS方式に参加する家電メーカー各社間の競争がこれにあたる。

　したがって，これらのすべての階層の競争に優位を確立した者だけが，最終的に大きな利益を上げる。

　筆者は，これまでに技術規格が関与する競争で新規技術規格提唱企業に有効な競争戦略の分析を行い，世代間方式技術競争，および同一世代内技術規格間競争では，アライアンス形式のために同業他社を同一技術規格採用企業グループへ積極的に誘引しながら，同一技術規格内企業間競争においては同業他社をチャレンジャーとしないように排除する，という二律背反的な「誘引しながら排除する」という戦略が有効であるとの結論を得た（柴田 1992）。

　しかし，1つの技術規格が業界標準の地位を確立するプロセスでは，ひとたび業界標準の地位を獲得しそうな兆しが現れると顧客の選好がその技術規格に集中し，後発業者も競ってその技術規格に参入するため，いわゆるバンドワゴン効果が生じる。すなわち供給側の戦略ばかりでなく，顧客がそれを標準として認知し，採用するという，企業と顧客の相互作用から市場の新しい秩序としての業界標準が自己組織化される。

　そのため，本章では同一世代内技術規格間競争に論議を絞り，顧客が特定の技術規格を選好することを契機として業界標準が形成される点について，ネットワーク外部性にもとづくモデルを考え，シミュレーションとの比較によりバンドワゴン効果の検証を行うことを目的としている。

(2) **本章の構成**

　本章は以下のような構成を取っている。まず第1節において本章の背景を示し，第2節において電子機器業界の多くの事例から業界標準形成のタイミングが従来考えられてきたものよりかなり早い事実に着目した，本章の仮説を立て

る。次に第3節においてRogersの購入者のカテゴリー分類に従って初期少数採用者がネットワーク形成の原動力となることを示す。第4節において技術規格を介する製品特有のネットワーク外部性について説明し，ネットワーク外部性に基づくシェア推移モデルによるシミュレーションを行う。第5節において2つの技術規格が対等の競争条件で競争した事例としてVTRとテレビゲーム機における実際の推移と比較し，第6節において対等でない競争条件下での事例としてビデオディスクにおける実際の推移について検証する。第7節において検討結果をまとめ，論議を加える。

2 業界標準形成のタイミング

(1) 普及率2―3％が分かれ目

新分野の製品が市場に普及し，広く知られた存在となるのは，世間普及率が10％を超えてからで，とくに「ブーム」と呼ばれる急成長期は，世帯普及率10―30％の間に加速度的に普及が進展する場合を指している。そのため，従来の多くのマーケティング面での研究がこの時期の重要性を示唆してきた（折橋 1992；林・田川 1994）。しかし，同一世代内の複数の技術規格にもとづいた製品が競合関係にある場合，ブームによる急成長の利益を享受できるのは業界標準の地位を確立した技術規格にもとづくものであり，どの技術規格が業界標準となるかは，それよりもはるかに早い時期に決定されていると考えることができる。

そのため，従来の論議は同一技術規格内企業間競争に対しては有効であるが，同一世代内技術規格間競争に対しては有効ではない。とくに家庭用電子機器の場合，多くの事例から世帯普及率がわずか2―3％に至る段階で優位に立っていた技術規格が，最終的にも業界標準となることが観察される。そのため技術規格を介する製品の事業化に携わる実務家の多くは，経験的に製品普及の早い時点での戦略的行動の重要性を表明している。[2]

たとえば家庭用VTR市場では，1975年にベータマックス方式が先行導入され，翌76年には後発のVHS方式が導入されて典型的な同一世代内技術規格間競争が始まった。しかし，VHS方式が同業他社と積極的にアライアンスを形

---

2) 山田(1993a, b)，および『デファクトスタンダードに関する調査』(1993)におけるインタビューに基づく。

成し，国内市場では78年にVHS方式が単年度でのシェアで逆転し，81年頃には累積出荷台数でもVHS方式が優位に立った。78年のVTRの世帯普及率は1.3%，81年には5.1%だが[3]，この間に業界標準は確立したと考えられる。

ビデオディスク市場でも1981年に「レーザーディスク」の商標で知られる光学式が導入され，84年にVHD方式が導入された。光学式がパイオニア1社で導入開始したのに対して，VHD方式は当初の採用企業数13社のアライアンス形成に成功した。84年には両方式がほぼ互角のシェアを得たが，同時期に光学式がコンパクトディスク（CD）との兼用型プレーヤーという大きな特長を持つ多機能製品の開発に成功したため，VHD方式は，単年度シェアで光学式より優位に立つことなく減少を続け，出荷台数も85—86年をピークに減少した。85—86年頃のビデオディスクの世帯普及率は2—3%である。

家庭用テレビゲーム機の事実上の標準となった任天堂のファミリーコンピュータ，通称ファミコンは，1983年に導入された。同年には，家電業界の多くの企業が参加したMSX規格のパーソナルコンピュータが導入され，両者はROMカートリッジでゲームソフトウエアを供給するというコンセプトの点では同等だったが，ファミコンがゲームに機能を絞り込み，MSXより割安な価格設定であったことが顧客に評価されて，さらに翌84年にはファミコン専用のゲームソフトウエアのヒット作にも恵まれ，ファミコンが大流行し，84年だけで世界普及率6%分に相当する約240万台を国内に出荷し，圧倒的優位を確立した。

(2) **顧客の選好がポイント**

以上のように，新製品の導入当初から世帯普及率2—3%に至る間は，市場が極めて流動的な状況にあり，この間に優位を確立する要因は一様ではない。それぞれの事例にはそれぞれ異なった合理的な理由が付与されている。

これらで興味深い点は，1つにはVTRのように，業界標準形成にあたり世帯普及率2—3%段階以前の先行優位は必ずしも有効ではないことであり，もう1つにはビデオディスクやテレビゲーム機のようにその技術規格を採用する企業数の多さも有効ではないことである。むしろ，当初は後発であろうと，業界内の少数派であろうと，世帯普及率2—3%時点でシェアの高かった技術規格がその後の普及の大勢を決している。

---

3) 経済企画庁消費動向調査（各年3月）にもとづく。

第5章　技術規格の業界標準化プロセス　129

　さらに，VTRとビデオディスクの事例を比較すると，同一メーカーが同一業界で同一の戦略にもとづいて新技術規格を導入しても，一方は業界標準の確立に成功し，他方は成功していない。すなわち，業界標準を確立する要因はメーカーの戦略行動だけではなく，顧客の選好により大きく依存していることがわかる。これは，リードユーザーがイノベーションの源泉の大きな部分を占めるとするHippel(1988)の見解を支持するものである。

　これらの事実にもとづき，本章では，世帯普及率2―3％の段階に業界内に新たな秩序を生みだしうる顧客の変化があり，この時点での優位がネットワーク外部性により普及の進展とともにさらに強化され，業界標準を確立するという仮説を立て，バンドワゴン効果の検証を行いたい。

3　製品の普及と顧客クラスターの変化

　産業の成長・衰退がS字型曲線を描くことは20世紀前半から広く知られ，とくに家庭用電気・電子機器などの耐久消費財は理念型としてのS字型曲線を描く代表的な製品とされている（折橋　1992）。

　Rogers(1982)は，多くの事例研究から新分野の製品の普及に関し，グラフの縦軸に普及率をとり，横軸に経過時間をとれば，S字型曲線を描いて推移することを論証した。このS字型曲線を時間微分し，一定期間ごとの新規購入顧客の頻度数をグラフに描くと，図5－1のように全顧客の半分のところを中心

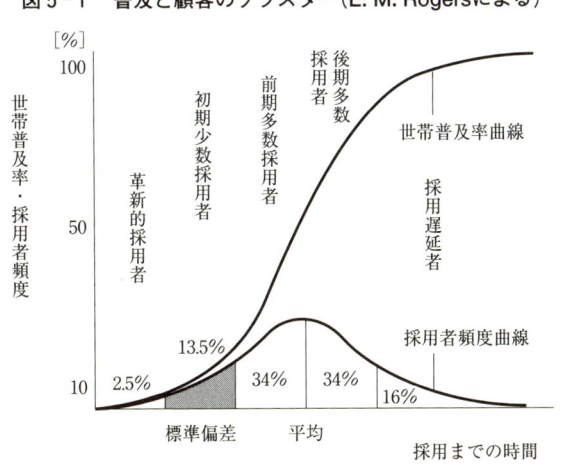

図5-1　普及と顧客のクラスター（E. M. Rogersによる）

とした釣り鐘型の曲線となる。すなわち，顧客が購入に至るまでの時間的な分布には正規性があることを帰納的に説明している。

さらにRogersは，顧客が正規分布していることから，購入の平均時期と標準偏差による顧客を5つのカテゴリーに分類したが，この5分類法は個々の製品の実際の普及の速さには無関係に，製品の普及に関する論議を進めることができる。この考え方は，MahajanらによりBassモデルとも統合され，マーケティングなどの分野でも広く応用されている（山田 1994）。

ここで，新製品購入時期の平均値から標準偏差の2倍以上早い時期に購入する顧客層は全体の2.5%が存在することになり，この層は「革新的採用者（innovator）」と呼ばれる。革新的採用者の一般的特徴は，リスクをいとわない冒険的な人々であり，新しいアイデアの摂取者として重要な役割を果たす。しかし，地域の集団からは逸脱しており，革新的採用者同士で独自の情報交換網を作る傾向があるため，周囲への影響力は乏しい。

これに対して，その次に位置する，採用時期の平均値から標準偏差の2倍早い時期と標準偏差分だけ早い時期の間の顧客層は全体の13.5%を占め，この層は「初期少数採用者（early adaptor）」と呼ばれる。この層の特徴は，前述の革新的採用者とは異なり地域の集団によく溶け込み，一般的な潜在顧客に対して，他のどの層よりもオピニオン・リーダーシップが高いことである。この層が周囲に影響を及ぼすことで普及が促進され，顧客のネットワーク形成のドライビング・フォースとなる。

このように考えると，耐久消費財としての家電製品の場合，潜在顧客は一般的に国内の全世帯が想定されており，経験的に指摘された「世帯普及率2―3%」とは，まさに顧客の中心が革新的採用者から初期少数採用者に代わる時点を指していることになる。したがって周囲への影響力を持たない革新的採用者ではなく，大きな影響力を持つ初期少数採用者の支持こそが業界標準化への大枠を決めると解釈できる。

潜在顧客が新製品に関する知識を得る時期と，実際に購入行動を起こす時期には時間的なずれがあり，世帯普及率が1ケタの段階では，知識を得ている潜在顧客は，既に購入した顧客の3倍から10倍もあり，可処分所得に対する製品の価格の割合が高いほどその比は大きくなる，といわれる（山田 1993a）。したがって，2つの技術規格が競合状態にある場合，初期少数採用者に支持され，実際に購入された製品の技術規格が，そのオピニオン・リーダーシップにより製品の知識は得ていた前期多数採用者の決定に影響を与え，その前期多数採用

者が実際に購入することで「ブーム」となり，技術規格の優位を強化し，業界標準を確立する。これが，世帯普及率2—3％の段階から業界標準化のための自己組織化が開始される主な理由と解釈されよう。

4 ネットワーク外部性にもとづくバンドワゴン効果モデル

(1) ネットワーク外部性とは

技術規格が介在する製品特有の問題として，業界標準化プロセスに大きく影響するものが「ネットワーク外部性（Network Externality）」（Katz & Shapiro 1985）である。ネットワーク外部性とは，「同一規格の財を消費する人数が増えれば増えるほど，当該財の個々の消費者の便益が増す現象」（岡田 1992）をいう。

技術規格はハードウエアとソフトウエアのような補完製品間の互換性，接続性を保証しているので，同一の技術規格を採用している製品の組み合わせをいろいろと替えられることからネットワークとして機能していると解釈できる。

同一規格に従った製品の間では交換に何の支障もなく，ネットワークの恩恵に浴することができるが，互換性のない技術規格の製品ではそれができない。たとえばVTRを使ってテレビ番組の留守録画をする，あるいは特定の映画ソフトを再生することが可能か，という便益そのものはどの技術規格を採用しても本質的な違いはない。しかし山田（1993a）が指摘するとおり，前記の3つの製品の普及段階において，顧客にとって技術規格を選択する基準は，たとえば以下の顧客の言葉に代表される要素によるところが大きい。

- 友達や親戚がVHS方式のVTRを既に持っているのでテープの貸し借りに便利
- 近くのレンタルビデオショップにはVHS方式のソフトが置いてある
- レーザーカラオケならばカラオケボックスと同じ最新の歌が歌える
- 周りの友達がみなファミコンを持っているので話題に遅れたくない
- 近くの中古ファミコンソフトの店からいろいろなゲームを安く買える

これらは，顧客自らの購入の意思決定が既に購入済みの他者に強く影響されていることを示している。すなわち技術規格の選択は，その規格によって形成されている資産の共有・交換のための顧客間の目に見えないネットワークへの

加入を意味する。このような状況においては，共有・交換可能な外部の相手の数がより多いネットワークに加入するほど，効用は向上しバンドワゴン効果が生じる。Rogersらの分析に従えば，この傾向は他の顧客への影響力が大きい初期少数採用者が購入の中心となる，世帯普及率2.5％以降の時期に顕著となるはずである。

　ここで，顧客が1つの技術規格を選好することを，顧客ネットワークに加入することと考えて，ネットワークの効用を表す尺度を定量化したい。接続・交換可能な外部の相手が多いネットワークほど効用が大きいとすれば，その効用の大きさはネットワーク加入者の任意の2人を接続するパスの総和で表すことができる。n人が加入するネットワークの中で任意の2人を接続するパスの総和は，

$$\text{パスの総和} = {}_nC_2 = n \times (n-1) \div 2$$

と表される。したがって，市場に加入者の十分多い2つのネットワークがあれば，それぞれの効用の比は加入者の人数の自乗，あるいはシェアの自乗の比で近似できる。これは，90年代半ばに米国の技術評論家ボブ・メットカーフが「インターネットにおいてネットワークの『価値』は，そのネットワークにつながれている端末（ユーザー）数の自乗に比例して拡大する」という，いわゆる「メットカーフの法則」と一致する。

　たとえば世帯普及率2.5％に当たる100万台の市場規模を持つ新分野の製品が2つの技術規格に分かれて競合状態にある時に，それぞれの技術規格の製品が55万台と45万台既に導入されていたとすると，それぞれの効用の比は，55の自乗と45の自乗の比で近似できる。

　この場合では，わずか10％のシェアの差が約1.5倍の効用の違いとなり，次に購入しようとする顧客の評価に影響を及ぼす。したがってひとたび少数派となった技術規格に，これだけの効用の違いを何か別の方法，たとえば製品の価格や目に見える機能に大幅な違いを生むことなどでそれを補なえなければ，その後の逆転は困難となる。

(2) **普及とシェア推移のシミュレーション**

　次に，2つの技術規格の普及の進展とシェアの推移に関して次のようなシミュレーションを試みたい。ここでは各企業間の技術レベルは均衡しており，それぞれの技術規格の製品は，価格・性能・機能などすべての面で同一水準にあり，また製品は潤沢に流通しており，顧客は両方の製品に関する十分な情報を

第5章 技術規格の業界標準化プロセス 133

持ち，どちらの技術規格の製品も自由に選択できる，という理想状態を想定したうえで，2つの技術規格がネットワーク外部性の差異のみに依存して競争が行われるものとする。

この条件では，世帯普及率が2.5％の段階で2つの技術規格がちょうど50％ずつのシェア初期値で均衡している場合には，その後シェアが50％から変化することはない。しかし，シェア初期値にわずかな偏りがあれば，普及が進展するにつれて新たな加入者をネットワークに取り込んでいく際に，効用の大きなネットワークの方により多くの新たな加入者が集まりシェアを高め，シェアを高めたネットワークはますます効用を拡大させ，さらに大きなシェアを得ることになる。

そこで，製品の導入当初から世帯普及率が2.5％に至るまでを初期値の第0期とし，その後世帯普及率が5％，10％，20％，40％，80％と順次2倍に増えていく期間をそれぞれ第i期として，優勢な側の技術規格が第0期から第i期までに得た累積シェアをx_i（$0.5 \leq x_i \leq 1$　$i = 1, \cdots, 5$）としてシェア推移の定量化を試みる。

ここで，劣勢な側の技術規格が第0期から第i期までに得た累積でのシェア

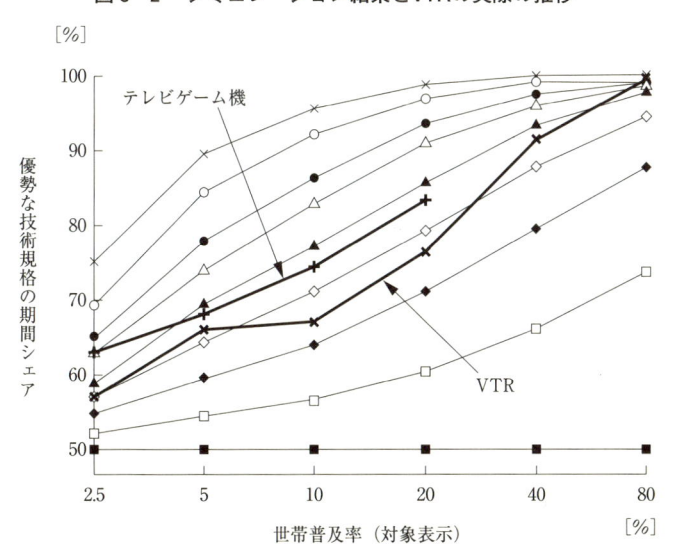

図5-2　シミュレーション結果とVTRの実際の推移

細線：シミュレーション
太線：VTR，テレビゲーム機の推移

は$1-x_i$であり，また第i期に新規に購入する顧客の数は第0期から第$i-1$期までに購入した顧客の総数と同一となることから，既に購入済みの顧客の2つのネットワークで作られる効用の大きさ，すなわちシェアの自乗に比例して，第i期の顧客の選好が行われるとすると，優勢な技術規格の第i期の期間シェアy_iは以下の式で表すことができる。

$$\text{期間シェア} \quad y_i = \frac{x_{i-1}^2}{x_{i-1}^2 + (1-x_{i-1})^2}$$

同様に，第0期から第i期までの累積シェアx_iは第$i-1$期までの累積シェアと第i期の期間シェアの平均となるので，以下の式で表すことができる。

$$\text{累積シェア} \quad x_i = \frac{x_{i-1}}{2} + \frac{x_{i-1}^2}{2\{x_{i-1}^2 + (1-x_{i-1})^2\}}$$

上記の式に従って，第0期でのシェア初期値x_0が，それぞれ50％，52.5％，55％，57.5％，60％，65％，70％，75％の場合のその後の期間シェアy_iの推移をグラフにすると，図5-2の細線のようになる。普及の進展とともにネットワーク外部性に従って，期間シェアが100％に向かって収斂していく様子が示されている。このバンドワゴン効果により業界標準が自己組織化されることがわかる。

5　実際の普及過程との比較

　日本市場における家庭用VTRの動向は，上記のような理想状態での競争の条件をほとんど満たした典型的な事例である。1975年の導入当初から92年までの国内出荷累積台数，世帯普及率，2つの方式間シェアの推移を図5-3にまとめた。[4] 世帯普及率の推移は典型的なS字型曲線を示している。伊丹(1989)，徐(1991)の指摘どおり，各企業間の技術レベルは均衡しており，ベータマックス方式とVHS方式の製品は，価格・性能・機能などで決定的な差異はなく，ほぼ同一水準にあった。

　また，どちらの技術規格の製品も豊富に電気店の店頭に並んでおり，宣伝広告も盛んで，顧客は両方の製品に関する十分な情報を持ち，どちらの技術規格の製品も自由に選択できる，という状態にあった。世帯普及率2.5％段階で優

---

[4] 出荷数量は通産省生産動態統計，EIAJ，世帯普及率は経済企画庁消費動向調査，シェアは日本経済新聞，電波新聞などから作成。

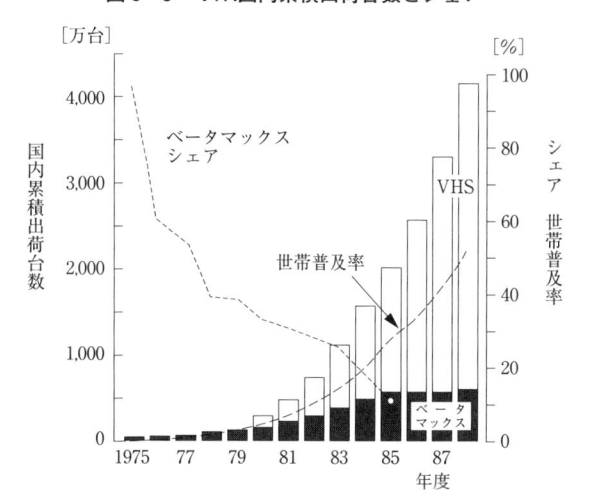

図5-3　VTR国内累積出荷台数とシェア

秀なVHS方式のシェアは57.5%であり，図5−3より世帯普及率2.5%から，5%，10%，20%，40%，80%までの実際の期間シェアの推移を求めた結果は図5−2の太線のとおりとなる。これは上記の式にもとづくシミュレーションの結果と，実際の推移がよく一致していることを示している。同様に，テレビゲーム機においても世帯普及率とファミコンのシェアの推移は，シミュレーション結果とよく一致している。[5] これにより，家庭用VTRとテレビゲーム機の普及過程において，業界標準確率に顧客の選好によるネットワーク外部性が強く作用していることが確認された。

6　競争条件に有意な差異がある場合のシェア推移

さらに，2つの技術規格の間で技術的あるいはマーケティング的な競争条件に有意な差異がある場合には，バンドワゴン効果は一層顕著となり，優勢な技術規格は普及の進展とともに急速に市場を制覇する。そこで競争条件の差異に依存するバンドワゴン係数kという概念を新たに想定し，前述の普及の各段階において購入済み顧客のシェアの自乗ではなく，$2k$乗に比例すると仮定する。ここでkは技術的あるいはマーケティング的な競争条件の差異すべてを一次元

---

5) 任天堂広報資料などから作成。

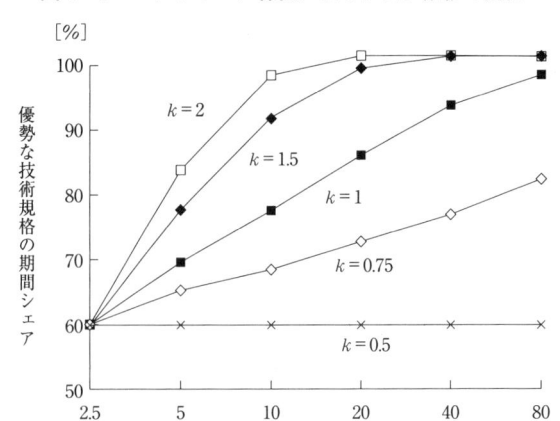

図5-4 バンドワゴン係数によるシェア推移の変化

図5-5 バンドワゴン係数ありのシミュレーション結果と実際の推移

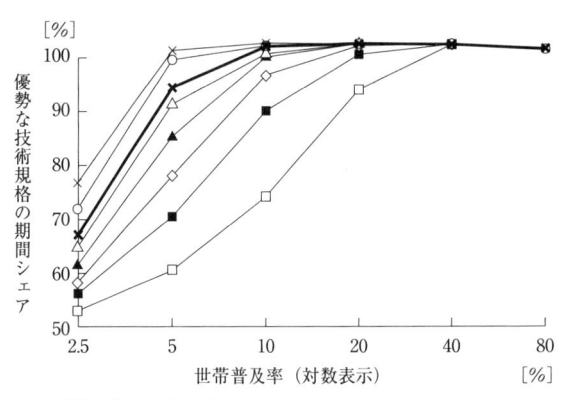

細線：シミュレーション
太線：ビデオディスクの推移

量に集約した仮想的な係数であり $k \geqq 0.5$，ただし $k = 1$ の時は競争条件がまったく同等な場合，を示し，k が大きいほど急速にシェア100%に漸近する。この場合，期間シェア y'_i，および累積シェア x'_i は次式で示される。

期間シェア $\quad y'_i = \dfrac{x'^{2k}_{i-1}}{x'^{2k}_{i-1} + (1-x'_{i-1})^{2k}}$

累積シェア　　$x'_i = \dfrac{x'_{i-1}}{2} + \dfrac{x'_{i-1}{}^{2k}}{2\{x'_{i-1}{}^{2k} + (1-x'_{i-1})^{2k}\}}$

ここで,世帯普及率2.5％時点でのシェア初期値60％という条件で,$k = 0.5$,0.75,1,1.5,2の場合のその後の普及過程での期間シェア推移を表すと,図5－4のようになる。

以上のような競争条件に有意差異がある場合の事例として,ビデオディスクの実際の推移と比較を行う。前述のように先行導入されていた光学式は,世帯普及率2－3％の段階でさらにデジタルサウンド対応とコンパクトディスクとの複合化を達成したため,VHD方式に対する技術的優位性を顧客に認知させることに成功した。したがって,本格的な普及に至る前に光学式が急速にシェア100％に漸近したのである。図5－5に$k = 2$の場合について,上記の式に従って,第0期でのシェア初期値x'_0が,それぞれ50％,52.5％,55％,57.5％,60％,65％,70％,75％の場合のその後の期間シェアy'_iの推移をシミュレートした結果とビデオディスクの実際の推移の比較を示す[6]。これにより,シミュレーションの結果と実際の推移がよく一致していることが確認された。

7　論　議

本章で示したように,同一世代内技術規格間競争では,世帯普及率2－3％の時点で優位に立った技術規格がネットワーク外部性により,普及の進展とともに業界標準として自己組織化される,という仮説について,少なくとも家電製品のような耐久消費財の分野では妥当性が検証されたと考える。

しかしこれは2.5％段階で優位を確立しておけば,後は自動的に普及するということを意味するものではない。優位の確立を目指す者は,常に競争条件の維持のために適切な努力を要求される。ただし,市場の大半が1つの技術規格を採用して数字のうえで明らかに差がついてから標準と認められるのではなく,普及のごく早い時点で既に業界標準の枠組みが決定されるという事実は,古典的な競争戦略形成法に対して大きな変更を余儀なくされるであろう。

ここでは,目に見えない情報の流れの速さに即した意思決定の速度が求められる。しかし,新技術規格導入当初の市場環境の中で,顧客は製品の機能や便

---

[6] 日本経済新聞,電波新聞などから作成。

益に対する要求を明示的に持っているわけではない。むしろ製品を目の当たりにし，効用を告知されることによって，それがあたかもはるか以前から当然のように，保持してきた要求に合致していると認知するのである。

　従来のコンティンジェンシーモデルでは，外部環境の変化を検知し，それに対して内部パラメーターを調節することを主眼として，いわば目に見えない情報の流れに基づいたフィードバックループを形成しているが，このような状況に対しては，むしろ変化を先取りし，情報処理のスループットを高めるフィードフォワードループこそ必要となる。これは新技術規格導入当初，世帯普及率2.5％以前の段階でのビジョニングの重要性を意味する。

　すなわちプロダクトライフサイクルが短縮化される中で，さらに顧客の認知世界がまだ流動的な早い段階のうちに，プロダクトライフサイクル全般を見据えて自ら持つ新技術・製品の効用をその認知世界の中にインプットし，顧客を以前からそれが当たり前であったようにリードしていくことが求められる。これが，世帯普及率2.5％以前の段階で技術規格提唱者がなすべきことの1つの解答となるであろう。

　すなわち，たとえば日本の世帯数は約4,000万であることから，一般家庭向けの耐久消費財であると，その2.5％にあたる100万世帯という数字が普及過程においてきわめて大きな意味を持つことになる。後発参入する技術規格提唱者にとっては，100万世帯に普及する前，つまり購入の主体がまだ「革新的採用者」に留まっている段階で，なんらかの積極的普及促進策を実施しない限り，後発逆転がきわめて困難であることがわかる。実務家の多くが，経験的にこの点を指摘する意味がここにある。

　実際に，ここで取り上げたテレビゲーム「ファミリーコンピュータ」の世代交代を狙う「32ビット次世代テレビゲーム競争」が1994年から起こり，セガの「セガサターン」とソニー・コンピュータエンタテイメントの「プレイステーション」の間でも，同様の激しい競争が繰り広げられた際，95年春からソニー・コンピュータエンタテイメントは「行くぜ，100万台！」というテレビコマーシャルをさかんに放映した。イメージキャラクタの利用やゲーム機の性能の告知を一切せずに，ひたすら数量のみをアピールし，さらに目標達成後「行ったぜ，100万台！」と内容を変えている。これは技術規格間競争における100万台という数字の意味をもっとも強く意識したコマーシャルだったと言うことができよう。

　また，バンドワゴン係数の違いにより，業界標準確立の早さに大きな違いが

第5章 技術規格の業界標準化プロセス　139

出ることは，競争戦略形成にいくつかの示唆を与えてくれる。ここでは，あらゆる技術的あるいはマーケティング的な競争条件の差異を1次元に写像した仮想的な係数としたが，これは同時に顧客がその製品から得られる便益の差異をどれだけ強く認知しているかを反映した係数とも考えることができよう。

　VTRの場合と，テレビゲームやビデオディスクの場合とでは，便益の認知に大きな差異があったと思われる。VTRの普及過程において，VHS方式の提唱者である日本ビクターは，後発のハンディキャップを解消するために同業他社とのアライアンスを重視する開放協調型のアプローチを採った。また，競合するベータマックス方式の提唱者であるソニーとの間にVTRに関するクロスライセンス契約があり，その結果技術的な差異を築くことができなかった。さらに家電業界の特性から，どの企業の製品も大型量販店の店頭で同等に並べられるため，マーケティング面でも競争条件に差異をつけることが困難だった。

　どちらの方式でも，「テレビの番組をタイムシフトする」という最大の用途においては，ほとんど同等の便益を提供していたことになる。そのため，顧客は両方式についてほぼ同等に十分な情報を得て，便益の認知も同等であったといえよう。そのため，いわば「完全競争」の条件が整ったのである。

　これに対して，ビデオディスクにおいては，デジタルサウンド対応とコンパクトディスクとの複合化により，顧客に技術的な差異を認知させることに成功し，またカラオケというアプリケーションを確立して，この分野で優れたソフトウエアコンテンツと販路を持つ第一興商と独占的に提携することで，マーケティング面でも明確な差異を認知させることができた。

　一方でテレビゲームの場合も，任天堂はファミリーコンピュータ市場導入期に「ドンキーコング」や「スーパーマリオ」のような高い人気を得たゲームソフトを自社開発し，さらに初心会という問屋グループを掌握して技術的，マーケティング的な差異を明確なものにした。顧客はテレビゲームを選ぶ際に，どのようなゲームソフトで遊びたいかを第一に考えるわけであり，人気の高いゲームソフトがファミリーコンピュータでしか遊べなければ，否応なくファミリーコンピュータを選択することになる。

　このように考えると，便益の認知はソフトウエアコンテンツに依存し，この部分での付加価値の違いが競争条件の違いとなり，バンドワゴン係数に大きな影響を与えていることがわかる。

　以上のように，技術規格の業界標準化プロセスは，付加価値の源泉をどこに求めるかという，技術規格提唱者の持つ事業戦略のグランドデザインを反映す

るのである。

参考文献

淺羽茂(1998)「競争と協力 ― ネットワーク外部性が働く市場での戦略」『組織科学』Vol.31 No.4, p. 44-52, 1998.

今井賢一(1987)「ネットワーク型産業論」『経済技術計画』Vol.2 No.2, p. 104-113.

伊丹敬之+伊丹研究室(1989)『日本のVTR産業 なぜ世界を制覇できたのか』NTT出版.

林紘一郎, 田川義博(1994)『ユニバーサル・サービス』中央公論社.

Hippel, E. A. (1988) *The Sources of Innovation*, Oxford University Press. (榊原清則訳『イノベーションの源泉』ダイヤモンド社)

Katz, M. and Shapiro, C. (1985) "Network Externalities, Competition, and Compatibility", *The American Economic Review*, Vol.75 No.3, p. 424-440.

Mahajan, Vijay, Eitan Muller and Rajendra K. Srivastava (1990) "Determination of Adopter Categories by Using Innovation Diffusion Models", *Journal of Marketing Research*, Vol.17 No.2, p. 37-50.

岡田羊祐(1992)「ライセンシング, 技術の標準化, および厚生」『信州大学経済学論集』第29号, p.69-85.

折橋靖介(1992)『経営戦略とマーケティング』白桃書房.

Rogers, E. M. (1982) *Diffusion of Innovations (3rd Edition)*, Macmillan. (青池慎一・宇野善康監訳『イノベーション普及学』産能大学出版部)

柴田高(1992)「ハードウエアとソフトウエアの事業統合と戦略形成」『組織科学』Vol.26 No.2, p. 80-90, 1992.

柴田高(1993)「製品革新平面による戦略的分析手法」『研究開発マネジメント』Vol.3 No.10, p. 22-28, 1993.

柴田高(1998)「技術規格の業界標準化プロセス」『慶応経営論集』Vol.15 No.1, 1998.

徐正解(1991)「産業進化における競争と協調」『ビジネスレビュー』Vol.39 No.1, p. 85-97, 1991.

新宅純二郎, 許斐義信, 柴田高(2000)『デファクト・スタンダードの本質』有斐閣.

寺本, 藤波, 大友, 柴田, 松永(1994)『戦略を創る』同文舘.

山田英夫(1993a)『競争優位の「規格」戦略』ダイヤモンド社.

山田英夫(1993b)「規格競争戦略のフレームワーク」『ダイヤモンドハーバードビジネス』Vol.18 No.6, p. 109-119.

山田昌孝(1994)「新製品普及モデル」『オペレーションズリサーチ』Vol.39 No.4, p. 189-195.

『産業科学技術の動向に関する基礎調査 (第2部) デファクトスタンダードに関する調査』㈶機械振興協会・経営研究所, ㈶日本システム開発研究所, 1993.

第6章
チャネルの競争優位と製販提携
――機能，構造およびその歴史的変遷――

成 生 達 彦

1 はじめに――トータルシステムとしてのチャネル

　競争にはさまざまな側面がある。各々のメーカーは技術的ノウハウを蓄積し，それを用いた商品企画や生産の効率化という側面でライバルメーカーと競争している。また彼らは，販売促進のための広告のみならず，流通マージンの操作やリベートの提供など，販路の確保にも努めている。小売業者もまた，顧客の便宜にかなった「品揃え」を形成し，商品説明や値引きなどの側面で他の小売業者と競争している。さらに，ある場合にはメーカーと小売業者の間を卸が仲介し，情報伝達や物流の効率化に努めている。

　商品の企画から生産，物流，販売に至る一連のプロセスが円滑に営まれるためには，メーカーや卸，小売業者などの多様な経済主体の参加が必要とされる。と同時に，協働的な生産・販売システムである「チャネル」においては，個々の主体の利潤最大化行動が必ずしもチャネル全体にとっての望ましい結果をもたらすとは限らず，その効率的運営のためには各主体の行動を調整する必要がある。

　この章では，メーカーや卸，小売業者各々の間の競争ではなく，それらを含むトータルシステムとしてのチャネルの間での競争について検討する。

　このようなチャネル全体のパフォーマンスが競争優位を確立するうえで重要となった背景には，消費の個性化・多様化に対応する多品種少量販売（生産）の進展がある。多様な消費需要に応じるために多彩な商品を販売する場合，小売段階での品揃えは広くなり，商品あたりの在庫量は少なくなる。

　この状況で，売れ残りや品切れを回避するためには，変化する消費動向に関する情報［以下では「消費情報」と略す］の迅速な収集と解析，受発注の迅速

な処理や「多頻度少量配送」など，ロジスティックの整備が必要となる。このことを可能にしたのがPOSシステムをはじめとする情報技術や混載などの物流技術の発展であり，大規模小売業者は大量の販売情報を迅速に処理し，販売状況に応じた発注システムを構築している。これに対応するうえで，メーカーは「多品種・多頻度少量生産方式」を導入し，販売に応じて生産を調整している。

チャネルが高いパフォーマンスを発揮するためには，さまざまな機能の遂行に関する意思決定の権限と責任を構成員の間に適切に配分するのみならず，必要な情報を各主体に伝達し，彼らが適切な意思決定を行うための誘因（インセンティブ）体系を構築する必要がある。このようなチャネルの整備こそが競争優位を確立する上で重要であるが，その在り方はチャネルの競争優位がどこにあるか，またチャネルにとっての重要な機能や意思決定が何であるかに依存している。

たとえば，消費者が品質を重視する自動車などの商品においては，技術的ノウハウを用いた商品企画が重要であり，当該のノウハウを持つメーカーが企画を行うと同時に，販売促進面でも重要な役割を演じている。このようなチャネルでは，リーダーとして主要な意思決定を行うメーカーに多くの情報を伝達するとともに，彼が適切な意思決定を行うような誘因体系を構築する必要がある。また，消費者が流行に関心を持つアパレルなどの場合には，企画上，消費動向の把握が重要であり，消費情報を解析するノウハウを持つ卸や小売業者がリーダーとなることもある。この際には，卸や小売業者に情報および権限を集中させる方向でチャネルが整備されることになろう。

本章の構成は以下のとおりである。まず次節では，チャネルが果たすべき多様な機能について概述し，それを遂行するために多様な経済主体の参加が必要となる理由を明らかにする。第3節では，チャネル内での権限の配分や誘因体系など，チャネルの「構造」がいかに規定されるかについて，機能間の補完性や諸機能を遂行するうえで必要な情報の効率的収集・伝達の観点から検討する。第4節では，メーカー主導型のチャネルが競争優位を獲得するためのブランドの確立や垂直的取引制限など，「上からの製販提携（流通系列化）」の諸側面を考察する。第5節では，大規模小売業者によるPB（プライベートブランド）商品の開発や物流の整備など，「下からの製販提携」について検討する。

2　チャネルの機能と構成員

　チャネルの運営にはさまざまな情報が必要とされる。この種の情報を1人の主体がすべて持っていることは希であり，規模の経済性や専門化の利益などの理由から，複数の主体がその一部ずつを保有しているというのが実情である。また，たとえば消費情報などのように，ある種の情報を市場で取引することは困難である。この状況で情報の保有者は，それを活用して利益を得るために，生産・販売プロセスに直接関与する。このようなわけで，チャネルには複数の主体が介在することになる。この節では，チャネルが果たすべき多様な機能とそれを遂行するために必要な情報，さらにはさまざまなチャネル構成員の役割について概述する。

(1) チャネルの機能とその遂行に必要とされる情報

　チャネルの機能は，生産と販売および両者をつなぐ仲介の3つに大別される。

　生産機能を遂行する主体は，生産費用の削減のみならず，チャネル全体の利益のために，適切な商品企画や望ましい在庫水準を維持するための生産調整にも配慮しなければならない。適切な商品を企画し，その販売から多くの利益を得るには，消費情報の収集・解析のみならず，いかなる関連商品をいかなる条件のもとで取引されているかという供給動向についての情報［以下では「供給情報」と略す］も必要とされる。また，企画された商品を効率的に生産するためには，製造工程に関する技術的ノウハウも重要である。さらに，望ましい在庫水準を維持するには，販売に応じて生産量を調整しなければならず，そのためには販売情報の収集のみならず，フレキシブルな生産システムの構築も必要とされる。

　消費財チャネルの目的は消費者への販売であり，この機能を遂行する主体は，商品の存在や購入方法，さらには品質や価格などの情報を消費者に知らせる必要がある。のみならず，顧客の買物行動を把握し，彼らの購買意欲を高めるような販売促進を行い，彼らの便宜にかなった品揃えを形成しなければならない。

　品揃えの形成に際しては，いかなる商品が入手可能かという供給動向を考慮しつつ，販売情報から顧客のニーズを把握し，予想される需要に応じて商品を取り揃える必要がある。

　このような機能を効率的に遂行するうえで，多くの情報が不可欠であること

図6-1 チャネルの機能

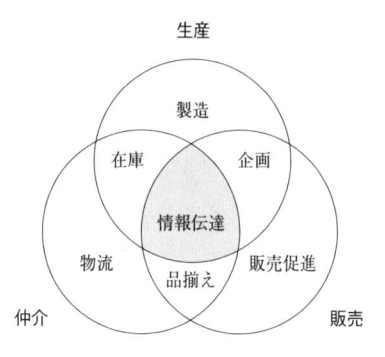

```
              生産
           ╱──────╲
          ╱  製造   ╲
      ╱──┼──╲    ╱──┼──╲
     ╱  在庫 ╲  ╱ 企画 ╲
    │    ╲  情報伝達  ╱    │
    │  物流 ╲──┼──╱ 販売促進│
     ╲      ╲品揃え╱      ╱
      ╲──────╳──────╱
       仲介           販売
```

はいうまでもない。と同時に，チャネルの効率的な運営のためには，たとえば品質情報が生産主体から販売主体へと，逆に（企画に必要な）販売情報が販売主体から生産主体へと伝えられるように，さまざまな情報がチャネル内で伝達される必要がある。

　生産された商品がそこで直ちに消費されることは希で，通常，生産地（時）点と消費地（時）点とは異なっている。このような空間・時間懸隔を架橋することもチャネルの重要な機能であり，空間懸隔は「輸送」によって，また時間懸隔は「在庫」によって架橋される。

　さらに，生産主体と販売主体とが異なる場合，販売主体は個々の生産主体がいかなる商品を生産しているかについての完全な情報を持っているわけではなく，逆に生産主体は個々の販売主体の品揃え形成について十分に知っているわけではない。このような情報懸隔を架橋する「仲介」もまた，チャネルの重要な機能である。

　このようにチャネルが果たすべき機能は多彩であり，それらを遂行するために必要とされる情報やノウハウもさまざまである。多様な主体がこれらの一部ずつを保有している状況で，チャネルが効率的に運営されるためには，多数の主体の参加が必要とされるのみならず，彼らの間で協調的関係が形成される必要がある。

(2) **情報を取引することの難しさ**

　情報の収集には費用がかかるが，それを適切に利用すれば多くの経済的利益を生みだすことができる。情報から利益を得る1つの方法はそれを売却するこ

とであるが，情報に特有の性質のため，このことが常に可能であるとは限らない。多くの場合，情報の価値を評価できるのは，当該の情報を収集して保有する主体（情報の売り手）だけであり，情報の買い手はその質（内容）を的確に評価できないことがある。この時には，売り手は情報を適当に選別して伝えたり，意図的に虚偽の情報を伝達する可能性がある。

　消費情報の取引に際して，いかなる契約が選択されるのか。内容のいかんにかかわらず，この種の情報に対して一定の対価を支払うような契約を考えてみよう。不確実性下では，消費情報にもとづいて企画された商品が当たることもあるし，外れることもある。商品が売れない時，その原因が誤った消費情報にあるのか，または不適切な企画や販売促進にあるのかを判別することは，必ずしも容易ではない。

　この状況で情報の売り手は，多くの費用を負担して正確な情報を収集しようとはしないであろう。と同時に，不正確な消費情報にもとづいて商品を企画したとしても，その生産・販売から多くの利益を得ることは期待できない。その結果，情報の価格は下落し，売り手の情報収集努力は一層低下することになる。

　逆に，消費情報にもとづいて企画された商品の販売額や利益の一部を，情報提供の対価とするような契約が結ばれたとしよう。この時には，情報の買い手は販売額や利益を過小に申告しようとするであろう。このような買い手の機会主義的行動を抑制するためには，情報の売り手が買い手の行動をモニターする必要がある。しかしながら，企画や販売促進のノウハウを持たない情報の売り手にとって，このことは必ずしも容易ではない[1]。この種のモニターに多大な費用がかかる場合には，情報の取引は行われなくなる。

　さらに情報は容易に複製できるから，情報の保有者は複数の主体に同じ情報を販売することによって多くの利益を得ることができる。このようにして，多くの主体が同じ消費情報を持ち，類似した商品が企画・生産されるならば，その販売から得られる利益は少なくなり，極端な場合には損失を被るかも知れない。つまり，消費情報の価値は，それにもとづいて商品を企画・生産する経済主体の数にも依存し，複製された情報が大量に出回っていると想定される場合には，その価値は著しく低下する。この時には，誰も費用をかけて消費情報を収集しなくなる。

---

1) 逆に，この種のノウハウを持っていれば，情報を売らずに，自らが商品を企画して販売すればよい。

これらの理由から情報の取引が困難な場合，収集された情報を利益に転換する代替的な方法は保有者自らが直接利用することであり，情報の保有者自身が生産・販売プロセスに直接関与する。このようにして，チャネルにはさまざまな情報を持つ多様な主体が介在することになる。

(3) チャネルの構成員

　ここでは，チャネルの主要な構成員であるメーカーと小売業者，さらには両者を仲介する卸の役割について概述する。[2]

①メーカー（製造業者）

　メーカーは製造工程に関する技術的ノウハウを持ち，それを用いて製造機能を遂行する。また商品企画上，技術的ノウハウが重要な場合には，彼が中心となって商品を企画する。この際メーカーは，自ら消費動向を調査したり，卸・小売業者から消費情報を入手する必要がある。

　メーカーはまた，適切な在庫水準の維持にも配慮しなければならない。多彩な商品を生産する場合，メーカーは在庫量を減らすために，迅速な受注処理や生産計画の策定，さらには段取り時間の短縮など，フレキシブルな「多頻度少量生産」方式を導入し，販売に応じた生産量の調整に努めている。さらに，自らが生産した製品の品質に関する多くの情報を持つメーカーは，消費者への広告提供などの販売促進機能を分担すると同時に，流通業者に対してもこの種の情報を提供している。

②小売業者

　小売業者の主な機能は消費者への販売である。確かに，需要情報を持つ主体が仲介業者としてそれをメーカーへ販売することもあるが，この種の情報を取引することが困難な場合には，彼は小売業者として流通プロセスに直接関与する。この時には，情報の取引ではなく，消費情報を持つ小売業者がメーカーから商品を購入するという「商品の取引」が行われる。

　十分な品質情報を持たない消費者に対して，それを提供することも小売業者の重要な機能である。彼は多様な商品の品質情報を収集し，自らの評判に基づいて品質を保証したうえで顧客に販売している。小売業者はまた，顧客の買い物行動を踏まえつつ，彼らの便宜にかなった品揃えを形成する。この際，顧客

---

[2] 物流機能を遂行する輸送業者や倉庫・保管業者もチャネルの重要な構成員ではあるが，多くの場合，彼らは商品の所有権を持たず，その意味では「商流」には関与していない。

が品目間比較を行う「買い回り品」の場合には，それを容易にするような代替商品を中心とする品揃えを形成する。逆に，規格化・標準化された「最寄り品」の場合には，顧客の買い物費用を削減するために，ワンストップ・ショッピングを可能にするような品揃えが選択されよう。

③卸売業者

多くの場合，小売業者の活動は極めて地域的であり，商圏もあまり広くない。小規模なメーカーと小売業者とが存在する場合，小売業者は個々のメーカーがいかなる商品を供給しているかについて完全に知っていることは希である。このことはメーカーについても同様で，彼は個々の小売業者がいかなる商品を取り揃えようとしているかについて，必ずしも十分な情報を持っているわけではない。

このような情報懸隔が大きい場合には，卸が介在して両者の間を仲介する。この際，卸はメーカーから購入した商品を分類・等級付けする。この機能には規模の経済性が働こう。そして彼は，商品の品質を自らの評判にもとづいて保証したうえで，小売業者へと「再販売」する。このようにして卸は，品質情報をメーカーから小売業者へと伝達し，両者の間での情報を縮約・斉合するのである[3]。

このように，卸・小売業者は総体としての生産者の供給情報を消費者に伝える一方で，総体としての消費者の需要を生産者に伝達しているのである。このような流通業者の存在によって，社会全体の流通（情報伝達）費用が節約されることはいうまでもない。

3 チャネルの構造とその歴史的変遷

チャネルのパフォーマンスは，個々の構成員が持つ情報のみならず，彼らの間での情報伝達を可能にする協調的関係が形成され，伝達された情報に基づく適切な意思決定が行われるか否かに依存する。そしてそのためには，意思決定権限の構成員への配分や彼らに対する誘因提供など，適切なチャネル構造が選択される必要がある。また，情報・物流技術の進展や，「モノ不足」から「大

---

3)「情報縮約・斉合の原理」については，Alderson (1957) を参照のこと。卸はまた，需給動向に関する情報に基づいて独自の予想を形成する。地域間の価格差を利用した「裁定」や，将来との価格差から利益の獲得を目指す「投機」も，情報を利益に転換するための行動として捉えることができる。

量生産」，さらには消費の多様化のもとでの「多品種少量生産」へという社会・経済的環境の変化に伴い，入手可能な情報やチャネルにとっての重要な意思決定変数もまた変化する。このことがチャネル構造の変化を導き，それに伴いチャネル間での競争の在り方も変化する。

この節では，チャネル構造の規定因について検討するとともに，アパレルの生産・販売を例にとって，チャネル構造の歴史的変遷について概述する。

(1) チャネル構造の規定因

チャネルの多様な機能を構成員の間で配分する際の原則は，第1に，機能を遂行するうえで重要な情報を持ち，適切な意思決定を行うことのできる主体に当該の機能を遂行させるということである。この際，他の構成員が持っている情報が追加的に必要であれば，彼に対して情報を開示させる誘因を提供し，それを意思決定主体に伝達させる必要がある。また，意思決定主体にチャネルにとって望ましい選択をさせるためには，彼の個別的利害をチャネルの利害と一致させるような誘因体系を提供する必要がある。

また第2に，たとえば技術的ノウハウを持つメーカーが，企画から製造，さらには販売促進などの諸機能を遂行するように，機能遂行に同じ情報が必要とされる補完的な機能は，当該の情報を持つ1人の主体に遂行させることが，情報の収集・伝達費用の削減という観点から望ましい。

一例として，企画機能をメーカー，卸または小売業者のいずれに遂行させるかという問題を考えてみよう。競争優位を持つ商品を企画するには，技術的ノウハウや消費動向の把握のみならず，関連商品の需給動向に関する情報も必要とされる。これらの相対的重要度は商品によって異なるが，たとえば自動車や家電製品のように，企画に際して技術的ノウハウが重要な場合には，当該のノウハウを持つメーカーが企画の中心となる。

逆に，技術的ノウハウがあまり重要でない場合，仮に消費者が流行に関心を持つなどの理由から，変化する消費動向への迅速な対応が重要であれば，消費情報を持つ大規模小売業者が商品企画を行うことになる。また，関連商品の需給情報が重要な場合には，当該の情報を持つ卸が企画の中心となることもある。

さらに，商品企画を行う主体は，商品属性について多くの情報を持っているから，多くの場合，販売促進においても重要な役割を演じることになる。その意味で，企画と販売促進とは補完的な機能である。

これらの主要な補完的機能を遂行する主体は，多くのリスクを負担すること

によって自らの責任を明確にし,他の構成員の利害を調整するなど,チャネル運営においても主導的な役割を果たしている。このことを踏まえれば,チャネル構造はメーカー,卸または小売業者のいずれがリーダーとなるかによって,次の3つに大別される。

①メーカー主導チャネル

消費者が品質を重視するなどの理由から,企画に際して技術的ノウハウが重要な商品の販売を促進する際には,メーカーの高い評判にもとづく品質保証が重要である。それゆえ,メーカーは自らブランドを確立し,広告による品質情報の提供など,販売促進の面でも中心的な役割を演じている。このようなチャネルを「メーカー主導型」と呼べば,その効率的運営のためにはメーカーに情報を集中すると同時に,彼らに多くの責任を負わせるなど,適切な意思決定を行うための誘因体系を構築する必要がある。

実際,自動車や家電製品のチャネルでは,メーカーは多くのリスク(責任)を負担しつつ小売業者を系列化し,消費情報の入手と同時に,さまざまな誘因を提供することによって,小売業者の販売促進努力(自社製品の推奨)を引き出している。

②小売り主導チャネル

たとえば流行に左右されやすい衣服のように,変化する消費動向を把握し,それに迅速に対応することが重要であれば,販売動向についての情報を持つ大規模小売業者が商品企画や販売促進の中心となる。

ここで留意すべきことは,彼らの広い品揃えは,ある商品が売れない時には代替的な商品が売れるというように,販売リスクのプールを可能にしてリスク負担能力を高めるということである。それゆえ,リーダーである大規模小売業者は,自らの責任を明確にするために,メーカーに「賃加工」で生産を委託し,生産された商品をすべて買い取ることによって販売リスクを負担する。

③卸主導チャネル

たとえば加工食品のように,生産と小売りの間での情報懸隔が大きく,それを架橋するための仲介機能が重要な場合,関連商品の需給情報を持つ卸がチャネルリーダーとなる。この種の商品においては,生産段階での規模の経済性は小さく,メーカーは総じて小規模である。他面,小売り段階の品揃えは広く,単一のメーカーがすべてを賄うことは難しい。この時,メーカーと小売業者とが直接取引を行えば,適切な品揃えを形成するために必要な取引の数は膨大なものとなる。この状況で両者の間に卸が介在すれば,Hall(1948)が指摘した

図6-2　取引数単純化の原理

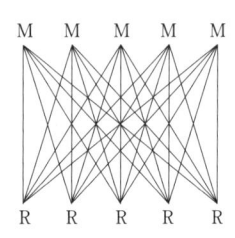

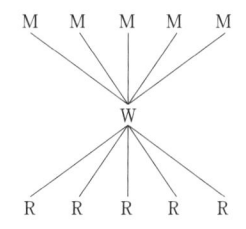

注）5人の小売業者が5つのメーカーの商品を取り揃える時，両者が直接取引を行う場合，必要な取引数は25であるのに対し，卸が介在する場合には取引数は10へと減少する。

「取引数単純化の原理」が働き（図6-2を参照），取引にかかる費用を節約することができる。

　また，リーダーとしての卸は，個々の小売業者の販売実績を集計・解析することによって売れ筋・死に筋商品を判別し，それをメーカーに伝達している。この種の作業には，規模の経済性や専門化の利益がある。この状況で，メーカーは卸から伝達された情報にもとづいて商品を企画するわけであるから，ある意味では卸が企画の中心であるといえなくもない。

(2) チャネル構造の歴史的変遷——アパレルのチャネルを中心に

　アパレルに対する消費者の嗜好は必ずしも確定したものではなく，それを需要として顕在化するうえで，商品企画や販売促進上の努力が重要である。アパレルの生産では，企画に必要な情報の収集は製造卸（メーカー）の役割であり，この種の情報にもとづいて利益を得るために，彼自身が商品を企画し，生産された商品を販売するという方法がとられている。

　製造卸は企画した商品の一部を生産することもあるが，多くの場合，下請業者に生産を委託している。この際，個々の下請業者が別々に情報を収集し，それにもとづいて生産を進めるのは費用の無駄である。また，消費動向に関する情報は必ずしも完全ではなく，それにもとづいて企画された商品の販売にはリスクが伴う。

　この状況で，販売が製造卸の努力に大きく依存する場合，彼に対して適切な企画や積極的な販売促進を行わせるための誘因を提供し，彼と下請業者との間

の望ましいリスクの配分を導くために「賃加工」方式が採用されている。

以下では，アパレルの流通を例にとって，消費地卸の衰退や大規模小売業者の台頭など，チャネル構造の変遷について検討する。

モノ不足の時代——消費地卸の役割

多数の小規模な（下請）製造業者と小売業者とが存在し，彼らの間での情報懸隔が大きい状況では，それを架橋する仲介機能が相対的に重要であり，それを遂行する卸がチャネルリーダーとなっていた。実際，アパレルの生産における規模の経済性は小さく，製造業者は総じて小規模である。また，1960年以前のモノ不足の時代には，チャネルの重要な課題は原材料の調達であり，繊維メーカーや商社などの卸が大きな力を持っていた。この状況では，消費動向を踏まえた商品企画や販売促進はそれほど重要ではなく，消費地卸や集散地卸の仲介機能が重要であった。[4]

消費地卸は特定地域の需要情報を持ち，それを利益に変えるために製造卸と小売業者の間に介在した。確かに，製造卸は小売業者との直接取引によって多くの情報を入手できるが，情報の入手先が増えるに伴い費用もまた増加する。アパレルの場合には，個々の店舗での売れ筋商品には若干の相違が見られたとしても，地域全体の消費動向は安定的であることが多い。このため，地域の販売情報を収集し，それを分析する活動には規模の経済性や専門化の利益がある。消費地卸がチャネルに介在する根拠はこの点にあり，彼は消費情報を縮約して製造卸へと伝達した。この状況では，製造卸にとっても消費地卸からの情報に基づいて商品企画を立てた方が有利であった。このように，すべての情報が常にチャネルを通じて流れるわけではないし，そのことが費用を考慮した時に望ましいわけでもない。

情報の売買は，情報に特有な性質ゆえに困難である。この問題を解決するために，消費地卸は自らの情報にもとづいて商品を仕入れたのである。とはいえ，彼の持つ情報が完全であるわけではなく，仕入れた商品の販売にはリスクが伴う。「買い取り制」のもとでは，このようなリスクは小売業者によって負担される。この状況では，リスクを負担しない消費地卸が適切な仕入れをするとは限らず，彼を媒介とする取引が機能しなくなる。返品制はこの問題に対処する

---

4) アパレルの流通では，しばしば，同じ情報にもとづいて企画された同種の商品が大量に市場に出回ることがある。このような過剰生産は，需給情報を持つ集散地卸の投機によって調整されていた。

ための工夫であり，このもとでは消費地卸が販売リスクを負担することになり，不適切な品揃えは彼自身の損失となる。それゆえ，彼は消費情報を収集・解析したうえで，適切な品揃えの形成に努めたのである。このことは，彼が提供する情報の信頼性を高め，チャネル内での情報伝達を円滑にする。その意味で返品制は，適切な品揃え形成のための誘因を消費地卸に提供すると同時に，チャネル内での情報伝達の基盤としても機能していたのである。

大量生産の時代――製造卸の役割

卸主導型チャネルにおけるメーカーの競争優位は生産費用の削減であり，このために，規格化・標準化にもとづく大量生産方式が導入された。この生産方式を効率的に運営するためには技術的ノウハウが重要であり，当該のノウハウを持つメーカーがリーダーとなった。また，モノ不足が解消され，大量の商品が出回るようになると，消費者ニーズに合致した商品の企画と小売業者による推奨が重要となる。この状況で，レナウン，オンワード樫山やワールドといった一部の卸が，消費情報にもとづいて商品を企画し，その一部を生産するようになった。

彼らはまた，小売業者の販売努力を確保するために，小売業者と直接的取引関係を結んで消費地卸を排除した。この際には，企画に必要な消費情報は小売業者から直接伝達されることになる。と同時に製造卸は，チャネル間競争を緩和するために，ブランドを確立して製品差別化に努めた。このようなメーカーブランドが確立されれば，生産と小売りの間の情報懸隔が縮小され，消費地卸が介在する必要性は小さくなろう。

ファッション性が高く陳腐化の早い衣服の多くは，ある意味では新製品であり，その需要については，商品を企画した製造卸が多くの情報を持っている。また販売促進上，一定量の店頭展示が不可欠であり，それを確保するためには，小売業者に需要情報を伝達し，彼らから注文を引き出さなければならない。買い取り制のもとでは，売れ残りを恐れる小売業者の注文は少なくなる。製造卸による返品制の導入は，小売業者の販売リスクを軽減しつつ製造卸の責任を明確にするとともに，製造卸から小売業者への情報伝達を可能にしたのである。

メーカー主導型チャネルにおける小売業者の競争優位は，顧客に対する効率的な推奨であり，そのため彼は，店舗の大型化やストアロイヤルティの確立に努めた。とはいえ，大規模小売業者の台頭が，直ちにチャネル構造の変化を導くわけではない。当初は大規模小売業者のシェアは小さく，小売の主流である零細小売業者とメーカーの間を卸が仲介していた。この状況では，大規模小売

業者にとっても，新たな物流体制を構築するよりは，既存の卸に物流を任せた方が有利であった。このように，チャネルの構造は必ずしも一挙に変わるのではなく，旧システムを引きずりながら徐々に変化していくのである。

多品種少量生産の時代——大規模小売業者の台頭

　消費の個性化・多様化が進むと，きめ細かい商品企画を行ううえで，多くの消費情報を迅速に解析することが重要となる。このことは，ファッション性の高い婦人服など，品数が多くて陳腐化の早い商品においてはとくに顕著である。他方，すべての消費者が確たる嗜好を持っているわけではなく，企画する側からの情報提供が流行を創り出し，商品の売れ行きに影響を与えるのも事実である。この状況では，消費情報を収集したり流行を創り出すうえで，製造卸が直接消費者と取引することのメリットがある。このため，オンワード樫山などのナショナルブランドは百貨店と委託契約を結んで店員を派遣したり，ワールドやイトキンの「オンリー・ショップ」などに例示されるように，一部の製造卸が直接小売段階へと進出したのである。

　大規模小売業者の台頭によって彼らの知名度が高まれば，生産と小売りとの間の情報懸隔は縮小される。また彼らは，情報の収集・解析における規模の経済性と専門化の利益を自らのものにすることができる。この状況では，大規模小売業者にとって消費地卸を利用する必要はなく，自らの情報にもとづいて品揃えを形成することができる。近年，情報技術の進展によって一部の大規模小売業者はかつての卸よりも多くの需要情報を持つに至っている。このため，大規模小売業者にとって，自らが情報を解析してPB商品の企画を行うことが割に合うようになり，彼らがリーダーとなって商品を企画し，その生産を下請けメーカーに委託している。この際には，広い品揃えゆえにリスク負担能力の高い大規模小売業者が，生産された商品をすべて買い取って，販売リスク（責任）を引き受けることになる。

4　流通系列化——上からの製販提携

　消費者の商品選択が品質に依存する自動車などの買い回り品の場合，企画に際して技術的ノウハウが重要であり，当該のノウハウを持つメーカーが企画の中心となる。また，彼らは高い評判の確立に努めるなど販売促進面でも重要な役割を演じるとともに，リーダーとして他の構成員の行動にさまざまな制約を加えている。この節では，メーカー主導型のチャネルを取り上げ，そこでの競

争優位を確立するための方策として，特殊な資源・ノウハウの蓄積，ブランドの確立，メーカーと小売業者の間での継続的な取引関係や垂直的取引制限など，「上からの製販提携（流通系列化）」の諸側面について考察する。

(1) **特殊な資源・ノウハウの蓄積，継続的取引関係とブランドの確立**

商品の製造工程では，効率的な生産のために，生産設備にさまざまな「改善」が加えられる。また，特定の生産設備で働く労働者は，訓練や実際の作業を通じて，当該の生産システムに特有な熟練を習得する。

このような改善された設備や熟練を習得した労働者などの人的・物的資源は相互に補完的であり，また他の財の生産効率をも向上させるかも知れないが，その有用性は当該の財の生産に用いられる場合よりも低くなるという意味で，当該の生産システムに「特殊的」である。

この種の資源の育成にはある程度の時間と費用がかかるから，これらの資源は必ずしも市場で短期的に調達可能ではなく，他のメーカーによって模倣され難い。実際，多様な人的・物的資源の総体としての生産システムの競争優位の源泉は，市場で調達可能な（汎用的な）資源ではなく，特殊な資源またはそれらの特殊な組み合わせとしての「技術的ノウハウ」にあるように思われる。

販売面でも，小売業者は店舗などの設備にさまざまな工夫を凝らすし，さらに販売員は，研修や商品の販売プロセスで当該商品についての知識や販売技術を習得する。実際，自動車などの買い回り品の場合には，効率的な販売促進を行ううえで，豊富な商品知識を持つ販売員の推奨が重要な役割を演じている。このような商品知識も，販売業者が当該商品のメーカーとの取引をやめて他のメーカーの商品を扱う時には，その有用性は低下する。その意味で，特定の商品を生産するための人的・物的資源とそれを販売するための資源とは相互に補完的であり，メーカーと販売業者との間の取引関係に特殊な資源である。

これらの資源は繰り返し活用できるから，その育成は「投資」であり，その費用は当該の資源を長期にわたって活用することによって回収される。他面，特殊な資源の価値は他の生産・販売システムでは低くなるから，投資費用を効率的に回収するためには，当該のシステムにおいて当該の資源を長期にわたって活用する必要がある。逆にいえば，長期にわたる継続的な取引・雇用関係が結ばれ，（投資費用の無駄を意味する）資源の遊休化や熟練労働者の解雇の可能性が小さくなって初めて，各主体は特殊な資源への投資を積極的に行うようになる。その結果，生産・販売上のノウハウが蓄積され，チャネルの競争優位

が確立される。

このようにして、特殊な資源はチャネルの準固定的要素となるから、その処分を伴うような短期的な調整は行い難くなる。それゆえ、メーカーは安定的な生産を行おうとするのであるが、他面、リーダーとして、販売に応じた生産にも配慮する必要がある。この状況で彼は、需要の変動（不確実性）を縮小するために、ブランド（評判）の確立に努めることになる。というのは、高いブランドロイヤルティは需要の価格弾力性を低め、需要ショックが生じた場合の短期的な数量調整の幅を縮小するからである。その結果、安定的な販売とそのもとでの安定的な生産が可能となり、資源の遊休化の可能性が低くなるから、特殊な資源への投資も積極的に行われるようになる。[5]

もちろん、高いブランドロイヤルティを確立するためには、販売上のノウハウ（特殊な資源）の蓄積が重要であり、そのためにはメーカーと販売業者との間で継続的な取引関係が構築される必要がある。その意味では、高い（低い）ブランドロイヤルティによって特徴づけられるチャネルと継続的（短期的）な雇用関係によって特徴づけられる生産・販売組織、さらにはメーカーと販売業者との継続的（短期的）な取引関係の間には補完的関係が存在するように思われる。のみならず、高い評判を維持するためには、広告の提供やアフターサービスの充実、さらには苦情処理を含む顧客管理など、メーカーと販売業者との協力が不可欠である。この点について、日米の自動車のチャネルを例にとって説明しよう。

(2) メーカー・ディーラー関係

日本では商品知識、技術情報や消費情報の伝達といった面で、メーカーとディーラーとが密接な関係を維持しているのに対し、米国では両者は比較的独立している。このことの背景には販売方法の相違がある。高い地価ゆえに展示スペースが狭い日本では、カタログを用いた訪問販売が主流であり、販売促進上、豊富な商品知識を持つ販売員が重要な役割を演じている。他方、店頭販売が主流の米国では、販売員の商品知識はあまり重視されていない。また品揃えについても、米国では主に展示車のみが販売の対象であるのに対し、カタログ販売が主流の日本では、ディーラーが取り扱い可能な全車種が販売の対象となって

---

5)「多能工化」の促進もまた、生産システムのフレキシビリティを高め、人的資源の遊休化の可能性を低める効果を持つ。

おり，顧客に対して広い選択肢を提供している。このように日本では，自動車についての豊富な知識を持つ販売員が，顧客情報にもとづいて広範な品揃えの中から適切なモデルを提案する。そして顧客は，販売員の提案に同意したうえで購入するため，ミスマッチが少なく購入後の不満も少なくなっている。このことがブランドロイヤルティの維持に貢献していることは，いうまでもない。

このように，販売員の商品知識をはじめとする特殊な資源が販売の効率を向上させる日本において，それへの積極的な投資を行うために継続的な取引関係が採用されている。日本の販売員は研修によって商品知識を習得するが，研修を効率的に行ううえで，技術情報の提供などメーカーからの援助が不可欠である。また日本では，注文から納車までの期間を短縮することも，販売促進上重要なものとなっている。このことを可能にしたのがオーダー・エントリーシステムで，トヨタ自動車の場合，顧客の希望にもとづく最終仕様の変更は生産日の4日前まで許されている。その結果，迅速な物流システムと相まって，納期は10日程度に短縮されている。と同時に，実際の需要に応じた生産が行われる結果，流通在庫を削減する効果も併せ持っている。

このようなオーダー・エントリーシステムが機能するためには，「平準化」にもとづく伸縮的な生産体制の確立と同時に，メーカーとディーラーの間の密接な関係が必要とされよう。

アフターサービスの充実もまた，ブランドロイヤルティを維持するうえで重要である。修理サービスを提供するためには，工場という固定設備が必要とされる。日本のディーラーは，都道府県単位の比較的広い「責任販売地域（テリトリー）」を割り当てられ，その中に複数の販売拠点を持っているが，個々の販売拠点は簡単な修理工場を持つのみで，本格的な修理はディーラー中央で集中して行われている。このように，日本の大規模ディーラーシステムは，規模の経済性にもとづいて充実したサービスを提供し，高いブランドロイヤルティを確立・維持するための工夫として理解することができる。

この種の修理サービスを効率的に提供するには，技術情報の提供や部品供給という点でメーカーとの緊密な関係が必要となる。またディーラーは，車検や修理を通じて顧客の不満を聞き，それをメーカーに伝達している。この種の情報は，モデルチェンジや新車開発（商品企画）に際して，通常の市場調査よりも有益であり，その意味でも，メーカーとディーラーとの結びつきは強くなっている。

(3) チャネルの整備——垂直的取引制限

メーカー主導型チャネルでは，意思決定に必要な情報をメーカーに伝達するのみならず，他の構成員の意思決定を調整するために，さまざまな垂直的取引制限が用いられている。独立した意思決定主体である小売業者の利潤最大化行動が，メーカーまたはチャネル全体にとって必ずしも望ましいものであるとは限らない。この状況で，リーダーとしてのメーカーは，チャネルのパフォーマンスを高めるために，小売業者の行動にさまざまな制限を加える。このような垂直的取引制限には，小売業者の価格設定を制限する「再販制」や取り扱い商品を制約する「専売店制」などがある。ここでは，チャネルの効率的運営の観点から，これらの垂直的取引制限が導入される理由を概述する。

再販制

再販制の導入根拠としてまず第1に，Spengler (1950) が提唱した「二重マージン仮説」がある。そこでは独占的メーカーと一定の地域で価格支配力を持つ小売業者とが想定されており，彼らの各々が自らの利潤を最大にするようにマージンを設定する時，小売価格はチャネルの共同利潤を最大化する水準よりも高くなる。この状況でリーダーとしてのメーカーは，チャネル全体の利潤を最大にするために，小売価格の上限を制限する。

逆に下限価格を制限するものとしては，Telser (1960) が論じた「スペシャルサービス仮説」がある。そこでは，商品情報の提供などの小売りサービスの外部効果が焦点となっている。いま，2種類の小売業者が存在し，一方は商品の展示や説明などのサービスを提供するが，他方はこの種のサービスを提供せず，サービス費用の差に応じて安い価格を設定しているものとする。この状況で消費者は，前者よりサービスを享受し，後者より商品を購入する。

このように，前者のサービスが後者によってタダ乗りされるため，前者の販売量は減少し，サービス費用を補填できなくなる。それゆえ，市場取引のもとで当該サービスは提供されず，メーカーは適切な販売促進を行えなくなる。再販制の導入は，サービスを提供しない小売業者の値引きを禁止することによって外部効果を中立化する。その結果，各小売業者は同一の販売価格のもとで，顧客獲得のためのサービスを積極的に提供するようになる。

専売店制

専売店制もまた，外部効果を回避するために導入される。買い回り品のメーカーの多くは，効率的な販売促進のために，小売業者に対してさまざまな援助を行っている。この種の援助の例には，広告やアフターサービスのための技術

情報の提供,店舗開設費用の分担や需要情報の提供などがあるが,これらの援助された資源を小売業者が適切に用いるという保証はない。自らの利潤最大化を目的とする小売業者は,しばしば,メーカーから援助された資源を(自らにとって有利な)他のメーカーの商品を販売するために用いることがある。すなわち,メーカーが自社製品の販売を促進するために小売業者に援助した資源が,他のメーカーによってタダ乗りされるのである。

このことが予想される場合,メーカーによる小売業者への援助が少なくなり,チャネルの効率性は低下する。この状況において専売店制は,Marvel (1982)が論じたように,小売業者が扱う商品を自社製品のみに限定することによって,彼らが他社製品を推奨することを禁止し,垂直的外部効果を排除する効果を持つ。その結果,メーカーから小売業者への積極的な援助が行われ,チャネルの効率が向上する。

(4) 垂直的分離

チャネルの効率的運営のためには,リーダーであるメーカーが小売業者の行動を制限する必要がある。この際,仮に垂直的統合に費用がかからないのであれば,彼は小売業者に対する包括的かつ直接的なコントロールを意味する「垂直的統合」を選択しよう。しかしながら,この状況が常に望ましいわけではない。仮に専門化の利益などの理由から,他の経済主体(小売業者)が販売上のノウハウを多く持つ場合には,当該の主体が販売についての意思決定を行うことが望ましく,メーカーと小売業者が垂直的に分離することになる。このような垂直的分離を導く根拠には,この他にも次の2つがある。

①特殊な人的資源への投資促進

契約(所有権)理論によれば,物的資産への投資が重要な場合には,それらすべてを単一の主体が所有し,すべての機能を単一の組織内に統合することが望ましい。逆に,さまざまな人的資源への投資が重要な場合には,(不完備契約のもとで)投資を促進するために,投資主体が関連する物的資産を別々に所有することが望ましい。ただし後者の場合でも,一連の物的資産のうち1つでも欠けたら価値がないという意味で資産が強く補完的な場合,またはある主体の人的資源への投資が他と比べて極端に重要な場合には,当該の主体がすべての物的資産を所有することになる。

一般に,生産(販売)システム内の物的資産は強く補完的であり,それらは単一の主体によって所有される。他方,生産設備と販売設備との補完性はあま

り強くはない。さらに，生産労働者または販売員の熟練の一方が極端に重要であるわけでもない。この状況で，人的資源への適切な投資を促すために，メーカーと販売業者の各々が関連する物的資産を所有するという「垂直的分離」が選択される[6]。

②チャネル間競争の緩和

もう1つの理由は，Bonanno&Vickers (1988) が指摘したように，垂直的分離によってメーカー間の競争が緩和されるということである。垂直的統合の場合，メーカーは直接的な競争を強いられるのに対し，小売業者を垂直的に分離した場合には，メーカーの間の競争は小売業者を介した間接的なものになる。その結果，仮に小売業者が価格支配力を持つのであれば，二重マージンゆえに小売価格が高くなり，チャネルの利潤も増加する可能性がある。

このことを踏まえて，各メーカーが小売業者を統合するか分離するかを選択する場合，仮にフランチャイズ料を徴収可能ならば，ライバルの選択にかかわらず自らは分離する方が有利となる。その意味で，分離は「優越戦略」となり，均衡ではすべてのメーカーが小売業者を分離することになる[7]。

③垂直的取引制限とチャネル間競争

これまでの議論を踏まえて，以下では，多様な垂直的取引制限がチャネル間の競争にいかなる影響を及ぼすかについて検討する。

空間的競争のもとで小売業者が価格支配力を持つ場合，垂直的分離によってチャネル間の競争は緩和される。この状況で再販制が導入されると，小売業者の価格支配力が解消され，メーカー間の価格競争は直接的になる。その結果，再販制を導入したメーカーのみならず，採用しなかったメーカーの利潤もまた減少する。さらに，すべてのメーカーが再販制を導入するならば，チャネル間での価格競争は一層激しくなり，均衡はすべてのチャネルが統合を行っている場合と一致する。このように，再販制は垂直的分離の競争緩和効果を相殺するから，チャネル間競争の緩和の観点からは採用されないことになる。

小売業者間で空間的競争が行われる場合でも，各々の小売業者が複数のメーカーの商品を扱うという「開放的」チャネルのもとでは，彼らの間での競争は激しく，価格支配力も小さくなる。この時には，たとえ小売業者を分離したと

---

[6] アパレルの販売では，商品イメージと店舗イメージが一致しており，その意味で，物的資産の補完性が強い。この場合には，メーカーが販売設備（直営店）を所有することは可能である。
[7] 成生(1994) 第8章を参照のこと。

しても，チャネル間の価格競争はそれほど緩和されないであろう。これに対し，専売店制（閉鎖的チャネル）のもとでは，同じブランドを取り扱う小売業者数が減少し，彼らの間での価格競争は緩和される。その結果，小売業者の価格支配力が強化され，垂直的分離の競争緩和効果が大きくなる。その意味で，専売店制はチャネル間競争を緩和する効果を持つ。[8]

5　物流の整備とPB商品——下からの製販提携

　加工食品や日用雑貨などの繰り返し購入される規格化された最寄り品については，消費者は過去の購入経験に基づいて商品の品質を知っているから，販売促進上，小売業者による推奨は必ずしも重要ではない。この種の商品のチャネルでは，多くの場合，消費者のワンストップ・ショッピングの便宜を図るための広い品揃えが競争優位の源泉となる。また，消費者は買い物費用を節約するために手近な店舗で購入するから，個々の店舗の商圏は狭くなり，販売促進上，多数の店舗での販売が必要となる。

　この場合には，メーカーにとって消費情報を収集する費用は増加するし，また多彩な商品を販売する小売業者が，個々のメーカーの商品についての販売情報を積極的に収集して当該メーカーに伝達するとは思えない。この状況で，企画に際して技術的ノウハウがあまり重要でないならば，メーカーがリーダーとなる必要はなく，卸や小売業者がチャネルの主要な機能を遂行することになる。

　この節では，卸や小売主導型のチャネルを念頭において，多品種少量販売システムを効率的に運営するための物流システムの構築，さらには変化する消費動向に迅速に対応するための大規模小売業者によるPB商品の企画など，「下からの製販提携」について検討する。

(1)　物流システムの整備

　近年における消費の個性化・多様化の進展によって，販売促進上，小売り段階での広い品揃えが必要となっている。とくに最寄り品の分野では，店舗の大型化と相まって，多数のメーカーの製品を取り揃えるうえで，チャネルにおけ

---

[8]　専売店制にもとづく閉鎖的なチャネルはまた，ライバルメーカーの流通費用を上昇させ，新規参入を排除する可能性がある。この種の参入障壁が，チャネル間の競争を緩和することはいうまでもない。

る仲介機能の重要性が相対的に増している。また，店舗で商品を展示する際には，取り揃える品数が増えれば一品あたりの展示（在庫）量は減少する。さらに，消費者の嗜好の変化が速くなると，需要に応じた品揃えを形成するうえで，消費情報を解析することによって売れ筋・死に筋商品を判別するなど，在庫・商品管理が重要なものとなっている。この状況で，大規模小売業者は「多品種少量販売方式」を採用したのだが，これが円滑に機能するためには情報の迅速な収集・解析や伝達のみならず，迅速な物流システムの構築が必要とされる。

　このことを可能にしたのが，近年における情報・物流技術の著しい発展である。小売り段階でのPOSシステムの導入によって大量の販売情報の入手が容易となり，その迅速な解析にもとづく自動的な発注システムの構築を可能にした。これを受けて生産段階では，迅速な受注処理や生産計画の策定と同時に，蓄積された技術的ノウハウを用いたフレキシブルな生産システムのもとで，需要に応じた多頻度少量生産に努めている。

　この状況で，迅速な物流システムが構築されれば，チャネルの適正在庫量は減少する。このことを可能にしたのが物流技術の進展であり，混載にもとづく多頻度少量配送システムの開発によって輸送効率の向上が図られると同時に，検品や仕訳などの商品管理面での効率化も促進されている。

小売りの対応

　多頻度少量配送それ自体は，必ずしも物流費用の低下を意味しない。実際，少量の商品を何回もメーカーから店舗へと直接搬入し，その都度そこで検品や仕訳を行うのであれば，物流費用はかえって増加するかも知れない。この状況で大規模小売業者は，物流費用を削減するために窓口問屋を指定したり，配送センターを設立するなど，仕入れの集中化に努めている。

　たとえば多数の店舗を展開しているセブン－イレブンは，自ら配送センターを設立し，メーカーからそこに商品を集荷して検品し，各店舗別の品揃えを形成して出荷している。この種の仲介機能はかつて卸が果たしていたものであり，その意味で，小売業者の卸への進出として理解することができる。

　ここでも，検品や品揃えにおける規模（範囲）の経済性が追求されると同時に，輸送効率の向上のために混載が用いられている。のみならずセブン－イレブンでは，各店舗の販売情報を仕入本部に集中し，規模の経済性にもとづいてそれを解析したうえで発注量を決め，それをメーカーに伝達している。このようなロジスティックシステムの確立によって，チャネルの在庫量が減少し，商品管理費用を含む物流費用が節約される。

卸の対応

中小の小売業者の場合，自ら配送センターを設立したとしても，物流における規模の経済を実現できるとは限らない。したがって彼らは，物流費用を節約するために，窓口問屋を指定して仕入れの集中化を図っている。この状況における卸の競争優位の源泉は，フルライン化にもとづく品揃え機能の強化であり，このことによって，小売業者が品揃えを形成するうえで取引しなければならない卸の数は減少する。

実際，大手の加工食品卸である国分や菱食は，提携や合併を通じて全国的なネットワークを形成するとともに，一部の地域では菓子や日用雑貨をも取り扱うフルライン化を実現し，中小スーパーの窓口問屋となっている。その際，彼らは新製品の供給動向のみならず，多彩な商品の販売状況を解析したうえで，個々の小売業者に対して品揃えを提案している[9]。

卸が競争優位を獲得するためのもう１つの源泉は，流通在庫を削減するための多頻度多品種少量配送システムの確立や誤配率の低下など，ロジスティック機能の強化である。このことを達成するために，作業の機械化・自動化のみならず，卸と小売業者の間での販売情報の共有化が促進されている。実際，菱食と中堅スーパーの相鉄ローゼンの間では，POS情報の共有によって在庫の削減に成功している。ここでも，オンライン化のための固定的費用を一度負担すれば，取引する商品数を増やすためにかかる追加的な費用は低いから，卸のフルライン化が促進され，当該の卸が窓口問屋となる傾向がある。

(2) PB商品の開発

競争優位を持つ商品を企画するためには，技術的ノウハウのみならず，消費者ニーズを把握することも重要である。それゆえ，技術的ノウハウを持つメーカーと消費情報（や関連商品の需給情報）を持つ大規模小売業者の協力は，商品企画上，望ましい効果を持つ。実際，大規模な小売業者は，販売情報の収集・解析において，卸と同等の規模の経済性を享受している。と同時に，彼は広い品揃えにもとづく高いリスク負担能力を持っており，仮に生産に関する技術的情報を入手できれば，ストアロイヤルティにもとづいてPB商品を企画し，委託生産された商品を買い取ることができる。

---

9) この種のリテール（特約店）サポートは，松下，資生堂や花王などの（フルライン）メーカーによっても行われている。

この状況における小売業者の競争優位の源泉は，販売情報を迅速に解析することによって消費者動向を把握し，それに合致した商品を低価格で販売することにある。この際，商品の迅速な供給を確保するうえで，メーカーとの協力が必要なのはいうまでもない。日用衣服の生産・販売に際し，イトーヨーカ堂は製糸から染色・織布を経て縫製に至る製造業者と直接的な取引関係を結び，自らの販売計画を提示することによって，彼らに対してある程度安定的な操業を保証している。さらに，買い取り制のもとで自らがリスクを負担しつつ，全工程をコントロールすることによって工程間の無駄を省くことに成功した。

　その結果，素材部門で2割弱，染色加工部門で1割強，全体では4割近いコストダウンを実現し，低価格販売を実現している。と同時に，売れ残りや品切れを回避するために，(染色前の)素材の一部をそのまま保有し，商品の売れ行きが好調ならば早急に追加的生産を行うというクイック・レスポンス方式を導入している。

大規模小売業者とメーカーの間での協調と対立

　大規模小売業者は，自ら企画したPB商品の生産を，ナショナルブランド(NB)を確立した有力メーカーに委託することもある。このような戦略的提携の小売業者にとってのメリットは，有力メーカーの技術力を利用できることである。他方，メーカーにとってのメリットは，高いブランドイメージを維持するための高価格政策ゆえに，自らが排除した消費者に対して自社製品を低価格で販売できることにある。このように，PB商品の生産がメーカーの製品差別化戦略の一環として機能する場合には，メーカーと小売業者の利害は一致し，両者間での協調的関係が維持される。

　他面，多くの場合がそうであるように，PB商品のシェアの拡大によってNB商品のシェアは縮小する。この状況では，大規模小売業者とNBメーカーとの提携は容易でなく，小売業者は2次的メーカーにPB商品の生産を委託することになる。[10]

　このほかにも，大規模小売業者と有力メーカーとの提携には，次のような困難が伴う。両者が共同して商品を企画する時，大規模小売業者が自らの消費情

---

10) 技術的ノウハウを持たない二次的メーカーは，PB商品の下請け生産によって短期的にはうまくいくかも知れないが，長期的には技術力が一層低下し，退出を余儀なくされるかも知れない。したがって，二次的メーカーといえども技術的ノウハウの蓄積に努める必要があるが，このことは短期的にはコストアップ要因となるから，安い出荷価格を求める大規模小売業者の利害と対立する。

報を開示するかという問題がある。メーカーがこの種の情報を共有すれば、それにもとづいて彼は、他の小売業者向けの商品を企画・生産して販売する。このようにして同種の商品が多く出回れば、価格が下落して小売業者の利益も減少しよう。このことを恐れる小売業者は、消費情報の開示に躊躇することになる。

同様に、メーカーが自らの技術的ノウハウを小売業者に開示する場合、それが特許などで保護されていないかぎり、小売業者はそれにもとづいて他のPB商品を企画して、他のメーカーに生産を委託するかも知れない。このことによって、有力メーカーのノウハウは他のメーカーに模倣され、彼は競争優位を失う可能性がある。このことを恐れる有力メーカーは、技術的ノウハウの開示に躊躇する。この時には、小売業者の企画に有力メーカーが持つ最新の技術的ノウハウが反映されないことになる。

実際、日用雑貨や日用衣服などの商品分野はいざ知らず、企画に際して高度な技術的ノウハウを必要とする自動車や家電製品、さらにはデザイン上のノウハウを必要とするファッション性の高いアパレルの場合には、有力メーカーと大規模小売業者とが共同して商品を企画することは必ずしも容易ではない。

6　結びに代えて

チャネルの機能は多様であり、それらが効率的に遂行されるためには、さまざまな情報を持つ多様な経済主体の参加が必要とされる。のみならず、チャネルが競争優位を確立するためには、適切な権限の配分や情報伝達、さらには誘因提供など、構成員の間での協調的関係が維持されるようなチャネル構造が選択される必要がある。この選択は、チャネルが扱う商品や社会・経済的環境、さらには利用可能な情報・物流技術の水準などに依存しており、これらの諸要因が変われば、チャネルにとって重要な意思決定変数も変化し、チャネル間の競争の在り方もまた変化する。

たとえば、商品選択に際して消費者が品質を重視する自動車などの買い回り品の場合には、商品企画上、高い技術力が重要であり、技術的ノウハウを持つメーカーがチャネルリーダーとなる。この際メーカーは、競争優位の源泉である特殊な資源の蓄積を促進するために、小売業者と継続的な取引関係を結んで、ブランドの確立に努める。このような系列化によって、小売業者からの消費情報の収集や彼らに対する誘因提供が容易になることはいうまでもない。

これに対して，消費者が流行に関心を持つ衣服などの場合には，変化する消費動向への迅速な対応が重要となるから，消費情報を持つ小売業者がリーダーとなる可能性もある。
　また販売促進上，小売り段階での広い品揃えが必要な加工食品や日用雑貨などの規格化された最寄り品の場合には，生産と小売りの間の情報懸隔を架橋する仲介機能を果たす卸がリーダーとなる。この際でも，大規模小売業者の台頭は，生産・小売り間の情報懸隔を縮小するとともに，小売業者の卸への進出を促す。その結果，これらの商品分野でも小売業者がリーダーとなることもある。
　社会・経済的環境の変化や諸技術の発展もまた，チャネル構造の変化を導く。メーカーと小売業者の双方が小規模だったモノ不足の状況では，仲介機能を遂行する卸がリーダーとなっていたが，生産技術の発展によって，ブランドを確立したメーカーによる大量生産が可能になると，彼らがチャネルの主要な機能を遂行するようになった。さらに消費の多様化が進み，チャネルの競争優位を確立するうえで消費動向への迅速な対応が必要になると，情報技術の発展により多くの消費情報を持つようになった大規模小売業者がリーダーとなるケースが増えてきた。
　このようなチャネル構造の変化にもかかわらず，同じ経済主体が自らの役割を変化させながら，継続してリーダーを務めることもある。アパレルの分野で，かつては主に仲介機能を営んでいたオンワード樫山は，モノ不足が解消されて商品企画がチャネルの重要な機能となった1970年代に入ると，自ら製造卸として企画・生産に携わるようになった。さらに，企画に際して消費動向の把握が重要になると，百貨店などの大規模小売業者と委託販売契約を結び，自ら店員を派遣して消費情報の収集に努めるなど，小売業へと進出した。
　近年の情報技術の発展は，大量の情報の収集とその迅速な解析を可能にしたのみならず，迅速な伝達を行ううえでの情報の規格化・標準化をも促している。このような標準化は物流の面でも進展しており，商品管理上のノウハウも汎用的なものとなっている。このことによって，経済主体が容易に入手可能な情報やノウハウの範囲が拡大しており，機能とそれを遂行する主体の間の関係が曖昧なものとなってきている。
　実際，チェーン展開している大規模小売業者は，自らの販売情報を解析したうえで，大量の商品をメーカーから直接仕入れている。その意味でチェーンの仕入れ本部は，かつての卸が果たしていた仲介機能を遂行している。また一部のメーカーは，消費の動向を迅速に把握するために，自ら小売業へと進出して

いる。さらに一部の輸送業者が品揃えを形成するためのノウハウを習得して，仲介機能を果たすこともある。

このような情報やノウハウの標準化，さらには消費の多様化という社会・経済的環境の変化によって，生産における規模の経済性と比べて，情報の収集・解析さらには物流における規模（範囲）の経済性の重要性が増してきている。このことが，メーカー主導型から卸・小売業者主導型へのチャネルの構造の変化を導いたのである。実際，多様な消費者ニーズに応じるためには，小売り段階での広い品揃えが必要である。また，商品の陳腐化が速くなれば，変化する消費動向の迅速な把握が重要となる。

この状況で，企画上，技術的ノウハウがあまり重要でない最寄り品のチャネルで，多品種少量販売方式が採用されたのであるが，その効率的な運営には，チャネル構成員の間での（標準化された）情報の共有が不可欠である。と同時に，この種のチャネルが競争優位を維持するには，作業の機械化・自動化による誤配率の低下などロジスティック機能の強化とともに，情報化にもとづく品揃え機能の強化も必要とされる。

小売り段階における広い品揃えの重要性は，家電製品などの買い回り品のチャネルでも増してきており，大規模量販店のシェアが増加している[11]。他面これらの商品分野では，競争優位を持つ商品を企画してその販売を促進するうえで，メーカーの高い技術力や評判もまた重要である。そのため有力メーカーは，自らがリーダーとなって小売業者を系列化し，研究開発を行って技術的ノウハウを蓄積するとともに，充実したサービスの提供にもとづくブランドの維持にも努めている。その意味で大規模量販店は，有力メーカーの販路の一部を占めるに過ぎない。

他方，評判が低くて販路が狭い下位メーカーは，商品の販売を大規模量販店の販売力に依存しており，そこでの広い品揃えの中から消費者に自社製品を選択してもらうためには，安い価格を設定せざるを得なくなっている。そのため，これらのメーカーはリーダーとしての役割を果たすことができなくなっており，家電メーカーの分化が生じている[12]。

---

11) また，需要に応じた生産の必要性も増しており，このことが自動車の生産における部品の共通化を促しているように思われる。

12) 新しい分野の製品（家電製品）を導入する際，松下や東芝などの先発メーカーは小売業者を系列化し，消費者に対して当該商品を説明した。これに対して，三洋などの後発メーカーは系列店が少なく，安価な商品を企画して大規模量販店に販路を求めた。

今後も，チャネルの競争優位を維持するうえで，小売り段階における広い品揃えとロジスティックの整備がますます重要になっていくことが予想される。ロジスティック・システムを効率的に運営するためには，チャネル構成員間での情報の共有化が必要であり，そのために情報の規格化が促進されよう。と同時に，広い品揃えを効率的に形成するには，それに関する汎用的なノウハウの開発も必要である。

このようにして情報やノウハウの規格化・標準化が進めば，専門化の利益は少なくなり，チャネル内でのリーダーをめぐる競争を促進し，構成員の間での役割分担（チャネル構造）の変更を導くと同時に，一部の機能を外部の経済主体に遂行させるという「アウトソーシング」の可能性を高めよう。

実際，商品企画上の技術的ノウハウとは異なり，情報伝達や物流に関するノウハウは汎用的であるがゆえに模倣されやすく，長期的な競争優位に結びつくとは思えない。そのため，チャネル内部およびチャネル間の競争は，今後一層激しくなろう。

この状況では，各々の経済主体が自らの競争優位を認識したうえで，それを発揮できるチャネルに参加することが肝要である。と同時にチャネルの構成員は，何がチャネルにとって最も重要な情報・ノウハウであるかについての認識を共有する必要がある。そのうえで，この種の情報・ノウハウを持つ経済主体がリーダーを務めることになる。

チャネルリーダーは，多くの責任を自ら負担しつつ，さまざまな機能の遂行を構成員に割り当てる。この際には，3節で論じたように，機能を遂行するうえで重要な情報を持つ主体に当該の機能（およびそれと補完的な機能）を遂行させるという原則に留意する必要がある。と同時にリーダーは，構成員の間の情報伝達や協調を確立・維持するための適切な誘因システムを構築し，チャネルを整備する必要がある。[13]

確かに，取り扱う商品や利用可能な（情報・物流）技術などの環境に応じて，チャネル内での卸・小売業者の役割は歴史的にも変化してはいるが，上述の運営原則が変わっているわけではないのである。

---

13) この種のリテール（特約店）サポートは，松下，資生堂や花王などの（フルライン）メーカーによっても行われている。

参考文献

Alderson, W. (1957) *Marketing Behavior and Executive Action : A Functionalist Approach to Marketing Theory,* Homewood, Illinois : Richard D. Irwin.

Bonanno, G. and J. Vickers (1988) "Vertical Separation", *Journal of Industrial Economics,* 36, (3), pp.257-265.

Hall, M. (1948) *Distributive Trading : An Economic Analysis,* London : Hutchinson's University.

Marvel, H. P. (1982) "Exclusive Dealing", *Journal of Law & Economics,* 25, 1, pp.1-25.

Spengler, R. (1950) "Vertical Integration and Anti-Trust Policy", *Journal of Political Economy,* 58, 4, pp.347-352.

Telser, L. (1960) "Why Should Manufacturer Want Fair Trade?", *Journal of Law & Economics,* 3, October, pp.86-105.

石井淳蔵・石原武政(編)(1996)『製販統合』日本経済新聞社.

成生達彦(1994)『流通の経済理論』名古屋大学出版会.

成生達彦・鳥居昭夫(1996)「流通における継続的取引関係」伊藤秀史(編)『日本の企業システム』第6章,東京大学出版会.

倉沢資成(1994)「流通の多段階性と返品制」三輪芳郎・西村清彦(編)『日本の流通』第7章,東京大学出版会.

矢作敏行(1994)『コンビニエンス・ストア・システムの革新性』日本経済新聞社.

矢作敏行・小川孔輔・吉田健二(1993)『生・販統合マーケティング・システム』白桃書房.

第7章
情報技術が流通戦略を変える
——日米自動車流通の比較分析——

森 田 正 隆
西 村 清 彦

1 情報技術・世界市場化と戦略パターン

(1) 競争戦略論と戦略パターン分析

　現代の市場において企業が直面する競争は，製品の差別化や広告などさまざまな手段の組み合わせを用いた複合的な競争である（西村 1995）[1]。各企業は，特許やノウハウなどを利用して参入障壁を築いたり，あるいはブランドや製品機能による差別化を図ったりといった多面的な手段を駆使して競争の脅威から身を守り，利益を増大させようと努力する。不完全な競争状況をつくり出し，そこに利益の源泉を求めようとする個々の企業行動に，経営学の立場から分析の技法を提供したのが，Porter の競争戦略論（Porter 1980）である[2]。

　しかし，Porter の戦略分析は，市場の競争要因における不確実性が小さい状況，つまり不確実性があったとしてもそれを考慮した先読みが可能な状況でなければ十分に機能し得ないきらいがある。市場や産業構造自体が予想をはるかに超えて大きく変化している状況下では，企業は刻々と変化する状況に応じて受動的に反応していかざるを得ない[3]。その場合には，個々の企業にとって最適な戦略が何であるかを事前に特定することは困難であり，環境変化に対応した企業のさまざまな戦略パターンを分析して，確率的に見てより存続可能性の

＊　本研究は，日本学術振興会未来開拓学術研究推進事業プロジェクト「電子社会と市場経済」の一環としてなされたものである。
1) 西村清彦(1995)「製品差別化：多様な競争の形態」植草益編著『日本の産業組織：理論と実証のフロンティア』有斐閣，第6章。
2) Porter, Michael E.(1980) *Competitive Strategy*, Free Press.（土岐坤他訳『競争の戦略』ダイヤモンド社，1982）。ポーターの競争戦略論については，本書第1章を参照のこと。

高い戦略パターンは何であったかを分析する方が，実り多いと考えられる。

　言い換えれば，競争要因の多くが予想を超えて大きく変化している局面においては，企業が取り得る戦略代替案のうちいずれが優位であるかについてミクロの企業の立場から決定論的に確定することは不可能に近く，俯瞰的な視点に立った観察者が複数の企業が繰り出す戦略の相互作用の過程を眺めて，それを進化論的に解釈するのが適切と考えられる。

　実際，1990年代の世界経済には，競争要因に影響を及ぼす巨大な変化が起こっている。その１つは，情報技術（Information Technology；IT）の革新が引き起こした「デジタル化・ネットワーク化」の急速な進展と普及であり（Shapiro&Varian 1999；國領 1999）[4]，もう１つは規制緩和の世界的な進展とアジアの発展・冷戦の終結による「世界市場化」である。

　こうした変化はまさに過去のどんな大胆な予想をも超えるほどの大きな変化であった。そこで，本章では，こうした変化の中で企業がとった戦略パターンを摘出し，その戦略パターンからとくにITと世界市場化の動きが劇的であった自動車流通について日本と米国の変化を跡づけ，将来を展望する。

(2) 戦略パターン

　現実の経済にはさまざまな市場環境の中でさまざまな出自を持つ企業が存在し，多様な競争戦略を用いて相互に競争している。本章では，激動する自動車流通を分析するためのフレームワークとして，こうした企業のさまざまな戦略形態を，①「組み合わせの最適化」対「プロセスの最適化」，②「モジュラー型」対「インテグラル型」，③「水平展開型」対「垂直囲い込み型」の３つの軸で構成することにする。

付加価値生産──「組み合わせの最適化」対「プロセスの最適化」

　Abernathyは，産業や企業の発展段階を象徴的な２つの段階に分類した（Abernathy 1978）[5]。発展段階の初期においては，多数の企業がさまざまな機

---

[3] ナイトは不確実性をさらに２種類に分け，ある程度客観的な確率が考えられる「リスク」と，そうした客観的な確率も考えにくい真の「不確実性」を考えたが，我々が本章で考慮する「大きな不確実性」は後者に近い（Knight, F. H. (1921) "Risk, Uncertainty and Profits," Hart Schaffner and Marx, 1921.)

[4] Shapiro, Carl and Hal R. Varian (1998) *Information Rules*, Harvard Business School Press. (千本倖生・宮本喜一訳『「ネットワーク経済」の法則』IDGコミュニケーションズ，1999).
　國領二郎 (1999)『オープン・アーキテクチャ戦略』ダイヤモンド社.

能やデザインを競い合う「プロダクト・イノベーション」競争が起こるが，やがて試行錯誤の結果，淘汰が進み「ドミナント・デザイン」と呼ばれる標準的な製品仕様が固まっていく。そうなると，発展段階は安定期に入り，標準化された製品を大量生産するための漸進的かつ累積的な「プロセス・イノベーション」競争へと移行する。つまり，製品仕様による競争から，いかに安く大量に生産するかというコスト競争へと競争自体の性格が変化する。

産業の発展段階に応じて競争の性質が異なるとするならば，それに対応して生き残るための企業戦略も当然異なる。西村(2000)[6]はこの点に注目して，付加価値生産の最適化について2つの戦略パターンがあることを示した。

1つは，「プロダクト・イノベーション」に対応したものであり，多様な要素の組み合わせによるデザインを試しながら，新しいプロダクトやサービスを供給することによって付加価値を高め競争優位が達成されるという「組み合わせの最適化」を志向した戦略パターンである。

もう1つは，「プロセス・イノベーション」に対応したもので，すでに確立したデザインのもと，限定された要素の組み合わせの中で，より効率的にその供給を実現していくことによって付加価値を増大させ競争優位が達成されるという「プロセスの最適化」を志向した戦略パターンである。

ここで2つの戦略は「組み合わせの最適化」から「プロセスの最適化」へと単線的に変化するような性質のものではないことに留意する必要がある。Abernathyの概念は特定産業内でのダイナミクスという観点で用いられ，「組み合わせの最適化」から「プロセスの最適化」への変化を示唆している。しかし，製品アーキテクチャや分業構造を含んだ産業ポートフォリオ全体が変化する場合は，新産業が生まれたり旧産業がその形態を一変させる。こうした場合は逆に「組み合わせ最適化」を志向した戦略が相対的に優位になり，「プロセスの最適化」から「組み合わせの最適化」への変化が起こることになる。

製品戦略──「モジュラー型」対「インテグラル型」

藤本(2000)[7]は，製品戦略の観点から同様の戦略パターン分類を行い，日米間

---

5) Abernathy, William J.(1978) *The Productivity Dilemma*, The John Hopkins University Press.
6) 西村清彦(2000)「やさしい経済学：日本経済─産業の課題」『日本経済新聞』2000年1月25日─28日，31日─2月1日朝刊).
7) 藤本隆宏(2000)「経済教室：日本の製造業「攻守」両輪で」『日本経済新聞』2000年5月2日朝刊).

のものづくり戦略の違いを指摘している。藤本によれば，製品設計のアーキテクチャーは基本的に「インテグラル(統合)型―擦り合わせ型」と「モジュラー型―組み合わせ型」に分類することができる。統合型は，製品ごとに構成部品の設計を相互に細かく調整しなければならないタイプで，オートバイなどがその代表例としてあげられる。この統合型の製品アーキテクチャーを相対的に得意としてきたのが日本である。それに対して，モジュラー型は部品相互の接合部（インタフェース）を事前に標準化することによって，それらの部品を組み合わせることで多様な製品が出来上がるというタイプで，パソコンがその代表例である。モジュラー型のアーキテクチャーを得意としてきたのは米国であり，最近の台湾のコンピュータ業界に見られるように，このモジュラー型の製品戦略パターンは世界的な広がりを見せつつある。

ビジネスモデル――「水平展開型」対「垂直囲い込み型」

國領(1999)[8]は，ビジネスモデルの面から，戦略パターンの分類を行っている。國領によれば，特定メーカーが複数の製品機能あるいは販売チャネルまでをも統合して形成するビジネスモデルは「垂直囲い込み型」と特徴づけられ，それに対して，特定の機能や部品に特化はするがコミットした分野では世界的に大きなシェアを目指すビジネスモデルは「水平展開型」と表現することができる。そのうえで，製品アーキテクチャーにおいてモジュール化が進んでいる場合には，特定のモジュールに特化した「水平展開型」戦略の方が適合性が高くなると結論づけている。

戦略パターンの組み合わせ

これまで取り上げてきた「組み合わせの最適化」対「プロセスの最適化」，「モジュラー型」対「インテグラル型」，「水平展開型」対「垂直囲い込み型」という3つの分類軸は互いに対応関係にあり，整理すると大きく2つの戦略パターンに統合される。

1つは，「組み合わせの最適化＋モジュラー型＋水平展開型（水平型；薄く広く）」という戦略パターンであり，主として米国がこれを得意としてきた。もう1つは，「プロセスの最適化＋インテグラル型＋垂直囲い込み型（垂直型；狭く深く）」という戦略パターンであり，これまで日本がこれを得意としてきた。

本章では，この戦略パターンの組み合わせがいかに市場環境へ「適合してい

---

8) 國領二郎(1999)『オープン・アーキテクチャ戦略』ダイヤモンド社．

るか」ということを分析のフレームとして用い，日米の自動車流通の現在を分析し，将来を予測する。ただ，自動車流通という個別のトピックにはいる前に，この戦略パターンが経済全体として市場環境にどのように適合してきたかを見ておく必要がある。自動車流通は，こうしたマクロ的な変化の1つの表れと言うことができるからである。

(3) 「世界市場化」と「デジタル化・ネットワーク化」

　戦後日本経済の牽引車は，主に貿易財を生産する製造業であった。名目GDPに対する比率で見て製造業は1955年の28％から71年には36％へと上昇し，90年においても28％を保っている。その比重が低下するのは92年以降である。そして，日本の製造企業の行動パターンは，いわゆるキャッチ・アップ型と呼ばれ，Abernathyの分類を用いれば，すでにドミナント・デザインが確立された産業を舞台に，日本企業は追いつけ追い越せのプロセス・イノベーション競争を挑んだといえる。

　60年代や70年代という時代環境のもと，ドミナント・デザインの変化が少なかった化学産業，あるいは自動車や家電などの組立産業において，「無駄をなくし，品質を向上させながら費用を削減する」という「プロセスの最適化」が日本製造業の典型的な行動パターンとなり，成功を収めることができたと解釈できる。

　このような「プロセス最適化」の行動パターンは，日本の長期的雇用関係とそれによって生じる労働者側の学習・熟練の蓄積効果にうまく適合していた。学習効果の蓄積によって部分最適化を積み上げて生産性を向上するという行動パターンで，当初は先進諸国からの生産設備・生産方式の導入とその日本化に努力が向けられた。また，石油ショック以後は，トヨタ生産方式に見られるような独自の生産の「段取り」にもとづく，「プロセス最適化」のシステムが出来上がっていった。

　この日本をめぐる市場環境に大きな変化をもたらしたのが，80年代後半からの冷戦の終結――アジア経済の発展を契機とする「世界市場化」と，90年代に明確になるIT（情報技術）の進展を契機とする「デジタル化・ネットワーク化」である。

　世界市場化は「モジュラー型」の進展に大きく寄与した。世界市場化によって，単に製品の販路が広がっただけでなく，さまざまな形の半製品の販売市場が急拡大した。こうして，より高度な半製品，すなわちそれ自身完成度の高い

モジュールの販売（あるいは調達）が世界規模で可能になった。

　これによって最終生産物を作り出すための生産プロセスの自由度は飛躍的に増大し，この自由度を最大限に生かして「組み合わせ最適化」を行うことにより，価値生産性を高めることが可能になる。生産プロセスの世界規模モジュール化は，インテグレート（統合）されたプロセス最適化によって達成される品質ほどではないにせよ，それに近い品質を維持しながら，投入費用を大幅に削減することを可能にした。

　さらに90年代のいわゆるIT革命による「デジタル化・ネットワーク化」が，この動きを加速した。インターネットは商用化から10年もたたないうちにユーザーを数億人にまで増やし，世界市場化を加速した。さらに，デジタル化された製品にはインターフェースの規格が厳密に定義されるという特徴があり，それ自体モジュラー型に適していた。

　それに加えて，デジタルの部品や製品における対価格性能比の急激な向上によって，高性能なハードウエアが非常に安価に入手できるようになったため，これまで高価で希少なハードウエアへの負荷を減らすために行われてきたソフトウエアの改良や改善といったプロセス（工程）の重要性は，相対的に低下した。

　また，ソフトやプログラムに代表されるデジタル財は，オリジナル（＝ファースト・コピー）の開発費（すなわち固定費）は大きいが，セカンド・コピー以降の追加生産の費用（すなわち変動費）が極端に小さい。よって，プログラミング・レベルでの洗練化や改良の必要性が小さいうえに，生産段階でのコストも極小であるということになれば，デジタル財の生産工程においては継続的な改善活動である「プロセスの最適化」は以前ほどの重要性を持たなくなる。

　つまり，「世界市場化」と「デジタル化・ネットワーク化」は，「組み合わせ最適化」「モジュラー型」「水平展開型」の各戦略パターンの優位性を高める方向で働いてきたと考えられる。

2　インターネットが戦略を一新 ── 米国自動車流通

　前節第3項では，日本の製造業全般において，日本の多くの企業が採用した戦略パターンが経済環境とのミスマッチを起こしていたことを指摘した。しかしそれは一般論であり，自動車流通のような個別の産業にはそれぞれ特有の規制その他の外的な要因があり，一般論では説明しつくすことはできない。

また，自動車の販売は，売り手であるメーカーやディーラーなどの企業と，買い手であるユーザーとの間に存在するインターフェースを通じてコミュニケーションが行われることで成立する[9]。よって，このコミュニケーション・インターフェースをマネジメントすることが自動車流通にかかわる企業にとって主要な経営問題であると考えることができる。そして，まさしく近年の「世界市場化」と「デジタル化・ネットワーク化」によって，この顧客インターフェースの部分での，オープン化やモジュール化が進行し，各企業の戦略に大きな影響を及ぼしている。そこで本節と次節では，前節の戦略パターン分析をフレームとして，自動車流通特有の問題を日本と米国の間で比較分析する。

そしてこの分析を基礎とした将来展望を，第4節で行う。

(1) ディーラー保護の規制

米国の多くの州には，いわゆる「10マイル法」と呼ばれる法律があり，新車の同一フランチャイズ・ディーラーの隣接立地が制限されている（塩地＆キーリー 1994）[10]。また，38年に米国連邦取引委員会（FTC）は，メーカーがディーラーに対して行っている強制的な販売台数の割り当てや，会計記録の強制的検査などは不公正な競争情況を示すものであり，改善すべきであるとの認識を示していた（Hewitt 1956；下川 1977）[11]。その後，57年には誠実法（Good Faith Law）が制定され，メーカーによるディーラーへの強制や脅迫が明示的に禁じられた（下川 1977）[12]。このように，米国においては，新車ディーラーの権利は過当競争抑止という観点からも，不公正競争排除という観点からも，非常に手厚く保護されてきた。

一方，その他の消費財に関しては，19世紀末に台頭してきた百貨店という店舗形態による小売革新を契機に，革新的な業態が次々に登場してきた。業態革新を担う小売業者は多くの場合，既存業態の枠外からの新規参入者であった。彼らは，その時々において，セルフ販売（スーパーマーケット），郊外型大規模集積商業施設（ショッピングモール），大量仕入れ・大量販売による極端な

---

9) もちろん，流通段階の各企業間の取引においてもインターフェースが存在し，そのマネジメントが重要である。
10) 塩地洋・T.D.キーリー（1994）『自動車ディーラーの日米比較：「系列」を視座として』九州大学出版会，p.142.
11) Hewitt, C.M.(1956) *Automobile Franchise Agreements*, Richard D. Irwin Inc., 1956, p.95. 下川浩一(1977)『米国自動車産業経営史研究』東洋経済新報社，p.190.
12) 下川浩一(1977)『米国自動車産業経営史研究』東洋経済新報社，p.210.

低価格・低マージン志向（ディスカウントストア），特定のカテゴリーに集中した圧倒的な品揃え（カテゴリーキラー）といった新規戦略を携えて市場に参入し，成長していった。

米国における絶えざる小売り革新を支えている要因は，新規参入の自由度が高い市場環境に求められる[13]。このような革新を繰り返す競争状態は，流通段階において絶えざる淘汰圧力を生みだし，やがてより効率的な業態や企業へと集中が進んだ。その結果，製造業者に対する小売業者の交渉力が相対的に強まるという副産物を生んだ。このように米国における他の消費財市場では次々に新たな小売業態デザインが試行され，「組み合わせの最適化」を志向したダイナミックな革新が繰り返されてきた。

こうした小売業の歴史を考え合わせると，より一層自動車市場の特異性が際立つ。自動車は，大抵は1つのブランドしか販売していない小規模のローカルディーラーの店頭においてセールスマンによって対人販売されるという形態が，この100年近く基本的には何も変わっていないからである。

自動車業界の場合，メーカーとディーラーの組み合わせがほぼ固定されてきたのであれば，その安定した環境を所与として「プロセスの最適化」を志向した競争が進行したと考えられるが，実はそうならなかった。日本と異なり，米国ではメーカーがディーラーに対して指導力や強制力を行使するための手段が少なく，双方が販売政策などで協調しながら業務を効率化していこうという構図を定着させることが困難であった。

また，10マイル法に代表されるディーラー保護政策によって，消費者側からの選択圧力が働かず，適者生存の淘汰プロセスを経由した小売り集中が起こらなかった。このように，米国の自動車流通においては，「組み合わせの最適化」を志向した戦略パターンも表面化せず，また「プロセスの最適化」を志向した戦略パターンも同様に表面化してこないという停滞期が長く続いてきたといえる。

(2) 小売り主導の業態革新

しかしゆっくりではあるが，米国における新車ディーラーの数は減少してきた。78年には全米で2万9000あったディーラー店舗が，99年には2万3000にま

---

13) 具体的には，日本でいうところの大店法のような出店規制がほとんど存在しないこと，問屋や卸売りのような時として新規参入者に排他的になりうる流通の中間段階が少ないこと，地価に代表される出店コストが相対的に低いことなどが要因としてあげられる。

第7章　情報技術が流通戦略を変える　177

図7-1　米国の新車ディーラーシップ（店舗）の数

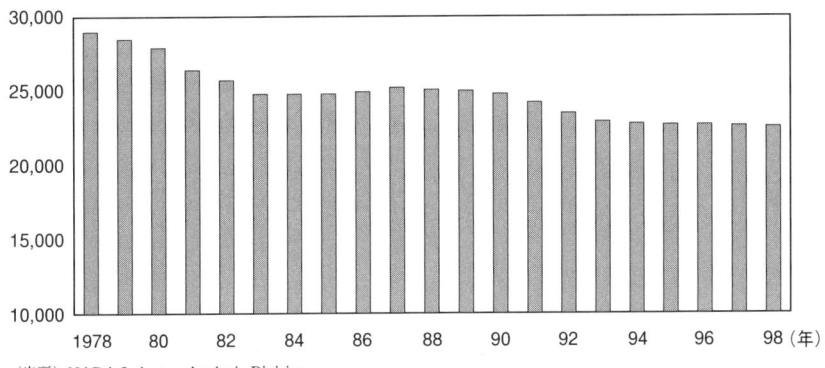

(出所) NADA Industry Analysis Division

図7-2　米国新車ディーラーの規模（年間販売台数）

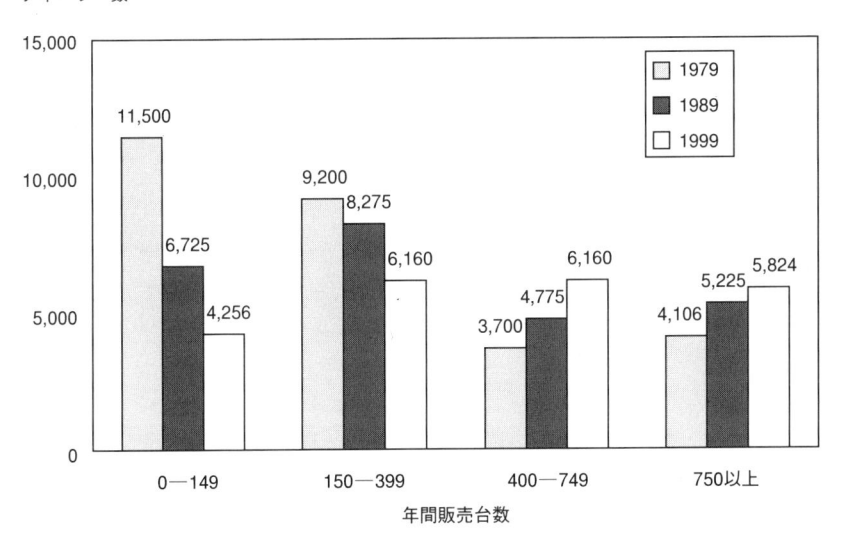

(出所) NADA Industry Analysis Division

で減少した。また，それと並行して1店あたりの販売規模は年々拡大してきた。たとえば，79年には年間の新車販売台数が150台未満のディーラーが全体の4割弱を占めていたのに対して，99年にはその比率は2割弱までに低下した。図7-1と図7-2はそのような店舗減少と1店あたりの規模拡大の傾向を示している。

また，他の小売業と比べると変化の動きは遅かったが，近年ようやく自動車販売においても小売業主導の業態革新の動きが目に見えるようになってきた。ここでは，①ディーラーが集積立地によって集客力を高めようという動きであるオート・モールと②新規参入者が複数のディーラーを買収して傘下に収め，全国規模のディーラー・チェーンを構築しようとする動きを，小売業主導業態革新の代表例として取り上げる。

　　オート・モール
　オート・モールは[14]，複数のディーラーが孤立しながら分散している状態のままでは集客効果が弱いとして，小売り主導で集積立地を目指す動きから生まれた。73年にカリフォルニアに誕生したオート・モールは現在全米に190カ所以上に増え，新車販売に占めるシェアは約10％と推定されている[15]。

　オート・モールの存立基盤は，集中して立地する競合ブランドの存在が広域からの消費者の集客を実現することで生みだされる相乗効果である。さらにオート・モールの近隣には他にもショッピング・モールが進出し，相乗的な集客効果を上げている場合も多い。ただし，モール間の集客競争も激しく，老朽化したモールや中途半端な規模のモールは，より新しくより大規模なモールに客を奪われ，衰退していく。

　ただし，オート・モールによる販売効率化には限界がある。各店舗のオペレーションがそれぞれバラバラに行われているため，モール全体としての業務効率化が進まない。また，多くのディーラーの在庫を1カ所の店舗の端末で情報検索できるわけではないので，消費者は検討対象となる店舗を渡り歩かなくてはならない。

　つまり，独立した多数のディーラーが1カ所に集積したオート・モールは，ディーラーにとっては集客効果を，消費者にとっては品揃えによる利便性をもたらすものの，オペレーションの統合がない以上，効率化をともなった革新にはおのずから限界がある。業態としてのオート・モールは独立運営の店舗を集

---

14) オート・モールの例を以下に紹介する。カリフォルニア州南部のセリートス市にある「セリートス・オート・スクエア（CAS）」はオート・モールの草分けであり，ここには，14ディーラー，24ブランドのフランチャイズが揃い，年間4万8500台を販売している。このモールはセリートス市の地域振興政策によって78年に設立された。面積は33万平方メートル。幅300メートルの敷地が1キロ以上にわたってつづく。CASには代表的なルールがあり，①消費者はどの店の駐車場に車を止めてもいい，②店から出て行く客を引き留めてはいけない，③強引な押しつけ販売をしないというものである。

15) 『日経産業新聞』1997年12月3日9面。

めた「商店街」の域を出ておらず、1つのシステムで大量展示・大量販売を行う「スーパーマーケット」レベルの革新にまではいまだ達していない。

ディーラーのチェーン化

近年ではさらに進んで、既存の小規模ディーラーを多数買収し、それをチェーン化しようという動きがある。

93年に中古車販売に新規参入した家電量販店サーキットシティが展開したカーマックスの戦略がその例である。カーマックスは「中古車スーパーストア」であり、大量展示・明朗価格をセールス・ポイントにして97年までに6店舗を展開した後、新車販売にも進出、アトランタで新車ディーラーを1店舗傘下に収め、同年には株式を公開した。2000年末の時点でカーマックスは中古車スーパーストアを33店、新車ディーラーを21店展開している。

そして、この業態を模して、さらに積極的かつ大規模に業容を拡大してきたのが、オートネーションである。リパブリック・インダストリーズ社（その後99年4月にオートネーションへ社名変更）は、96年から中古車スーパーストア「オートネーションUSA」を全米に急速に展開して業界の注目を集めた後、98年には新車ディーラーの買収へと手を広げた。2000年末現在で、オートネーションはすでに全米で18州400以上の新車フランチャイズを傘下に収め、同年の新車売上高は125億ドルに達した。また、オートネーションは、アラモやナショナル・カー・レンタルといったレンタカー会社も傘下に収めた。

オートネーションのオペレーションは、次のような規模の経済、範囲の経済を目指す。レンタカーの大量仕入れで、自動車メーカーに対する交渉力を蓄積する。レンタカーを2年程度で新車に切り替えていくことによって、それらを良質な中古車の安定的供給源として利用する。中古車スーパーストアと新車ディーラーを隣接して同一ブランドのもとに展開し、集客向上とイメージ強化を図る。中古車、新車双方ともに、ワンプライス販売を行い、不人気な価格交渉を排することによって、オートネーションを革新的で顧客志向の店舗ブランドとして確立する。そして、新車・中古車を問わず、複数メーカーの複数車種を1カ所（あるいは1つのWebサイト）で提供する販売形態を実現することによって、販売シェアを拡大していくといったストーリーである。

---

16) カーマックスは、①1店舗で500―1000台もの大量展示、②値引き交渉なしのワンプライス販売、③コンピュータ端末による在庫検索、④購入後5日間のクーリングオフ期間の設定、⑤30日間の保証、などの販売形態をとっていた〔安森寿朗(1997)『自動車流通革命』日本能率協会マネジメントセンター、p.108.〕。

表7-1　主要なディーラーシップ・グループの規模

会社名	新車販売拠点数	新車売上高（年）
オートネーション	400以上	125億ドル
カーマックス	21	4億ドル
ソニック	165	35億ドル
ユナイテッドオート	123	30億ドル

（出所）2000年の数値。各社公表資料より作成。

　ただし，こうした小売業主導型業態革新は必ずしも成功したとはいえない。オートネーションを例に取ると，オートネーションはディーラーを買収したが彼らのマネジメントを変化させずに単に統合しただけなので，彼らをコントロールできていないし，ディーラーの数も多すぎるという問題を抱えている[17]。実際，オートネーションの株価は2001年9月現在で10ドル台と低迷しており，97年初頭の最高値が40ドルを超えていたことから考えると，4分の1近くまで下落していることになる。

　これまでオートネーションがディーラーの買収を行う際には，自社株との交換という方式を取ってきており，株価が好調なときには急拡大も可能だが，株価が低迷するやいなやこの手法では急速に手詰まりとなってしまう。事実，オートネーションはすでに事業再構築の過程にあり，中古車スーパーストアからの撤退やレンタカー事業のスピンオフなどのプランが実行に移された。

　なお，表7-1は，オートネーション，カーマックスを含む複数ディーラーを参加に収める全国チェーン（ディーラーシップ・グループ）の代表的な企業に関してその経営規模を簡単にまとめたものである。

(3) **インターネットを利用した新たな業態**

　以上見たようにオート・モールやオートネーションに代表される全国チェーンなどの試みは，自動車販売における業態革新の突破口を開いたことは間違いないが，その限界もすでに見え始めている。これに対して現在急速に拡大しているのがインターネットを戦略的に活用して台頭してきた新たな業態である。

　米国の小売業では，書籍のアマゾン・ドット・コムに代表されるように，イ

17）　筆者の1人（西村）による米国リーマン・ブラザース社でのインタビューに基づく（1999年11月2日）。

ンターネットによる電子商取引をテコにして新規参入を果たした企業が業界構造に変化をもたらすケースが相次いでいる（US Department of Commerce, 1998；1999）[18]。そのようななか，米国では自動車のインターネット販売もまた急速に拡大しているという報道を目にするようになった[19]。しかし，それらのニュースには2つの点で誤解を生じさせる危険性がある。

第1に，一般に自動車のインターネット販売と呼ばれている業態は，既存店舗を持たないオンライン直販のことではなく，正確にはオンライン見積もりサービスのことである。オートバイテルに代表されるオンライン購買支援サイトでは，消費者からの見積もり依頼を加盟ディーラーに取り次ぎ，ディーラーから手数料や会費収入を得るという形態で営業を行っている。つまり，多くの場合，自動車を「販売」しているのではなく，見込み客を「紹介」しているに過ぎない。

第2に，インターネット販売が新車販売に占める比率についてである。現在，米国では年間約1700万台の新車が販売されている。JDパワーの調べによれば[20]，99年第1四半期には新車購入者の40％が何らかの形でインターネットから情報を得ており，その比率は前年同期の25％から15ポイントも上昇した。しかし，実際にインターネットを購入手段として活用した人は，前年の1.1％から2.7％に上昇したに過ぎない。

そこで，インターネットによる自動車購入支援サイトの特徴を整理する。現在，新車のインターネット販売仲介の市場リーダーは，オートバイテルと，マイクロソフトが運営するカーポイントである。

草分けであるオートバイテルは95年にWebサイトを立ち上げたが，96年には早くも34万5000件の見積もり依頼を受け，18億ドルの新車販売につながったといわれている。カーポイントの経営数値は非公開であるが，オートバイテル

---

18) US Department of Commerce, "The Emerging Digital Economy,"
http：//www.ecommerce.gov/viewhtml.htm, 1998.
US Department of Commerce, "The Emerging Digital Economy II,"
http：//www.ecommerce.gov/ede/ede2.pdf, 1999.

19) 以下はそのような記事の例である。「米国ではインターネットを利用した自動車販売が年間300万台となり，市場全体の3割に達しているという。こうしたネット販売が流通再編を加速化し，現在約2万2,000店ある米国内の自動車ディーラーは半減するとの声も出始めている（『朝日新聞』1999年5月24日夕刊）」。

20) J.D.パワー・アジアパシフィックのプレスリリースより。
http：//www.jdpower.co.jp/us/99int-car.html, 1999.

は経営状況を公表している。同社は，99年12月時点で会員ディーラー数が3323に達し，年間で約200万件の見積もりを取り次いだ。

しかし，同社はこの2000年通期でも純損失2900万ドルを計上しており，累積損失は増える一方である。同社の2000年の売上高が約6650万ドルであるのに対して，マーケティング・広告費用は3100万ドルにものぼっている。これは，オートバイテルというリーダー企業においても，売上高の半分を広告費などに支出しなければインターネット上でのブランドを維持できないということを意味している。

両社に続く位置にあるのが，オートウェブ，オートバンテージ，カーズ，カーズディレクト，プライスラインなどの各サイトである。彼らは，基本的にはオートバイテルらと同じ取引仲介の仕組みを採用しているサイトが多いが，一部のサイトでは多少取引形態が異なっている。[21]

消費者は，これらの販売仲介サイトにアクセスすれば，新車の価格情報や品質情報を無料で入手することができる。さらにこうした販売仲介サイトと提携した情報提供サイトから，卸価格，メーカーからのリベートなどの情報を売ることもできる。こうして，これまでよりも豊富な情報を手にして購買意思決定プロセスに従事することが可能になる。さらに，価格交渉をすることなく，割安価格の見積もりを会員ディーラーから得ることができる。一方，ディーラーから見れば，仲介サイトから購入希望者を紹介してもらうことによって，これまで集客や見込み客探索に要していた費用が節約される。

要するに，インターネットによる販売仲介業者が売り手（ディーラー）と買い手（消費者）の双方にもたらしている便益は，「取引費用」[22]の削減と見なすことができる。インターネット上での販売仲介業や情報提供業に徹するこれら新たな業態には，販売形態のモジュラー型と，各モジュール単位で「広く薄く」「水平展開型」に展開していこうという戦略パターンの表れが見られる。

---

21) 仲介サービスと異なるサービス形態としては，「入札型」と「直販型」がある。プライスラインに代表される「入札型」では，購入希望者が希望価格とエリアを申告すると，その情報が多くのディーラーに流され，入札が促される。そして，最も低い価格で入札したディーラーが商談の権利を獲得する。「直販型」には，カーズディレクトなどのサイトがあり，これらのサイトはディーラーから車両を仕入れてユーザーに直販するか，あるいは買収し傘下に収めたディーラーから直接ユーザーに販売する。

22) Williamson, Oliver E.(1975) *Markets and Hierarchies*, Free Press.（浅沼萬里・岩崎晃訳『市場と企業組織』日本評論社，1980）

(4) メーカー主導の業態革新

　小売り主導によるディーラー統合とインターネット販売仲介業者の動きに対して，メーカーは自らディーラーを買収，インターネットへ進出し，メーカーの直接管理下で流通統合を実現しようという試みに乗り出している。

　しかし，ディーラー統合の試みは必ずしも成功していない。米国では，メーカーがディーラーを直接買収することを禁ずる明文規定を設けている州はわずか数州しかないが，買収可否を検討する公聴会で地域のディーラーが結束して反対意見を述べたような場合には，最終的に買収許可が下りないことが多い[23]。また，メーカー主導でディーラーを統合しようという動きに対するディーラー側の警戒感と不信感は根強い。99年には，GMが全米のGM車ディーラーの10%を買収するといったんは発表したものの，ディーラーの反発が大きかったため，その数週間後には決定を撤回せざるを得なかった[24]。

　インターネットによる販売仲介に対しては，GM，フォードらメーカー側も自ら見積もり仲介のためのサイトを立ち上げた[25]。とくに，GMは電子商取引に焦点を当てたe-GMという社内カンパニーを立ち上げ，部品取引から新車販売，そしてアフターサービスまでをも一貫してインターネット技術を利用して効率化していこうという試みに着手している。

　ここで，メーカー主導でインターネット取引を統合しようとする例として，e-GMについて概観する[26]。e-GMに代表されるメーカーのインターネット利用目的の1つに，インターネットを広告やカタログの代わりに活用しようという取り組みがある。実際GMは2000年1月にデトロイトで開催された自動車ショーで，Webカメラを用いたライブ中継を行ったところ，来場して見学した観

---

23) "Expert : Few franchise laws ban factory dealerships," *Automotive News Archives*, January 31, 2000.
24) "GM moves to mend fences with dealers," *Automotive News Archives*, January 31, 2000.
25) フォードは，1999年9月20日，マイクロソフトと提携し，同社のサイトであるカーポイントにおいて共同で自動車の販売を行うと発表した。
　（フォードのプレスリリース資料：http://www.ford.com/default.asp?pageid=106&storyid=405）
26) e-GMの取り組みに関しては，筆者の1人（森田）が出席した下記会議でのGMのプレゼンテーション資料および講演内容に主として基づいている。
　Richard Lee, General Manager, North America Regional e-GM Operations, General Motors, "The Manhattan Project of the Internet : The Explosive Transformation of General Motors into e-GM," Marketing on the Internet for the Year 2000, IMC Conferences, at Pasadena, CA, USA, March 31, 2000.

客は100万人弱に過ぎなかったが，インターネットの観客は280万人にのぼり，その平均滞在時間は37分という長時間であった。そして，この来場者によって，GMのWebサイト訪問者は平月の80％増となった。その広告効果は巨大なものがある。

また，e-GMのもう1つの特徴は，ネット上の提携強化である。まず，第1に，集客のために，AOLやネットゼロと提携し，トラフィックそのものの増大をねらう。第2に，ケリー・ブルーブックやエドモンズなどの情報提供サイトと提携し，購買のための探索行動を始めようとする消費者をこうした情報提供サイトから自社のサイトに流し込む。そこから流れてきたトラフィックは，e-GMが構築する「Buy Power」というサイトに集められて，GM車の電子販売に結び付けられ，販売コスト削減を実現し，やがて関連商品や購買後のサービス売り上げ増や買い替え喚起にもつなげるという計画である。

さらに，e-GMは，「Supply Power」というサイトも立ち上げた。こちらは，自動車の企画，デザイン，開発，生産，ロジスティクスなどのサプライチェーンを，リアルタイムの情報システムでサポートしていこうというものであり，それによって取引先や提携先との関係を強化するものでもある。

一方，よりオープンな仕組みとしては，「Covisint」という名称の部品取引のサイトを運営することに関して，フォードおよびダイムラークライスラーとの間で合意に達し，新たに法人が設立された。ここでは，自動車部品のオンライン・カタログが提供され，見積もりや入札もやりとりされ，そしてオークションも開催することになっている。

つまり，e-GMが目標としている改革は，単に販売段階でのインターネット活用ではなく，サプライチェーン全体を電子化することによって業務全体を効率化していこうという，より広範な取り組みである。このようなe-GMの取り組みは，垂直囲い込み型の「縦に深く」を志向した戦略パターンの表れとして考えることができる。

以上，米国における自動車販売の現状ならびに変化の動きを論じてきた。そこには「組み合わせの最適化」を目指す小売り主導の業態革新，それに販売過程の「モジュラー型」にもとづく「広く薄い」「水平展開型」ビジネスモデルを目指すインターネット販売仲介業，そしてインターネットを利用して顧客と供給者双方向の「垂直囲い込み」をねらうメーカーの動きがある。そして現在，状況は極めて流動的であり，まだどの戦略パターンが主導権を握りつつあるか，明らかではない。実際，過去2年間の変化は，その前の50年間の変化に匹敵す

るといわれる状況である。この米国の状況を念頭に置いて，次節では，日本における自動車販売の現状を見てみよう。

3 高コスト構造に挑戦 ── 日本の自動車流通

(1) 日本の新車ディーラーの特徴

現在，一般に日本の新車フランチャイズ・ディーラーはおおむね都道府県単位，あるいはその半分程度を事実上のテリトリーとして販売拠点を展開している。トヨタ自動車の5チャネル制に代表されるように，複数チャネル体制を敷くメーカーは複数の販売系列に同一ないしは姉妹車種を供給していることが多いので，同じメーカー・ブランドの中でもある種の競争状態がある。

日本のディーラーは1社あたり数カ所から数十カ所の販売拠点をテリトリー内に展開しており，その点が米国の一般的なディーラーと大きく異なっている。米国のディーラーは，通常1社1店であるところが多い。GM1社だけでも北米で7700ものディーラーを抱える米国とは異なり，日本では最大手のトヨタでさえ，国内には約300のディーラー（法人数）しか存在しない。ただし，トヨタではその300社のディーラーが約5000カ所の新車販売拠点を展開している。

また，ディーラーとメーカーとの間には，貸付金や営業教育さらには役員派遣などの形で，単なる商品売買の関係を超えた密接なつながりがある。さらに，日産自動車などではディーラーの半数近くは，メーカーが経営権を持つ直営ディーラーである。よって，メーカー本社（1社）→ディーラー本社（数百）→営業拠点（数千）という形でメーカー単位のヒエラルキーが確立している日本の自動車流通では，これまで組み合わせの変化はあまり起こらず，あたかも内部組織に近い形での「プロセス最適化」が進行しやすい状況にあった。[27]

なお図7-3は，筆者の1人が1993年から95年にかけての公開財務数値にもとづいて調査した「メーカーとディーラーの資本関係」の状況である。各メーカー系列のディーラー全社を，「50％＋（メーカーの持ち株比率が50％超）」「～

---

27) ディーラーを選別するのではなく，育成するのだというメーカーの姿勢をトヨタ自動車の張富士夫社長は次のように説明している。「部品会社やディーラーとの関係では，長い時間をかけて育てながら，一緒に仕事をしていくのが日本の文化。それを豊田英二最高顧問は『育てる文化』と表現している。これに対し，米国は『選ぶ文化』だ。『選ぶ文化』もある程度必要だが，たとえば自動車のインターネット販売など消費者向け取引の『B to C』を無条件で推し進めたらディーラーはどうなるだろう。お互いが切磋琢磨する関係を我々は断ち切るわけにはいかない（『日本経済新聞』2000年5月13日朝刊）」

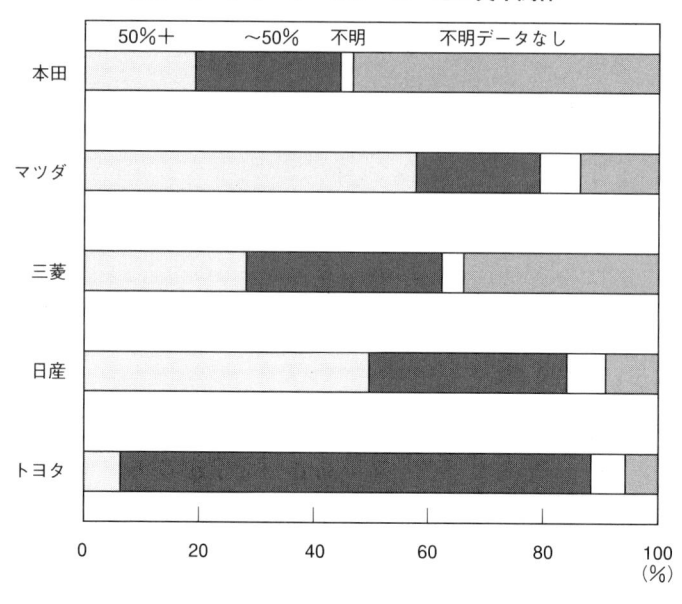

図7-3 ディーラーのメーカーとの資本関係

凡例: 50%＋ ／ ～50% ／ 不明 ／ 不明データなし

(横棒グラフ:本田、マツダ、三菱、日産、トヨタ)

表7-2 国内ディーラーの規模（1999年）

メーカー系列	ディーラー法人数	新車拠点数	ディーラー従業員数
トヨタ	309	5,011	121,964
日産	196	3,039	67,590
三菱	294	1,477	39,738
マツダ	127	1,138	20,862
本田	176	864	15,800
いすゞ	75	480	15,056
富士重工業	62	553	12,283
ダイハツ	71	693	14,650
スズキ	163	1,381	12,472
合計	1,473	14,636	320,415

（注）整備工場等の兼業が主体である小規模の業販店から拡大したチャネルに関しては集計から除外した。具体的には、「ホンダ・プリモ店」と「マツダ・オートザム店」の2チャネル
（出所）『自動車年鑑1999年版』日刊自動車新聞社，1999

50％（同50％以下）」「詳細不明」「財務データ入手不可能」に分類している。

これを見ると，日本の新車ディーラーにはメーカーの資本が数多く入っていることがわかるが，メーカーごとにはっきりとした特徴があることもまた判明する。たとえば，トヨタは他社と比較して，子会社化されたディーラーの比率が圧倒的に少ない。反対に，日産とマツダは子会社ディーラーの比率が高く，ほぼ半分以上を占めるに至っている。本田と三菱はその中間に位置づけられる。

また，表7－2は，日本国内の各メーカー系列ごとのディーラーの規模を示したものである。データによれば，日本の新車ディーラーは1社あたり平均して約10店舗を展開しており，200人程度の従業員を雇用している。

(2) **高コストな流通システム**

高度成長期以来，法人顧客だけでなく個人顧客に対しても自動車のセールスは訪問販売が主体であった。セールスマンの数と拠点の数によって販売台数が決まるといわれ，量的拡大の競争に力が注がれてきた。[28]極端化していえば，労働と土地建物の投入量を増やすことによって，産出を増やそうという図式であった。労働投入の限界収益がその限界費用を上回る限りは，セールスマンを増員し続けることが目的に適っている。とりわけ，賃金コストが他の生産要素のコストと比べて相対的に低かった高度成長期の日本経済においては，こうした方法には合理性があった。

ただし，時代が移るとともに，セールスマンによる労働集約的な訪問販売という手法は，2つの点で問題を抱えるようになってきた。1つには，賃金上昇に比例して，このやり方自体が高コストな手法へと変化した。もう1つは，訪問販売という手法そのものが消費者のライフスタイルや態度に対して不適合を起こしつつある。[29]依然として，訪問販売がきっかけで成約した商談の割合は現在でも6割近くあるものの，[30]最近は訪問しても不在の家が多く，訪問販売の効率は低下する一方である。[31]

また，平均的に日本のディーラーではセールスマン1人あたりの月間販売台数が4台から4.5台程度であるのに対して，米国のディーラーでは1人あたり

---

28)『自動車販売』Vol.35, No.1, pp.30, 日本自動車販売協会連合会，1997.
29) たとえば，あるディーラーの人事マネージャーは次のように語っている。「いわゆるショールームでの店頭販売比率というのがどんどん上がってきている，とくに40代以下の人たちの顧客層に対しては」。(『自動車販売』Vol.35, No.7, pp.4, 日本自動車販売協会連合会，1997)
30)『自動車販売』Vol.35, No.7, pp.4, 日本自動車販売協会連合会，1997.

表7-3 日本と米国のディーラー経営状況（1998年平均値）

	米国	日本
売上高 （対売上高比）	2,608百万円 （100.0%）	7,916百万円 （100.0%）
粗利益 （対売上高比）	336百万円 （12.9%）	1,165百万円 （20.3%）
営業費用 （対売上高比）	292百万円 （11.2%）	1,603百万円 （20.3%）
経常利益 （対売上高比）	44百万円 （1.7%）	2百万円 （0.0%）

（注） 米国の数値は1ドル110円で換算したもの。日本のディーラーの売上高・粗利益には収入手数料を含む。
（出所）『自動車販売』Vol.37, No.10, p.13, 日本自動車販売協会連合会, 1999.
　　　NADA公開資料（http://www.nada.org）

表7-4 車種店別欠損企業比率の推移（日本）

（単位：%）

	94年度	95年度	96年度	97年度	98年度
大型車店	22.3	18.2	22.1	53.2	69.0
中小型車店	32.1	22.7	17.6	42.9	40.8
大衆車店	22.3	20.5	13.3	29.0	31.9
軽四併売店	32.4	23.1	2.7	22.4	18.9
輸入車店	49.3	23.4	13.9	35.5	42.5
総合	28.6	21.4	14.8	36.5	38.2

（出所）『自動車販売』Vol.37, No.10, p.13, 日本自動車販売協会連合会, 1999.

7-8台程度を販売している[32]。また，オートバイテルなどのインターネット仲介業者に受注を依存しているディーラーでは，セールスマン1人あたり30台以上販売しているところも珍しくはない[33]。

表7-3は，日米のディーラーの経営状況を比較したものである。多店舗展開している日本のディーラーの方が売上高規模も大きく，粗利益率も高いが，売上高営業費用率が米国の約11%に対して約20%と高いため，利益はほとんど

---

31) とくに若年層では，たとえ在宅であってもセールスマンが自宅にやってくることを好まない傾向が高いという。
32) 下川浩一（2000）「第4章 情報革命と自動車流通イノベーション」下川浩一・岩澤孝雄編著『情報革命と自動車流通イノベーション』文眞堂, p.78.
33) 『日経産業新聞』1997年12月2日。

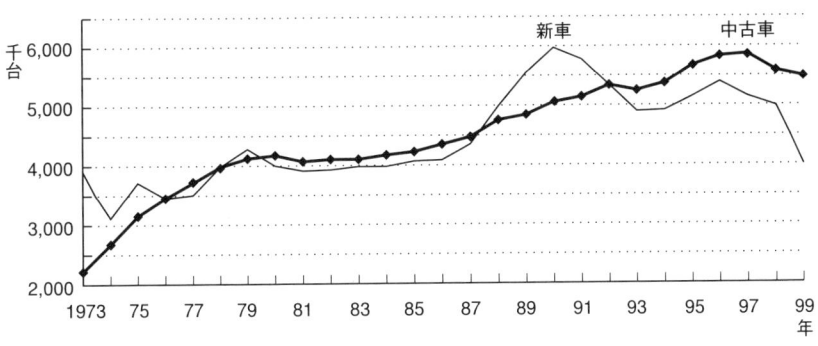

図7-5 新車と中古車の販売台数の推移（日本，軽は除く）

(出所) 日産自動車㈱調査部（1985）『自動車産業ハンドブック1985年版』紀伊国屋書店。
『自動車産業ハンドブック2000年版』日刊自動車新聞社，1999

計上されていない。また，表7－4は，日本のディーラー車種店別の欠損企業の比率であるが，3社に1社が赤字である。

この自動車販売における高コスト問題の主要因は，小売り段階での最適化を犠牲にしてでも生産段階での最適化を優先して追求してきたメーカーの姿勢にあると考えられる。

消費者の立場に立てば，複数メーカーの複数モデルの中から比較購買したいと考えるのが自然であり，小売り側がそのニーズに応えるのであれば，メーカー横断的に品揃えをし，消費者の商品選択を手助けしながら店頭販売していくのが自然な姿である。

百貨店，スーパーマーケット，ディスカウントストアなどの小売業態が多数の集客ができるのは，特定メーカーにこだわらずに，売れる商品の品揃えを行ってきたからである。そして，売れない商品はあえて押し込んでまで販売し続ける必要はなく，追加の発注が止まりやがて店頭から消えていくことによって，淘汰が行われる。

しかし，メーカーの立場に立てば，小売り段階での横断的な効率向上などには目が向きにくく，さらには消費者からの人気がないからといって自社の商品が店頭から消えてしまうなどといった事態は到底受け入れがたい。とくに，自動車メーカーは，開発費，設備償却費，人件費といった固定的な性格が強い費用の比率が高いので，生産平準化のインセンティブが強く働く。

よって，ディーラーが自社製品だけをコンスタントに販売してくれるのであれば，あえて小売り段階での高コスト構造を受け入れてもよいということにな

る。そこで，系列ディーラーのセールスマンによる手厚い販売サービスや，商談時間を長くかけてでも自社製品に購買を誘導していく販売手法が正当化されてきたのである。そして，前述したメーカー・ディーラー間の資本的・人的なつながりが，両者が一体となっての高コスト販売政策の推進を可能にした。

しかし，90年代に入り日本の新車販売は低迷し，99年の小型車以上の販売台数は400万台を割り13年前の水準にまで逆戻りしてしまった。高コストな流通システムは，開発や生産まで含んだ全体システムのパフォーマンス向上にそれが寄与している限りにおいては合理性が継続する。しかし，市場が停滞あるいは縮小傾向にあるなか，流通システムの高コスト体質は全体システムにとって負担が増してきている。

(3) インターネットを利用した動き

日本では，米国のような新規参入者による横断的なディーラー統合の動きも見られず，また，既存ディーラー主導の業態革新にもこれまで目立つものはなかった。[34] しかし，米国と異なり，メーカーとディーラーの関係ははるかに密接であり，各系列ごとにメーカーとディーラーがほぼ一体となって「プロセスの最適化」が行われてきたものと考えられる。

しかし，日本においても，インターネットを利用した「広く薄く」の「水平展開型」ビジネスモデルが米国から進出してきた。オートバイテルとカーポイントがその代表例であり，両社は相次いで99年秋に日本での営業を開始した。

オートバイテルは，インテック・リクルート・伊藤忠商事らと共同出資で日本法人を設立し，1999年11月に日本サイトをオープンした。加盟ディーラーは年末までに200社を超えた。また，見積もり取り次ぎ件数は，11月からの5カ月間で11万件で，2000年3月時点の成約率は9.1％である。

一方のカーポイントは，マイクロソフトとソフトバンクが中心となり，99年11月から日本法人で見積もり仲介サービスを開始した。2000年3月時点で加盟ディーラーは800社に達した。2000年5月の月間見積もり取り次ぎ件数は5000件程度，成約率は15―25％と公表されている。[35] カーポイントはとくにメーカ

---

34) しかし，日本の自動車市場で必ずしも流通革新の動きがないわけではない。たとえば，中古車販売は新車とは異なり，メーカーとのフランチャイズ契約の必要がないため，新規参入の自由度が高く，様々な革新的試みが観察される。代表的なものには，衛星回線を利用した業者間オークションのオークネット，中古車買い取り専門店の全国チェーンであるガリバー，大規模オークションから小売り進出を目指すユーエスエスなどがあり，革新的な新規参入者たちを確認できる。

ーとの包括契約に力を入れており，日産，三菱，マツダ，富士重工，いすゞ等の各社がそれに応じている。

両社の加盟ディーラーには各メーカー系列の社名が数多く見られるが，その中にトヨタの名前だけはない。トヨタは，「Gazoo（ガズー）」という名称のWebサイトを独自に立ち上げており，トヨタ系列のディーラーにはそちらを利用しているものが多い。

トヨタが98年4月から始めた「ガズー」は当初，系列ディーラーの店頭などに置いた専用端末を使って新車に関する情報を提供するサービスであった。しかし，その後，端末の設置先をコンビニなどに広げるとともに，インターネット上にもWebサイトを立ち上げた。現在では，ガズー経由でトヨタの新車やディーラーが保有する中古車のデータベースを検索でき，見積もり依頼や商談予約もできる。2000年9月時点でのガズー会員は約60万人に達した。

トヨタは，ガズーを自動車分野に限定することなく，広く他の商品やサービスも取り扱う総合的な電子商取引サイトに成長させていく考えである。そのため，すでに洋服や食料品などの商品の取り扱いも始めた。また，コンビニやAOLなどが提携先を増やしている。オートバイテルらのサードパーティに依存することなく，自らの手で自動車のみならずあらゆる商品の販売を手がけようというトヨタの姿勢は，他の自動車メーカーとは大きく異なっている。こうしたガズーの取り組みは，まさしく「垂直囲い込み型」の統合的な戦略パターンの現れである。

以上，メーカー主導の流通構造が確立し，メーカー側の生産の論理にもとづいた販売「プロセスの最適化」戦略パターンが広範に見られる日本の現状を見てきた。しかしながら，こうした既存の戦略パターンは高コスト化して収益を圧迫している。

さらに，「広く薄く」浸透する「水平展開型」戦略パターンを持ったインターネット販売仲介業が，米国から進出してきた。こうして今後大きな変化が起こるという不確実性は高まってきているが，しかし現在はまだそれが顕在していない状況であるといえよう。

次節では，日米の環境の違いをさらに掘り下げ，それに対応する戦略パターンを分析することで，日本と米国の自動車流通の将来を展望する。

---

35) Biztech News，日経BP社，2000年5月30日。
http：//biztech.nikkeibp.co.jp/wcs/show/leaf?CID＝onair/biztech/inet/103274

4 将来展望 —— 日米環境の差と戦略パターン

(1) 利用可能な情報の質と量

　米国の消費者は，日本の消費者と比べて新車に関する価格情報をより詳細に入手することができる。たとえば，インターネット上でエドモンズやケリー・ブルーブックなどの自動車情報プロバイダーのサイトに行けば，全米で販売されているほとんどすべての車種に関して，「メーカー希望小売価格」はもちろんのこと，「メーカーからディーラーへの卸価格」「メーカーからディーラーへの報奨金」「メーカーが提供するリベート」などほとんどありとあらゆる価格情報が無料で入手できる。

　これだけの情報が入手できれば，ディーラーのマージンはすべて透明になるので，消費者はディーラーがいくらの粗利益を上乗せしてその車を販売しているのかが一目で見通せ，交渉力が増す。

　一方，日本の消費者は商業的に運営されているサイトでそのような情報を系統立って入手することはできない。オートバイテルなどの見積もり仲介サービスを利用したとしても，最初にディーラーから送られてくる見積もり価格は本当の実売価格ではない。そこから値引き交渉をして初めて最終の提示価格が出てくる。ただし，ネット上の掲示板などでは，ユーザーが自らの商談プロセスや購入価格を披露し合っているところもある。しかし，それらの情報は散発的で系統立っていないうえ，特定商談の実売価格ではあってもディーラーのマージンを明らかにする類の価格情報ではない。

　また，米国では価格関連以外の公開情報も多い。たとえば，米国の損害保険会社が組織する団体の１つである米国道路安全保険協会は，過去の統計資料として，モデルごとの交通事故死亡率を公開している。また，同様に，現在販売されている車種の衝突試験データとその評価も公開されている。

　日本においても，同種の安全性に関するデータは公開される傾向にあるが，それでも米国と比べて情報の質と量で圧倒的に劣っている。[36] 衝突試験などの結果が公開されている車種は一部にすぎず，また死亡事故のデータなども非常に少ない。

　今後，日本においても消費者が自動車購入に際して参考になる情報は増えていくとは考えられるが，メーカーとディーラーの密接な関係や，第三者機関の充実度などを考慮すると，少なくとも米国と同じレベルに達するまでにはかな

りの時間がかかると予想される。つまり、日本の消費者は米国の消費者と比べて、自動車に関して入手できる情報の質と量において劣っているのである。

(2) 販売形態

米国では、新車販売のほとんどが在庫販売である。米国では長年、新車も現物を確認してから購入するという習慣ができあがっており、これは新車の品質にはバラツキがあるのが当然という消費者の信念を反映したものであると考えられる。その確認行為は通称「キック・タイヤ」と呼ばれているが、ディーラーの店頭で在庫商品の中から候補を選び、それこそ本当にタイヤを蹴ったり、ドアを開け閉めしたり、あるいはエンジンをかけて動くかどうか確かめてから、契約書にサインをし、その車に乗って家に帰るというのが標準的な購買行動であった。つまり、消費者が現物を見ないと購買意思決定できないと信じ込んでいるのであれば、在庫販売が最も簡単な適応戦略となるであろう。

一方、日本の消費者はカタログや展示車を頼りに注文書や契約書にサインする。そして、納車日になって初めて自分が購入した車を目にし、よほどのことがない限りはそれを素直に受け取る。これは、日本の消費者が新車の品質にはほとんどバラツキはないものと信じていることの反映であると考えられる。よって、日本では注文生産による販売が可能であり、実際、全体の5割が消費者の注文を受けてから生産されているともいわれている。

要するに、米国では今後とも在庫販売が主流であるならば、ディーラーの在庫を横断的に検索し引き当てるようなシステムに優位性が出て、逆に注文を受けてから商品をあつらえたり遠方から取り寄せたりするようなシステムには困難が生じると予想される。一方、日本においては、引き続きカタログや展示車を見せるだけで契約や注文が取れるならば、米国以上にオンライン販売の見通しが明るいことになる。

(3) メーカーによる系列化

すでに見てきたように、米国ではディーラーの数が多く、かつその独立性が高い。また、ディーラー統合の動きも見られるが、現在のところその流れは新

---

36) 運輸省による自動車アセスメント事業の一環として、以下のサイトで評価試験のデータが公開されている。99年度に試験が実施されたのは、小型・普通乗用車が18台、軽自動車が7台、ライトバンが2台の計27台。
http：//www.motnet.go.jp/carinf/ass/ass_m_11.htm

規参入者が主導している。メーカー主導によるディーラー統合は法律や手続き上の問題などもあり，これまでは成功していない。

一方，日本では，新車販売の営業拠点数は多いものの，法人としてのディーラー数は米国に比べて圧倒的に少ない。しかも，米国と比べてメーカーとディーラーの関係がはるかに密接であり，資本関係や人的関係を通じてメーカー側の販売政策が系列ディーラーに浸透しやすい状態にある。

よって，米国の場合には，メーカーがディーラーまで取り込んで，一体となって「プロセスの最適化」を志向した戦略を取っていくことは非常に難しいと考えられる。一方で，オートネーションのような新規参入者がディーラーを買収して，メーカーとは異なる立場から「組み合わせの最適化」を志向した戦略を実行し，彼らを統合し事業デザインを固めた後に小売り側主導で「プロセスの最適化」を志向した戦略を実行していくという可能性が残されている。

一方の日本の場合は，すでにディーラーはメーカーと密接な関係にあるので，メーカー主導のもと，これまでの組み合わせやデザインの延長線上で「プロセスの最適化」戦略を推進していくことが容易である。

しかし，逆にいえば，新規参入者がディーラーを買収し，メーカー横断的な品揃えを図ろうとしたり，あるいはインターネット上の販売仲介サイトがディーラーを網羅的に取り込もうとしたりといった，新たな事業デザインにもとづく「組み合わせの最適化」を志向した戦略を取ろうとした場合に，その実行が阻害される可能性が高い。

(4) ディーラーに対する消費者の態度

極端な表現をすると，米国においてはディーラーで新車を購入するという体験を苦痛と感じている消費者が多いのに対して，日本の消費者はそれほどでもない。

筆者らが所属する日本自動車流通研究会が99年に行ったアンケート調査[37]によれば，自動車購買経験が苦痛だったと答えている日本の消費者は6.2%に過ぎず，この数値はここ数年この水準で安定している。この数字は，同様の調査の英国での数字よりも低くなっている。米国で対応する調査が利用可能ではない

---

37) 日本自動車流通研究会が実施しているアンケート調査は，研究会員の研究資料として利用されており，現在のところ一般には公開されていないが，2000年中には会員向けにWeb上で公開される予定である。
日本自動車流通研究会のホームページはhttp：//www.jcdp.net

が，日本よりもかなり高いのではないかと予測される。

　米国では，ディーラー・セールスマンとの交渉を極めて不快と思う消費者が多く，そのため自動車購買の満足度が低く，これが自動車購買でインターネット利用が広がった大きな理由の1つとされている。よって，日本の消費者の多くが，現在のディーラー経由での自動車購買経験に比較的満足しているのであれば，オートバイテルに代表される米国型のビジネスモデルはそのままでは日本では成功しないと考えられる。

　また，自動車流通研究会が2000年3月にインターネットを利用している自動車購買者を対象にほぼ同じ調査を行った結果によると，インターネット利用者においても購買経験が「不快だった」と答えた者は6.1％に過ぎなかった。しかし，同調査では，インターネット利用者は，明らかに一般購買者と異なっていることも同時に明らかにしている。

　まず第1に，インターネット利用者は，一般購買者に比べてはるかに頻繁にそして深く情報収集を行っていることがあげられる。主要な情報源は依然としてディーラーであるが，その他に自動車雑誌記事を参考にする割合は一般購買者の19％に対して2倍以上の45％，テレビ・ラジオなどの広告への反応も一般購買者の26％に対して2倍近い46％であった。

　どのような情報収集に時間をかけたかを1つだけ聞く問いについて，一般購買者の50％以上が「自然に得られる情報で済ませた」と答えたのに対して，インターネット利用者ではこの比率はわずか17％に過ぎない。また，実際に試乗したと答えた比率は一般購買者が19％であるのに対して，これも2倍以上の45％がそう答えている。

　第2に，インターネット利用者は，一般購買者より積極的に価格交渉を行っていることがあげられる。インターネット利用者は，一般購買者に比べてディスカウントを得るために他のディーラーの値段を調べたり（16％対23％），交渉を長引かせたり，下取り価格を高くさせたりしている。何もせずに商談に入ったのが一般購買者では35％いたのに対し，インターネット利用者では17％と半分以下に過ぎない。その結果，インターネット利用者の方が，多額のディスカウントを得るという結果になっている。

　第3に，インターネット利用者は自動車購買の主導権を握っていることがあげられる。「自分が購買を決定した」と回答した比率は，一般購買者の45％に対して，インターネット利用者は52％であった。とくに一般購買者の9％が，購買決定にはほとんど関与していないと答えたのに対し，インターネット利用

者ではそのような回答者は全くいない。

このように，現在のディーラーサービスを信頼し，それに満足し，受動的な購買行動をしがちな一般購買者に対し，積極的に情報を収集し，価格交渉にもアグレッシブで，自分のイニシアチブで自動車を買おうとするインターネット利用者の対比は印象的である。これはもちろん，過度の単純化であり，実際はもっと複雑な様相を示しているのだが，大まかな傾向としては間違いない。

よって，ディーラーとの商談に対する日本と米国の消費者の態度の違いはもちろんのこと，こと日本に限っても一般購買者とインターネット利用者との間には態度や行動に違いが見られ，これが今後自動車の流通戦略に影響を及ぼすと考えられる。

(5) 自動車に対する消費者の態度

自動車という財に対する態度が日米の消費者では異なるという共通認識がある。たとえば，よくいわれるように，米国では多少のキズやへこみを気にする人はほとんどおらず，バンパーというものはぶつけるためにあるのだという認識すら一般的である。

それに対して，日本の一般的な消費者は極力キズや汚れのない状態に自家用車を維持しようとする傾向が強く，週末のセルフ洗車場は数多くのオーナー・ドライバーで賑わい，少しでもキズやへこみがあれば，すぐ修理に出そうというユーザーも多い。

このように考えていくと，米国においてはすでに自動車という財が日用品化しており，車が果たす機能に主眼が置かれているものとして位置づけられる。一方，日本においては自動車はその手入れの具合までをも含めてオーナーのステータスや人格を表すものとしてとらえられる傾向が強く，時には車を擬人化して愛好するほどである。もちろん，この比較は相対的な傾向ということであり，すべての消費者がそうであるというわけではない。

この違いを，自動車という財に対して消費者が感じる「関与」の高低としてとらえることができる[38]。つまり，米国の消費者が自動車に対して知覚する関与のレベルは，日本の消費者のそれと比較して相対的に低いということである。

関与が低い製品の購買意思決定は，高関与製品の意思決定と比べて，狭い情報処理が行われることが多い。よって，米国の消費者は自動車がもたらす社会的価値やそれが持っている意味などについて深く考えることが少なく，それよりは価格であるとか，具体的な機能や便益に意思決定が左右される傾向が強い

表7-3　日米の自動車流通市場の比較

項目	米国	日本
情報の質と量	詳細かつ豊富	限定的
販売形態	在庫販売が多い	注文販売が多い
メーカーによる系列化	メーカーとディーラーの一体的運営は困難	メーカーとディーラーの一体的運営が容易
ディーラーに対する態度	消費者は不満	消費者は満足 ただし，ネット利用者は情報を利用した価格交渉に積極的
自動車に対する態度	低関与 日用品感覚	高関与 社会的価値や意味も内在

であろう。

一方，関与の高い製品の購買意思決定には，ブランドの持つ意味や，製品がもたらす社会的価値などが大きく影響を及ぼすので,日本の消費者に対しては，イメージ戦略やブランド戦略を通じて，メーカーが直接消費者にコミュニケーションを働きかけ，需要を喚起することが有効な方策となりうる。

(6) **想定される戦略パターン**

ここまで見てきたように，日米で自動車流通の市場環境は大きく異なっている。まず，米国の場合であるが，米国の消費者は自動車に対してあまり夢を抱いておらず現実的であり，既存のディーラーとの接触を不快に思っており，すでにインターネットで詳細な価格情報や品質情報を入手できる立場にある。ただし，購入する前に現車を自分の目で見て確認したいというニーズが存在する。

一方，日本の消費者は依然として自動車に対して社会的価値や意味を感じるなど相対的に関与が高く，既存のディーラーとの商談にそれほどストレスを感じておらず，インターネットなどで得られる新車の価格や品質に関する情報は米国に比べて少ない。ただし，カタログや展示車を見て注文して届けられた新車を素直に受け取ることからわかるように,新車の品質に関しての信頼が高い。

このような前提条件を踏まえて，自動車流通において主要プレイヤーが取り得る戦略パターンを検討してみることにする。

---

38) マーケティング研究における関与概念に関しては以下の著作が詳しい。
　Laaksonen, Pirjo (1994) *Consumer Involvement : Concepts and Research*, Routledge. (池尾恭一・青木幸弘訳『消費者関与』千倉書房, 1998)

第1の戦略パターンは,「プロセスの最適化＋インテグラル型＋垂直囲い込み型」に対応したものであり,「メーカー主導によるディーラー統合」戦略である。これは,メーカーがディーラーを傘下に収め,自社のサプライチェーンの中に完全に統合し,消費者の注文に応じて生産から販売までを一貫して遂行するなど,「プロセスの最適化」による競争優位をねらった戦略である。
　この場合,情報技術は,主としてサプライチェーン内の情報処理を迅速かつ円滑に実行するための道具として使用される。たとえば,消費者から直接web経由で細かい仕様まで特定された注文を受け,それをメーカーのオーダー・エントリー・システムに取り込み,かんばん方式に代表されるリーン生産システムへと情報展開していくといった形が考えられる。
　第2の戦略パターンは,「組み合わせの最適化＋モジュラー型＋水平展開型」の1つのパターンである「小売り主導によるディーラー統合」戦略である。これは,横断的にディーラーを傘下に収めるオートネーションのようなナショナル・チェーンがさらに規模を拡大し,消費者への販売という機能に徹したうえで,新車・中古車・レンタカーなどの関連ビジネスを水平的に展開するという戦略である。
　この場合,情報技術は,多数の独立したディーラーのオペレーションを統合したり,業界横断的な在庫情報検索に利用したり,レンタカーや中古車などの関連ビジネスとの間のスムーズな情報連携を促進して相乗効果を高めたり,あるいは全国の消費者からのアクセスを24時間受け付けるなどの目的で使用される。ひとたびオペレーションが確立した後には,情報技術が「プロセス最適化」の目的で利用されることもありうる。
　第3の戦略パターンは,「組み合わせの最適化＋モジュラー型＋水平展開型」のもう1つのパターンである「情報プロバイダーによる取引仲介」戦略である。これは,オートバイテルやエドモンズといった自動車購買に関する情報を消費者に提供したり,あるいは取引を仲介したりすることによって利益を得ている業態が成長し,多数の売り手（メーカーとディーラー）と多数の買い手（消費者）のマッチングをネット上で行うことにより,取引仲介段階でのプロセス統合を「薄く広く」果たすというものである。
　この場合,情報技術は,多数の売り手と買い手,言い換えれば異なる戦略を内在した流通システムと多数の消費者とを標準的なインタフェースのもとに引き合わせる目的で利用される。

(7) 戦略パターンの比較と将来展望

　以上見たように，日米の自動車流通には，少なくとも3つの戦略パターンが現れうると考えられる。以下ではこの戦略パターンが，日米それぞれの環境の中にどのように適合しているかを考える。とくにその際，日米で違いが生じるのか，あるいは1つの戦略パターンが圧倒的な優位を得るということはありうるのか，という点について注意する。

米国の場合 ── 3つのパターンの共存・競合

　米国の場合は，第1の「メーカー主導によるディーラー統合」は可能性はあるものの，法的な制約などを考えると実現の可能性は低い。また，仮に実現したとしても，メーカー側に小売業の経営ノウハウが蓄積されていないといった問題や，単一メーカー主導の狭い品揃えにどの程度消費者の支持が集まるのかという問題が残る。また，米国では自動車が日用品化している現状を考えると，一部の高級ブランドやスペシャリティを除き，メーカーやブランドによる垂直型の消費者囲い込みが成功する可能性は低い。

　次に，第2の「小売り主導によるディーラー統合」であるが，これは独立したディーラーを買収できるだけの資金的な裏づけがあれば実現可能である。ただし，地域ごとに性格が異なる現場レベルでのオペレーションを維持しつつ，同時に全国ブランドとしてのオペレーション統合を果たせるかどうかという課題を解決する必要がある。また，小売り段階でメーカー横断的な品揃えを志向したとしても，メーカー側の供給体制との連携や協調がうまくいかなければ，大量の在庫や反対に売り逃しといった需給ミスマッチを起こす危険性がある。

　第3の「情報プロバイダーによる取引仲介」については，情報プロバイダーに対する消費者の信認や支持に成否が大きく左右されると考えられる。米国の場合，消費者に提供できる公開情報が大量にあるうえ，ディーラーが独立して乱立しているため，情報提供による集客とマッチングによる利益は大きいものと予想される。

　よって，情報プロバイダーが積極的に中立的な情報を消費者に提供し，彼らの注目と信認を集め，一定のバイイング・パワーを結集することができれば，この業態は一定の成功を収めると考えられる。ただし，新車ディーラーからの手数料に依存する取引仲介型ビジネスは市場規模が小さいうえに収益性が低いので[39]，この業態が真に成功を収めるためには，単に見積もり仲介にとどまらずに保険・保証・ローン・メンテナンス・ロードサービスといった関連ビジネス，すなわち自動車にまつわるありとあらゆるサービス取引の仲介業へと事業

範囲を広げていく必要がある。

また,「情報プロバイダーによる取引仲介」については,小売り段階でのオペレーションが統合されていないことからさまざまな問題が生じる危険性がある。マッチング段階での「組み合わせの最適化」が実現したとしても,いざ最終商談ないしは納車の時点で,消費者がこれまで不快に感じてきたディーラー体験が同じ形で待っているとしたら,消費者はそれに失望し,次の購買行動にそれを反映させるに違いない。

このように,米国ではディーラー保護法の影響が色濃く,3つのパターンのどれもがその将来性に不安がある。したがって,近い将来においてどれか特定のパターンに収束するのではなく,3つのパターンが共存し,競い合う状況が続くと考えられる。

日本の場合 —— ジレンマへの対応

日本では,事実上系列ディーラーがメーカーのコントロール下に置かれていることを考えると,第2の「小売り主導によるディーラー統合」は実現可能性が非常に低い。メーカーに正面から対抗してディーラー網を買収するか,あるいは全く新規でディーラー網を築き上げてメーカーから販売権を得るといった選択肢が考えられるが,双方ともに実現可能性は低い。

よって,この案を実現するのであれば,やはり,中古車やレンタカーなどの関連ビジネスで圧倒的な実績をつくり,その購買力や販売力を背景にして,メーカーとの交渉に臨むといった時間を要するプロセスが必要であると考えられる。現在の日本の自動車関連業界には,自動車メーカーに対抗できるだけの実績や交渉力を蓄積した小売業者は存在しない。

次に,第3の「情報プロバイダーによる取引仲介」であるが,これについても「小売り主導によるディーラー統合」と同様の問題がある。情報プロバイダーがディーラーを横断的・網羅的に加盟させることは,米国と比べて難度が高い。また,現在の日本では米国ほど新車の価格情報や品質情報が公開されてい

---

39) 全米で年間に販売される新車は1700万台にのぼるが,取引額はともかく,取引の回数としては他の消費財やサービス（たとえば航空券など）に比べて圧倒的に数が少ない。たとえば,非常に楽観的な見積もりとして,すべての新車が何らかの形で仲介ビジネスを経由するようになり1台あたり100ドル程度の手数料を業界にもたらすようになったとしても,仲介ビジネスの市場規模は売上ベースで年間最大17億ドル程度に達するに過ぎない。また,オートバイテルの例で見たように,ネット上でブランド認知を維持するために必要な広告費やマーケティング費用は巨額である。よって,新車販売仲介ビジネスは,業界全体でも純益ベースでせいぜい数億ドル程度の規模にしかならないと予想される。

ない。よって，情報プロバイダーが消費者に情報を提供したとしても，消費者がそれに対して感じる魅力度は相対的に低い。

しかし，インターネット利用者の態度や行動について見てきたように，彼らの積極的な情報探索や情報にもとづく交渉行動には特徴がある。そして，満足度が高くおとなしい一般購買者の多数を占める40代後半から60代前半の層が今後10年で急速に購買層の主流から外れていくのに対して，20代から40代前半が大多数を占めるインターネット利用者がますます購買層の主流を占めるようになる。このことを考えると，ブランド力の弱いメーカーや，品揃えが偏っているメーカーの中には，自社系列が「垂直型」に展開する店舗やwebサイトでは十分な数の見込み客を「囲い込む」ことができないという課題を抱えるところが出てくると予想される。

そこで，「垂直型」に徹しきれない一部のメーカー側の現実的な妥協案として，見込み客を集めやすい「情報仲介」段階は中立的なサード・パーティーに任せようという動きが出てくるものと考えられる[40]。

また，新車の品質に対する信頼が高い日本の消費者にとっては，オンライン販売は相対的になじみやすい。よって，メーカーとディーラーの関係が強固であっても，彼らから独立した立場で幅広い品揃えと中立的な情報を消費者に提供し，受注あるいは問い合わせの窓口となることができるのであれば，集客力を背景に「情報販売」を軌道に乗せることが可能である。ただし，米国のケースで述べたように，仲介型ビジネスの市場規模や収益力はそれほど魅力的なものではない。

3つの戦略パターンの中で，日本において最も実現可能性が高いと考えられるのが，現在の延長線上にある第1の「メーカー主導によるディーラー統合」案である。日本の消費者の場合，相対的に既存ディーラーとの接触に対する満足度が高いので，情報技術を活用しながら店頭やwebサイトでの情報提供やコミュニケーションを強化していけば，さらに消費者を垂直的に囲い込んでいくことができる可能性がある。

ただし，メーカー主導のサイトやディーラーにどの程度消費者の支持が集まるか疑わしいと先に述べた問題は残る。とりわけ，満足度が高く受動的な一般購買者が急速に購買層の主流から外れ，反対に購買行動においてアグレッシブ

---

40) ただし，情報プロバイダーがメーカーとの協力関係を維持するために，メーカー寄りの姿勢をとった場合には，その中立性が薄れることにより，消費者からの信頼を失う恐れがある。

で能動的なインターネット利用者が主流を占めるようになってくることを考えると，メーカー主導の囲い込み戦略は行き詰まる可能性がある。

しかし，日本の消費者の場合，自動車に対する関与が相対的に高いと考えられるので，とりわけブランド力や製品力において他社を圧倒するメーカーであれば，メーカー主導の囲い込み戦略でも成功する可能性は高い。ただし，ブランドに対する認知や支持という無形資産は顧客の頭の中にしか存在しないので，顧客が歳をとるとともに，この無形資産の性質が変化してしまう。たとえば，現在の20代に強い支持を受けていたとしても，彼らは10年後には30代，20年後には40代となり，若々しかったブランドのイメージはそのころには変質している危険性がある。

また，「垂直囲い込み型」戦略にもとづいて展開されたガズーのようなメーカー主導の小売りサイトが成長して独立色を強め，やがてメーカー本体とは距離を置いた意思決定を取るようになった際には，小売りサイトの成長のためには親会社の新車だけでなく他社の新車も取り扱いたいと考えるようになる可能性がある。つまり，メーカー主導の「垂直」戦略を優先すれば小売りサイト自体の魅力や成長性が犠牲となり，一方小売りサイトの「水平」方向への成長圧力を優先すればメーカーにとっての戦略的優位性が弱まるというジレンマが発生する危険性が考えられる。

このように，日本の場合は第1の「メーカー主導によるディーラー統合」とそれを実現するための情報技術の利用，という形が市場のかなりの比重を占めることが予想される。しかしながらこれは同時にメーカー側の負担が大きい高コストの現状をそのまま引き継ぐことになるので，「垂直囲い込み」を継続できるだけの経営体質とブランド力を併せ持った一部のメーカーのみに許される戦略パターンとなる可能性も高い。

さらに「メーカー主導によるディーラー統合」パターンを続けることは，若年のインターネット利用層への浸透が妨げられることになる。こうした傾向が今後顕在していく可能性が高いことを考えれば，垂直型戦略のみでは存続できない中下位メーカーが妥協案として水平展開型の仲介業者と連合を組むという形での，「情報プロバイダーによる取引仲介」パターンが現実味を帯びてくることになる。

(8) **多様な戦略パターンの共進化**

最後に，おそらく日本の自動車流通における，主要な戦略パターンとして残

ると考えられる「プロセスの最適化」の将来について，付け加えなければならない。情報技術の進展から，今までの「プロセスの最適化」についての批判が多いが，これは硬直化した過去の「プロセスの最適化」実践方法に対する批判であり，「プロセスの最適化」の戦略パターンそのものが無意味になったのではないし，逆に今ほど新しい「プロセスの最適化」が必要とされているときはないのである。

　新たな事業デザインを試すための「組み合わせ最適化」を志向して，情報技術を利用することはある時点・ある環境においては競争優位を実現するための一方策であるが，ドミナント・デザインが確定した後には，「プロセス最適化」や「インテグレーション」のために活用された方が情報技術の効果が高くなる。

　もちろん，変化の激しい時代においては，ドミナント・デザインの寿命も短くなる。しかし，純然たるデジタル財のビジネスと異なり，これまで見てきたような「自動車流通」といった多数のフィジカルな要素が複雑にかかわりあうシステムにおいては，依然として「プロセス最適化」の努力は無意味なものにはならない。これは，フィジカルなシステムは無コストでコピーすることはできないし，システムが持つ過去の記憶や慣性に大きく左右されるからである。また，多数の主体がかかわりあう複雑なシステムを完全にモジュール化することは，不可能である。

　このように，自動車流通システムにおいては，デジタル革命が第1節第3項で示唆したような単純な形で一方向に「プロセスの最適化＋インテグラル型＋垂直囲い込み型」を不利にし，「組み合わせ最適化＋モジュラー型＋水平展開型」戦略の優位性を高める方向で働くとは限らない。

　ここまで明らかにしてきたように，日米で自動車流通の環境が異なることにより，戦略パターンの予想される優位性に違いがあること，そして，いずれかの戦略が完全に優位であるというよりは，それぞれが優位な点と劣位な点を抱えていることや，戦略実行の巧拙にも依存することが確認された。

　したがって，自動車流通の将来は，日本，米国共に，戦略パターンが収れんしていくと考えるよりも，多様な戦略パターンが共存し，それが共に進化していくと考えた方がよい。自動車流通の世界では，予測不可能な大変化の時代は，依然として続いているのである。

　そうしたなかでは，「最適な戦略の組み合わせ」をまず特定し，それをどのように達成するのか，という通常のやり方では明らかに不十分である。自分が現在とっている戦略パターンの長所と短所を常に認識し，それが現在の環境と

どう適合しているかを考慮し，環境の変化にはすぐに対応できるような柔軟でスピードのある戦略を立てて，実行することが求められている。予想しがたい大きな変化があるときは，「最適性」よりも「生存可能性」がより重要になる。環境の激変の中で多くの企業が死に絶えていくとき，生き抜く企業が最終的に覇者になるのである。

参 考 文 献

Abernathy, W. J.(1978) *The Productivity Dilemma*, The John Hopkins University Press.
藤本隆宏(2000)「経済教室：日本の製造業,「攻守」両輪で」『日本経済新聞』2000年5月2日朝刊.
Hewitt, C.M.(1956) *Automobile Franchise Agreements*, Richard D. Irwin Inc.
Knight, F.H.,(1921) *Risk, Uncertainty and Profits*, Hart Schaffner and Marx.
國領二郎(1999)『オープン・アーキテクチャ戦略』ダイヤモンド社.
Laaksonen, P.(1994) *Consumer Involvement : Concepts and Research*, Routledge（池尾恭一・青木幸弘訳『消費者関与』千倉書房, 1998)
西村清彦(1995)「製品差別化：多様な競争の形態」植草益編著『日本の産業組織：理論と実証のフロンティア』有斐閣,第6章.
西村清彦(2000)「やさしい経済学：日本経済 ― 産業の課題」『日本経済新聞』2000年1月25日 ― 28日，31日 ― 2月1日朝刊.
Porter, M, E.(1980) *Competitive Strategy*, Free Press（土岐坤ほか訳『競争の戦略』ダイヤモンド社, 1982)
Shapiro, C. and Varian, H. R.(1998) *Information Rules*, Harvard Business School Press（千本倖生・宮本喜一訳『「ネットワーク経済」の法則』IDGコミュニケーションズ, 1999).
下川浩一(1977)『米国自動車産業経営史研究』東洋経済新報社.
下川浩一(2000)「第4章 情報革命と自動車流通イノベーション」下川浩一・岩澤孝雄編著『情報革命と自動車流通イノベーション』文眞堂.
塩地洋・T. D. キーリー(1994)『自動車ディーラーの日米比較：「系列」を視座として』九州大学出版会.
Williamson, O. E.(1975) *Markets and Hierarchies*, Free Press, 1975（浅沼萬里・岩崎晃訳『市場と企業組織』日本評論社, 1980)
安森寿朗(1997)『自動車流通革命』日本能率協会マネジメントセンター.

執筆者紹介（執筆順）

- 淺羽　茂 ［あさば・しげる］（学習院大学経済学部教授，第1章担当）
- 新宅純二郎 ［しんたく・じゅんじろう］（東京大学大学院経済学研究科助教授，第2章担当）
- 網倉　久永 ［あみくら・ひさなが］（上智大学経営学部教授，第2章担当）
- 野田　智義 ［のだ・ともよし］（インシアード欧州経営大学院助教授，第3章担当）
- 遠藤　妙子 ［えんどう・たえこ］（東京経済大学経済学部専任講師，第4章担当）
- 柳川　範之 ［やながわ・のりゆき］（東京大学大学院経済学研究科助教授，第4章担当）
- 柴田　高 ［しばた・たかし］（東京経済大学経営学部助教授，第5章担当）
- 成生　達彦 ［なりう・たつひこ］（京都大学大学院経済学研究科教授，第6章担当）
- 森田　正隆 ［もりた・まさたか］（立正大学経営学部専任講師，第7章担当）
- 西村　清彦 ［にしむら・きよひこ］（東京大学大学院経済学研究科教授，第7章担当）

〈編者略歴〉
新宅純二郎（しんたく・じゅんじろう）
1958年生まれ
東京大学経済学部卒
東京大学大学院経済学研究科博士課程修了
学習院大学経済学部助教授を経て
現在：東京大学大学院経済学研究科助教授
主著：『日本企業の競争戦略』（有斐閣，1994）
『日本の企業間競争（共編）』（有斐閣，2000）
『デファクト・スタンダードの本質（共編）』
（有斐閣，2000）

淺羽　茂（あさば・しげる）
1961年生まれ
東京大学経済学部卒
東京大学大学院経済学研究科博士課程修了
カリフォルニア州立大学ロサンジェルス校
　経営大学院博士課程修了
学習院大学経済学部助教授を経て
現在：学習院大学経済学部教授
主著：『競争と協力の戦略』（有斐閣，1995）

競争戦略のダイナミズム

2001年10月18日　1版1刷

編　者　新　宅　純 二 郎
　　　　淺　羽　　　　茂
　　　　　　　©Junjiro Shintaku,
　　　　　　　　Shigeru Asaba, 2001

発行者　羽　土　　　力
発行所　日　本　経　済　新　聞　社
　　　　http://www.nikkei.co.jp/pub/
　〒100-8066　東京都千代田区大手町1-9-5
　　電　話(03)3270-0251　振　替 00130-7-555

印刷／奥村印刷・製本／積信堂
ISBN 4-532-13211-8

本書の無断複写複製(コピー)は，特定の場合を
除き，著作者・出版社の権利侵害になります．

Printed in Japan